本书是教育部示范优秀教学科研团队建设项目"大学生思想政治理论课认同的影响因素研究"（项目批准号：16JDSZK031）、"全国高校思政课'手拉手'集体备课中心"（项目批准号：21SZJS52066324）等的研究成果，由全国重点马克思主义学院建设经费资助出版。

大学生思想政治理论课认同的影响因素研究

汪 勇◎著

人民出版社

序

　　大学生对思想政治理论课教师、教材、教学内容、教学方式等的认同，直接关系思想政治理论课的教学成效，关系立德树人根本任务的完成。既然如此，究竟又有哪些因素会影响大学生对思想政治理论课要素的认同？如何增进大学生对思想政治理论课的认同呢？贵州师范大学马克思主义学院院长汪勇教授承担的教育部示范优秀教学科研团队建设项目"大学生思想政治理论课认同的影响因素研究"成果对此进行了全面、系统和深入的探讨。

　　汪勇既在马克思主义学院承担着思想政治理论课程建设的管理责任，又是一名长期工作在一线的高校思想政治理论课教师；既有繁重的马克思主义学院和思政课政治理论课的管理工作，还承担相应的教学、科研、研究生指导和社会服务等工作。尽管如此，汪勇克服了各种困难，用心观察、了解、调查、分析、思考、撰写和修改，保证《大学生思想政治理论课认同的影响因素研究》项目能够如期完成结题，并由人民出版社出版殊为不易。

　　党的十八大以来，习近平总书记高度重视高校思想政治工作和思想政治理论课建设。党的十八大报告中提出，要"把立德树人作为教育的根本任务，培养德智体美全面发展的社会主义建设者和接班人"①。2016年12月，习近平总书记在全国高校思想政治工作会上发表重要讲

---

① 胡锦涛：《坚定不移沿着中国特色社会主义道路前进　为全面建成小康社会而奋斗——在中国共产党第十八次全国代表大会上的报告》，人民出版社2012年版，第35页。

话，强调高校要把立德树人作为中心环节，把思想政治工作贯穿教育教学全过程，实现全程育人、全方位育人。2019 年 3 月，习近平总书记主持召开学校思想政治理论课教师座谈会并发表重要讲话，强调思想政治理论课是落实立德树人根本任务的关键课程，办好思想政治理论课关键在教师。思想政治理论课教师要做到政治要强、情怀要深、思维要新、视野要广、自律要严、人格要正。思想政治理论课要坚持和不断推进政治性和学理性、价值性和知识性、建设性和批判性、理论性和实践性、统一性和多样性、主导性和主体性、灌输性和启发性、显性教育和隐性教育相统一的改革创新。随后，党中央、国务院及中宣部、教育部等先后出台一系列文件加强和改进高校思想政治工作，为推动和加强高校思想政治理论课建设、高校思想政治理论课教师队伍建设、马克思主义学院建设等提供了重要的政策依据。

教育部设立高校示范马克思主义学院和优秀教学科研团队建设项目专项课题的初衷与目的，正是落实习近平总书记和党中央、国务院高度重视思想政治理论课建设的具体举措。汪勇教授主持完成的这一研究成果，以大学生思想政治理论课认同的影响因素为主题，直接指向大学生对高校思想政治理论课的认同存在的问题及如何进一步解决和增强认同等，具有明确的问题意识和现实针对性。汪勇教授也是长期奋战在大学生思想政治理论课教学一线的教师，长期坚持给本科生、硕士生和博士生讲授思想政治理论课，对大学生思想政治理论课认同存在的诸多问题有切身的感知和体验，也有自己的思考和分析，深知其中的影响因素和存在的困难及其成因等。不仅如此，汪勇教授作为贵州师范大学马克思主义学院的一名管理工作者，在思想政治理论课教学管理及与省内外其他同行的学习交流过程中，对不同层次、不同类型高校思想政治理论课教学存在的各种难点、痛点、热点、焦点等问题也有一定的了解和认识，并对这些问题进行了深入的理性思考和分析，为深入研究大学生对高校思想政治理论课的认同等奠定了重要基础。

　　本书始终坚持马克思主义的立场、观点和方法，理论联系实际，实事求是地针对大学生思想政治理论课认同中的各种影响因素和存在的各种具体问题及难点、痛点、热点、焦点等进行了深入探讨。研究成果直面问题，不回避矛盾，采取定性与定量、理论和实证研究相结合的方法，不仅有理论阐述，而且有大量调查数据和公布的相关资料及丰富的案例，对诸多问题进行了深入思考和分析。该书共八章内容，全方位围绕大学生思想政治理论课认同这一中心主题逐一展开阐述，即分别从认同、思想政治理论课和大学生等核心关键词入手，对思想政治理论课、家庭和学校、互联网传媒和社会思潮、党风政风社风家风和法治建设情况、国际交往扩大及影响大学生思想政治理论课认同各因素及其与思想政治理论课说服力的关系，通过摆事实、讲道理等逐一进行深入分析和论证，并在此基础上坚持从现实入手提出具有一定针对性和操作性的对策建议。该书不仅有理论、有逻辑，还有数据、有案例、有对比、有图表，结构严谨，层次清晰，有较强的解释力和说服力，不失为研究大学生思想政治理论课有一定创新和见地的著作。

　　思想政治理论课要真正赢得学生的认同和喜爱，还有不少理论问题值得研究，也有不少实践问题亟待解决。如，衡量大学生思想政治理论课认同的标准是什么，大学生对思想政治理论课不同内容认同的差异情况如何，现有高校各门思想政治理论课程之间是否存在交叉重合，如何实现大中小学思想政治理论课的一体化以增进大学生对思想政治理论课认同等问题都有待进一步深入研究。为此，期待汪勇教授在这方面继续展开深入的探讨，拿出更有分量、更有解释力的研究成果。

华南师范大学马克思主义学院院长、
教育部"长江学者"特聘教授

2020 年 5 月 4 日

前　　言

　　本书是教育部示范优秀教学科研团队建设项目（重点选题）"大学生思想政治理论课认同的影响因素研究报告"（项目批准号：16JDSZK031）和"全国高校思政课'手拉手'集体备课中心"（项目批准号：21SZJS52066324）等的研究成果。本书的修改和完善始终是笔者自2016年9月开始至今时时牵挂的一件大事。由于行政事务烦杂和教学及研究生指导等工作不少，尽管其中也极尽可能挤出各种时间用心思考与完善，但该书始终难以按照原定的计划如期完成并延迟至今。即使在近两年的国庆节期间，也只能用一天时间开车回趟老家看望老母一眼后就又接着连续忙着手里没有完成的各种工作和科研等。

　　近几年来，除了吃饭、睡觉而外的绝大部分时间都在办公室忙碌，不是工作就是忙于各种急迫的事宜，使得本书的修改和完善推迟了两个年头。尽管自己已经到了知天命的年龄，本应能够随心所欲地按照自己内心深处的喜好自由安排八小时工作而外的其他时间用于自己想做的事，渴望公休假都不受科研等束缚而能够自由地放开身心做自己想做的事，如看看电影、听听音乐，或到处走走，爬爬山，看看水，但却始终难遂人愿。但凡一有点空闲就又惦记起手中的工作和研究生的指导，以及在研项目的研究等。很多工作总是令我担心不能按期完成会有损信誉且拖累学院、学校，于是除了八小时的工作、吃饭和睡觉以外，又不得不充分利用各种晚上和节假日时间潜心问道，勤于科研。

中国特色社会主义进入新时代，要做好一个合格的高校教师还真不容易。除了繁重的学院各方面工作和教学及研究生指导而外，不得不写点文章，不得不申报点项目，不得不做点科研等。作为全国重点马克思主义学院的一名管理工作人员，不得不花大量的时间和精力去履职尽责，加之近年来各项党务、行政工作的要求日益专业化和精细化，要求也越来越高、越来越细，自己为此经常羡慕和向往做一名普通教师能够多点自由。科研尽管很苦、很累，需要花不少时间和精力，自己也一直担忧久坐成疾，但往往一坐下来就又忘了时间。有时候科研没有进展，不仅觉得没有能力和水平去指导硕士生和博士生，而且还觉得难以获得学院诸多博士、教授的认可并配合做好相关工作。

本书虽经过三年的不懈坚持和努力，克服了诸多的困难和问题，终于如愿以偿通过人民出版社审核批准同意出版，但相关的修改和完善工作却又拖延了两年实属遗憾。本书除了掌握的一手调查资料以外，有不少是自己和同事们的感知体验及与其他高校来院交流同行的共同困惑或想法等，同时还有不少内容是借鉴、利用、参考学界已有的相关研究成果。当然，因为材料在整理过程中移前挪后等各种原因和疏忽等而未能精细地对所参考和引用的文献资料一一注明，在此特予说明并表示深深的歉意。同时，限于自身能力、水平、视野、时间、精力等各方面因素的影响和限制，本书难免有失偏颇和存在诸多不足，如有的研究不够深入、有的论证不够有力、有的说理不够透彻等，还望能够得到专家、学者和同仁、读者的理解、宽容和谅解及批评指正，在此万分感谢。

目　录

绪　　论

2019 年 3 月 18 日，习近平总书记主持召开学校思想政治理论课教师座谈会并发表重要讲话，强调："办好思想政治理论课，最根本的是要全面贯彻党的教育方针，解决好培养什么人、怎样培养人、为谁培养人这个根本问题。"① 这个根本问题的解决，就是要在"新时代贯彻党的教育方针，要坚持马克思主义指导地位，贯彻新时代中国特色社会主义思想，坚持社会主义办学方向，落实立德树人的根本任务，坚持教育为人民服务、为中国共产党治国理政服务、为巩固和发展中国特色社会主义制度服务、为改革开放和社会主义现代化建设服务，扎根中国大地办教育，同生产劳动和社会实践相结合，加快推进教育现代化、建设教育强国、办好人民满意的教育，努力培养担当民族复兴大任的时代新人，培养德智体美劳全面发展的社会主义建设者和接班人"②。大学生作为德智体美劳全面发展的社会主义建设者和接班人，是否认同思想政治理论课以及认同的程度和范围等，不仅直接影响着大学生的健康成长和未来，而且决定着其能否成为担当民族复兴大任的时代新人，直接或间接地影响着中国特色社会主义道路、理论、制度、文化的坚持和发展。有鉴于此，"大学生思想政治理论课认同的影响因素研究"旨在运用事实、数据和案例等分析新时代影响大学生思想政治理论课认同的因素有哪些、怎样影响、影响如何等，在此基础上提出一些具有可操作性的对策以化解不良因素对大学生思想政治理论课认同的消极影响，进一步增强大学生对思想政治理论课的认同，使其能够成为德智体美劳全面发展的社会主义建设者和接班人，进而成为能够担当民族复兴大任的时代新人。

大学生思想政治理论课认同作为一个复杂而不可回避且深受社会影响的重要理论与现实问题，需要从各个方面进行深入的探讨和研究。本书在研究中主要综合运用文献研究法、问卷调查法、典型案例法、政策

① 《习近平谈治国理政》第三卷，外文出版社 2020 年版，第 328 页。
② 《习近平谈治国理政》第三卷，外文出版社 2020 年版，第 328 页。

文本分析法等多种研究方法，综合全面系统深入地探索了影响大学生思想政治理论课认同的诸多因素及其影响方式、成因和对策等，克服了主要就思想政治理论课及其诸要素讨论大学生思想政治理论课认同的局限性，即在大学生思想政治理论课本身之外，依据社会存在决定社会意识、人从其本质上讲是一切社会关系的总和等马克思主义基本原理，全方位、立体式、系统化地透视分析了各类影响大学生思想政治理论课认同的复杂因素、隐性且间接的表现及其重要的消极影响等。

本书根据我国不断深化改革发展的实际，以及国际交往的扩大和新媒体技术的发展及其运用等，重点分析和探讨了大学生思想政治理论课自身、家庭、学校、互联网传媒与社会思潮、党风政风社风家风及法治、国际交往扩大等各种因素对大学生思想政治理论课认同的共同影响。同时，本书揭示了影响大学生思想政治理论课认同的因素是纷繁复杂的各种社会存在，且不同影响因素的作用方式也复杂多变、作用特点和方式方法迥异，以及思想政治理论课的说服力与不良因素影响力之间此消彼长的关系等都会影响大学生对思想政治理论课的认同。

今天的高校是开放式的高校，与校园而外的社会等各种因素的联系日益紧密且复杂多样。本书从影响大学生思想政治理论课认同的社会、家庭、学校等各方面实际着手，理论联系实际，直面问题，不仅有理论阐述，而且有大量调查数据和公布的相关资料及丰富的案例等，采取定性与定量、理论和实证研究相结合的方法，围绕主题展开严谨的思考，主要采取"总—分—总"的结构逐次深入阐述。

第一章，主要是就大学生思想政治理论课认同的基础理论，如认同、政治认同、思想政治理论课认同等进行阐述，为后文探讨影响大学生思想政治理论课认同的因素及其作用奠定理论基础。

第二、三、四、五、六章，分别借助大量的数据和事实阐述了思想政治理论课自身、家庭和学校、互联网传媒与社会思潮、党风政风社风家风及法治、国际交往扩大等对大学生思想政治理论课认同的影响何在及其如何影响。

　　第七章，总结性地综合前五章内容进行规律性归纳，以便更为全面、深入地认识和了解各影响因素之间的异同点，同时也为最终提出科学性、合理性和有效性的对策提供参考依据。

　　第八章，有目的、有计划、有根据地提出一些具有可操作性的解决方案，以及从根本上提高思想政治理论课的思想性、理论性和亲和力、针对性，并且使之成为大学生真心喜欢和终生受益的课程，最终获得大学生的认同而成为德智体美劳全面发展的社会主义建设者和接班人，成为能够担当民族复兴大任的时代新人。

第一章　大学生思想政治理论课认同及其影响因素

为了科学而正确地掌握和分析大学生思想政治理论课认同的影响因素及其影响，首先有必要对涉及的相关重要范畴和基础理论等进行界定和阐述。

第一节　认同与思想政治理论课

思想政治理论课要获得大学生的认同才有开设的意义和价值，没有获得大学生认同的思想政治理论课只是无谓的耗费人力、物力和财力等各种资源而没有实际的意义和作用，甚至适得其反。不仅如此，思想政治理论课开设的价值及其实效性还与思想政治理论课获得大学生认同的程度等密切相关。

一、认同

"认同"一词具有非常丰富的内涵与外延且不同的学科对其也有不同的理解与阐释。

（一）认同的内涵与外延

认同（identification）是一个内涵非常复杂且使用非常广泛的范畴，通常指承认、认可或肯定某种事物，或者认为一致、相同，抑或认为彼此是同类，具有亲近感或可归属的愿望、赞同等多重意思。认同的过程就是人们寻找、规划和获得其个体身份、精神归属和行动意义的自我界定、自我建构的过程。

"认同"一词最早由弗洛伊德在心理学研究领域提出。他认为：认同"是一个心理过程，是个人向另一个人或团体的价值、规范与面貌去模仿、内化并形成自己的行为模式的过程，认同是个体与他人有情感联系的原初形式"①。随着学界对认同的研究不断深入，认同的研究领域也进一步拓展，其外延不断丰富。如现代心理学认为，"在社会情境中，个体向其他个人（如父母）或团体（如教会）的行为方式、态度观念、价值标准等，经由模仿、内化，而使其本人与他人或群体趋于一致的心理历程，称之为认同"②。

在社会学中，安东尼·吉登斯（Anthony Giddens）认为人的认同主要分为自我认同和社会认同，他认为："自我认同是个体依据个人的经历所反思性地理解到的自我，而社会认同是指人在特定的社区中对该社区特定的价值、文化和信念的共同或者本质上接近的态度。"③ 现代社会学认为，"认同是自我与社会之间的互动，是同化和内化的心理过程，是将他人或群体的价值标准、文化观念与社会角色等，内化于个人的行为和自我概念之中"④。

政治学中的认同，指人们对现有政治制度、意识形态方面的认可肯定，并按照其要求行事等。任何一种政治制度或体制都希望尽可能地获得绝大多数民众的认同。但为了尽可能地获得绝大多数民众的认同，不同的政治制度或体制采取的举措却差异巨大，甚至是相互矛盾和冲突的做法等。政治学中国家认同、政治认同、民族认同与社会认同等在内涵或外延上既有交叉重合，也存在诸多不同。

虽然不同学科或学者对认同都有不同的理解或界定，但也形成了某些共识。"认同（identity）是人们意义（meaning）与经验（experience）的来源。"⑤ 认同是认同者发自内心、真诚的自觉认可与

---

① 梁丽萍：《中国人的宗教心理》，社会科学文献出版社 2004 年版，第 12 页。

② 张春兴：《张氏心理学大辞典》，上海辞书出版社 1992 年版，第 316 页。

③ ［英］吉登斯：《现代性与自我认同：现代晚期的自我与社会》，赵旭东等译，生活·读书·新知三联书店 1998 年版，第 58 页。

④ 朱秋、李淑丽：《大学生对思想政治理论课认同度不高的原因分析》，《长春大学学报》2012 年第 4 期。

⑤ ［美］曼纽尔·卡斯特：《认同的力量》，曹荣湘译，社会科学文献出版社 2003 年版，第 2 页。

赞同。"认同是人们应当对之忠实的东西。"[①] 认同是认同者在认知基础上来自内心的选择，真诚认可和赞同那些符合自己情感体验、利益需要及其价值追求趋同的思想。认同的过程是内化而入脑、入心的过程，是把外在要求变为内在需要的过程。任何权力与地位、强制和引诱都不能使人真正心悦诚服地认同，即使采取某种外在力量强制人们认同或引诱人们认同，其效果也难尽如人意，甚至可能会积压不满和形成不稳定的社会问题而适得其反；不仅难使人们从内心深处真正自觉接受和赞同，反而只会造成人们某种外表臣服的虚假表象而产生情感上的厌倦、心理上的抵触、行为上的消极或排斥等。认同不是强加于人的结果，因而具有自觉性、主动性和稳定性的特点。没有民众认同的思想或理论仅仅只是民众知道何谓而已，实质上并没有嵌入其心灵深处，更谈不上践行。认同不是表面上看似热热闹闹、轰轰烈烈的口号或宣传。没有获得民众认同的思想或理论，实际上是有名无实、有花无果。因此，任何思想和理论、制度、体制或规章等都会采取各种方式，希望能够得到人们的认同。

（二）认同的分类与层次

为了更好地理解认同的内涵与外延，我们可以根据不同的标准，从横向或纵向上作更深入的不同划分，即区分不同的认同差异。

1. 根据认同的内容和形式，认同可分为物质性认同、理想化认同、形式上认同。物质性认同通常来源于商品、占有物和东西——例如拥有相同种类的汽车，对衣着有着相同的品位。理想化认同来源于共享的主张、态度、感觉和价值观。形式上认同来源于传播双方共同参与事件的组织、安排和形式。

---

① ［加拿大］查尔斯·泰勒：《自我的根源：现代认同的形成》，韩震译，译林出版社2001年版，第40页。

2. 根据隶属关系，认同可区分为身份认同、国家认同、民族认同、政治认同、价值认同、组织认同、职业认同等。

身份认同，指主体对自身的一种认知和描述，包括许多方面，比如文化认同、国家认同。

国家认同，主要是该国国民对其所属民族国家共同体具有的情感和意识上的归属感。国家认同关乎民族国家建设、国家发展和社会稳定。

民族认同，则指社会个人认可和接受某种民族文化后所产生归属于该民族的内心感受和行为。就我国来说，民族认同就是认可自己属于并致力于推进中华民族共同体。

政治认同，是指人们对特定的政治生活产生的一种情感和意识上的归属感。"人们在一定社会中生活，总要在一定的社会联系中确定自己的身份，如把自己看作某一政党的党员、某一阶级的成员、某一政治过程的参与者或某一政治信念的追求者等等，并自觉地以组织及过程的规范来规范自己的政治行为。这种现象就是政治认同。"①

价值认同，指社会成员或组织在社会活动中对某类价值的内在认可或共识，通过这些认可或共识，形成自身在社会实践中的价值定位和定向，由此决定自己的理想、信念和追求并形成共同的价值观。价值认同是社会成员对社会价值规范所采取的自觉接受、自愿遵循的态度甚至服从。健康的价值认同，能对我们的学习、工作和生活产生积极的影响，对社会经济发展起到积极的推动作用。

组织认同，指组织成员在行为与观念等诸多方面与其所加入的组织具有某种一致性，觉得自己在组织中既有理性的契约和责任感，也有非理性的归属和依赖感，以及在这种心理基础上表现出的对组织活动尽心尽力的行为结果。对组织认同的人是被组织本身所吸引而聚集在组织周围，而不是以组织成员之间个人特性的相似、相互依赖或交换而形成的

---

① 《中国大百科全书》出版社编辑部编：《中国大百科全书·政治学》，中国大百科全书出版社 1992 年版，第 501 页。

人际关系所吸引。它的产生与变化受制于多方面内外因素的影响。组织管理中以双赢为出发点，力求实现组织与其成员关系的契合而形成的组织认同，有助于组织及其成员共同发展。

职业认同，指个体对于所从事职业的肯定性评价，即个体对于所从事职业的目标、社会价值及其他因素的看法，与社会对该职业的评价及期望一致，也指个人对他人或群体的有关职业方面的看法、认识完全赞同或认可。

3. 根据认同在纵向上深浅的层次差异，可以把认同区分为认知认同、情感认同、意志认同和行为认同等。

认知认同，是认同的最低层次，即社会个体通过感知觉、意识、注意、记忆、思维等对某种客体对象的各个方面及其内容、形式等有一定的了解和掌握，是一个逐步上升整合的过程。认知认同主要解决的是获取相关认同客体对象的内容，即解决知道某种客体对象与否的问题。

情感认同，是指社会个体在认知认同的基础上通过情绪、情感等主观体验、外部表现、生理唤醒等表现出对认同对象的喜欢、偏好与热爱，或不反感、不抵触、不排斥等。

意志认同，指社会个体在认知认同、情感认同的基础上，不断反复强化和巩固并把认知对象或客体及其内容与价值追求等情感内化为自己内心深处的信念。

行为认同，是最高层次的认同，即指认同主体在认知认同、情感认同和意志认同的基础上不仅把认同客体对象及其内容与价值追求等情感内化为自身的自我要求，而且用于指导自己的一言一行，即在言行中按照认同客体对象的内容及其要求与价值指引等行事，规范自己的言行举止。行为认同是认同的最高境界。

认同主体对认同对象的认同层次越高，则归属感越强且能够按照认同客体或对象的要求等严格要求自己，认同的成效就越好。反言之，认同层次越高，则意志越坚定和行为上越坚持不懈并带来显著的成效。社会主体对某种事物是否认同及认同的层次，直接或间接地成为判断该事物是否得到主体的认同以及认同的程度。

4. 根据认同的真与假，可以分为真认同与假认同或内在的认同与外在的认同。真认同或内在认同，主要是从认同主体在外人无法窥探的内心深处对认同客体对象予以真情实感的认同，而且还通过言行举止等表现出真正的认同。这种认同是内外一致、表里如一的认同，是真正的认同，是真认同。在真认同中，认同主体与认同客体高度合一，认同主体不仅认同客体，而且会为了客体而愿意去做一切，哪怕是流血或牺牲，誓死捍卫认同客体等。

假认同或外在认同，主要是指认同主体在内心深处虽然没有真正认同，但由于某种外在强制等迫不得已地表现出某种外在的虚假认同，即假装认同，实质上并不认同。虚假认同有害而无益，容易导致对认同的误判等。

认同是内心情感认同与外部行为认同的统一体。我们寻求某种认同，只有获得认同主体的内在认同，才是真正的认同，是持久且坚定的认同，而外在认同则是短暂的和认同的某种外在虚假表象且有害而无益。

二、政治认同

政治认同相对于民族认同、国家认同、社会认同等其他认同而言，对一个国家的发展、社会的稳定尤为重要。政治认同一旦出现问题，政权基础就可能会受到影响而动摇，社会就可能会陷入混乱，民族矛盾就可能会加剧，国家就可能会动荡不安等。政治认同是维持特定政权统治的合法性和正当性、增强政权治理能力以及提升公民对于政权治理实效宽容度的重要力量，是现代国际社会中任何政权或统治者维护自身的合法性和正当性的不懈追求。

随着改革开放进程的不断推进和国际交往的不断扩大，以及互联网技术的发展和新媒体的运用等，使得我国与其他不同国家（特别是资本主义国家）及其人民之间的联系、交往日益频繁并带来深远影响，即不同社会制度或不同政治制度国家之间的交往及其优劣等也日益为人们所了解和知悉。人们对不同社会制度或政治制度各方面优劣的认知和各种感知体验等日益深入并对不同社会制度或政治制度及其某方面的认同带来了深远的影响。美国政治学家白鲁恂·派伊认为，一个现代化民族国家政治发展中必须解的六个重大危机（认同危机、合法性危机、贯彻危机、参与危机、整合危机、分配危机）中的第一个也是最根本的危机是政治认同引发的危机。① 如何破解政治认同危机，有学者认为："人的主体性发现是现代政治认同的起点，政治认同塑造应尊重人的主体性价值，即在保障人的权利基础上的双向互动，达到自下而上的权利实现和自上而下的权力塑造的有机统一。政治认同塑造应是保障个体权利实现基础上的浸染，利用各种政治社会化渠道，挖掘各种政治认同资源，赋予民众知情权、参与权和决定权，启发和引导民众的认知，绝不是依靠权力进行的强制灌输，发展性是政治认同的重要特性。政治认同是主体、客体和环境等多种因素的函数，任一自变量的变动都导致政治认同的变化。因此，政权应该利用各种资源和途径塑造公民的政治认同。"② 任何社会制度或政治制度及其政权不仅应该利用各种资源和形式获得公民的政治认同，而且还要与时俱进，力戒躺在功劳簿上走向歧途而衰亡。政治认同是一个历史范畴并随着历史的发展而发展。"过去认同、现在认同与未来认同之间并无必然关联，时刻以积极进取之心牢记塑造政治认同之志。求同性是政治认同的重要倾向，政治认同包含

---

① 参见［美］白鲁恂·派伊：《政治发展面面观》，任晓译，天津人民出版社 2009 年版，第 81 页。

② 常轶军：《现代化视阈中的政治认同塑造》，《山西大学学报（哲学社会科学版）》2018 年第 3 期。

'求同'与'存异'两个面向，在'求同'与'存异'的互动中定位现存政权，确立政治认同。现代化源于人的理性扩展，是人对于自然界、人类社会确定性和规律性的追寻。特别是全球化浪潮的冲击，思想观念、价值标准、制度体系等具有趋同倾向，人类认同的政治也必然具有某种层面的一致性。因此，政治认同塑造一方面需要'存异'，更重要的是'求同'，从而保证坚守人类政治文明的共同成果。"① 无论是社会制度还是政治制度的政治认同，都不可能使生活在特定政治中的民众做到百分之百的认同，即使有百分之百的认同，在认同的程度上也会有所差异。因此，政治认同要在坚守人类政治文明和遵守全人类共同价值的基础上努力追求获得尽可能多的民众的真实认同，避免采取各种直接或间接的强制使人们形成虚假政治认同的情况，从而导致在重要时刻或关键节点对政治认同的真假难分而作出错误抉择等导致问题恶化或与追求的目标相反的恶果。

三、思想政治理论课

思想政治理论课来源于我们党的思想政治工作。思想政治工作与中国共产党的诞生、壮大、发展相伴随，并在凝心聚力以巩固执政党的执政基础和执政的合法性与正当性、实现党的目标和追求等方面发挥着不可替代的重要作用，被喻为党的一切工作的生命线。思想政治理论课虽然与思想政治教育、思想政治工作，无论在内涵还是外延上都是三个完全不同的范畴。在这三个范畴中，思想政治工作的内涵与外延包含了思想政治教育的内容，而思想政治理论课则是为了开展思想政治教育所开设的各门课程。从内涵和外延上讲，思想政治理论课隶属于思想政治教育，而思想政治教育又从属于思想政治工作。

思想政治理论课是指国家、政党或政府等规定学校对学生进行思想

---

① 常轶军：《现代化视阈中的政治认同塑造》，《山西大学学报（哲学社会科学版）》2018年第 3 期。

政治教育必须设置的课程及其教学课时和教学计划等，并根据要求对学生进行规定的思想教育、政治教育、道德教育、法律规范教育和心理健康教育等并使之接受、认同的教育教学活动，力求形成符合国家、政党、政治和学校等发展所需要的思想观念、政治思想意识、道德、心理品质等的社会教育实践活动。思想政治理论课作为中国共产党的思想政治工作非常重要的组成部分，是教育引导青年学生跟党走的重要课程，与党的事业发展变化密切相关，同时也是落实立德树人根本任务的关键课程，是培养中国特色社会主义事业建设者和接班人的不可或缺的课程。

（一）思想政治理论课是学历教育的必修课程

"思想政治理论课"一词于2004年8月26日首次出现在中共中央、国务院《关于进一步加强和改进大学生思想政治教育的意见》（［2004］16号文件）中，此前曾在不同的历史时段有不同的称呼，如政治课（1950年）、马列主义基础课（1953年）、政治理论课（1956年）、思想品德和政治理论课程（1986年）、马克思主义理论课和思想品德课（1995）、"两课"（1998年）等。

我国在小学、初中、高中、专科、本科、硕博士研究生等不同学历层次教育阶段，都开设有螺旋上升又相互衔接、不断由浅入深且有差异的系列思想政治理论课。思想政治理论课在九年制义务教育阶段叫"思想品德课程"，在高中则称为"思想政治课"，在高等教育阶段则称为"思想政治理论课"。大学生的思想政治理论课认同情况与其在小学、初中、高中阶段对思想政治理论课的学习有着紧密的关系，因此我们要深入研究大学生对思想政治理论课的认同，就有必要了解高中生的思想政治课。不仅如此，随着党和国家对学校思想政治理论课的重视和改进及提高等，对不同学段的思想政治理论课设置也有不同的变化。

1. 2017 年高中生思想政治课程标准

教育部 2017 年制定的《普通高中思想政治课程标准》对相关课程及学分的设置如下。

　　必修课程设置四个模块，共 6 学分；选择性必修课程设置三个模块，共 6 学分。必修课程与选择性必修课程作为国家课程总计 12 学分。必修课程是全体学生必须完成的学业。选择性必修课程是选择本课程作为学业水平等级性考试的学生必须完成的学业，考试成绩计入高校招生录取总成绩；也可供对该课程有兴趣的学生选修，计入毕业学分。选修课程是学生自主选择修习的课程，包括国家设置的拓展、提高性课程和校本课程，涉及个人生活、职业体验、大学先修等方面的内容，可根据学生个性化发展的需求和当地经济、科技、文化发展的特点开设。如何选课取决于学生的志趣。

高中思想政治课程结构表

必修	选择性必修	选修
中国特色社会主义（1 学分）	当代国际政治与经济（2 学分） 法律与生活（2 学分） 逻辑与思维（2 学分）	财经与生活 法官与律师 历史上的哲学家
经济与社会（1 学分）		
政治与法治（2 学分）		
哲学与文化（2 学分）		

　　模块 1 和模块 2 为一学期，模块 3 和模块 4 各为一学期；选择性必修课程模块可灵活安排。

　　确定本课程作为学业水平等级性考试科目的学生，应学习选择性必修课程模块，其考试成绩计入高校招生录取总成绩；教师应与家长一起，综合考虑学生的个人需求和升学考试要求，指导学生选课。①

从以上高中生的课程及其内容设置来看，高中生在高中阶段已经学习和掌握了大学生思想政治理论课的相关核心概念、主要知识点和关键内容等，如果进入大学后接受思想政治理论课的学习没有太多的创新容易被误解为重复，而对偏爱求新好异的青年学生来说容易丧失吸引力、针对性和说服力。

2.2018 年大学生思想政治理论课程设置

大学生思想政治理论课是对大学生进行思想政治教育的主渠道。由于大学生在党和国家及社会发展中具有非常重要的地位和作用。全日制大学生虽然包括本专科大学生和硕博士研究生，但最为主要的是全日制本专科大学生，因为他们量大且可塑性比研究生更强。因而，本书中的思想政治理论课主要是指本专科大学生的思想政治理论课（以下简称"大学生思想政治理论课"）。党和国家及教育主管部门高度重视大学生思想政治理论课并在不同时期根据国家发展需要作了相应调整和完善。从 2005 年开始，大学生思想政治理论课课程内容由中央审定并规定课时和学分。

2018 年 4 月 12 日，教育部印发《新时代高校思想政治理论课教学工作基本要求》（教社科〔2018〕2 号）规定大学生思想政治理论课设置及学分如下。

专科课程设置 2 门必修课：

1. 毛泽东思想和中国特色社会主义理论体系概论（简称"概论"）4 学分；

---

① 中华人民共和国教育部制定：《普通高中思想政治课程标准（2017 年版）》，人民教育出版社 2018 年版，第 10 页。

2. 思想道德修养与法律基础（简称"基础"）3 学分。

本科课程设置 4 门必修课：

1. 马克思主义基本原理（简称"原理"）3 学分；

2. 毛泽东思想和中国特色社会主义理论体系概论（简称"概论"）5 学分；

3. 中国近现代史纲要（简称"纲要"）3 学分；

4. 思想道德修养与法律基础（简称"基础"）3 学分；

硕士研究生课程设置：

"中国特色社会主义理论与实践研究"课 2 学分，同时须从"自然辩证法概论"课和"马克思主义与社会科学方法论"课中选择 1 门作为选修课程，占 1 学分。

博士研究生课程设置：

"中国马克思主义与当代"课 2 学分，同时可开设"马克思恩格斯列宁经典著作选读"课（列入学校博士生公共选修课）。鼓励各地各高校结合实际开设思想政治理论课选修课等。①

从以上资料不难看出，2018 年大学生思想政治理论课的设置及其相关内容是以高中的思想政治理论课为基础，有一定的高度和广度。高中生为了高考，对该学段的思想政治理论课的相关概论和范畴及其主要内容等有了更加全面和深入的理解与掌握，对进入大学后的思想政治理论课教学提出了更高的要求，如内容必须更深、更广，教学形式必须更加丰富灵活多样以满足学生对知识的渴望，而不重复念叨已经知道的概论和内容。

----

① 参见《教育部关于印发〈新时代高校思想政治理论课教学工作基本要求〉的通知》，2022 年 4 月 10 日，见 http://www.moe.gov.cn/srcsite/A13/moe_772/201804/t20180424_334099.html。

3. 新时代学校思想政治理论课

根据中共中央宣传部和教育部 2020 年 12 月 18 日印发的《新时代学校思想政治理论课改革创新实施方案》（教材〔2020〕6 号）规定，小学、初中、高中、大学等不同学段的思想政治理论课程体系设置如下。

根据学生成长规律，结合不同年龄段学生的认知特点，构建大中小学一体化思政课课程体系。在小学及初中阶段"道德与法治"、高中阶段"思想政治"、大学阶段"思想政治理论课"中落实课程目标要求，重点推进习近平新时代中国特色社会主义思想融入课程，实现整体设计、循序渐进、逐步深化，切实提高课程设置的针对性实效性。

（一）小学、初中阶段

小学、初中阶段开设"道德与法治"必修课程，课程教学内容主要包括中国特色社会主义、品德、法律常识、中华文化、心理健康等，课时占小学、初中阶段九年总课时的 6%—8%。

（二）高中阶段

1. 普通高中课程设置

立足学习习近平总书记最新重要讲话精神，普通高中开设"思想政治"必修课程和选择性必修课程。

必修课程教学内容包括中国特色社会主义、经济与社会、政治与法治、哲学与文化，共 6 学分。

选择性必修课程围绕当代国际政治与经济、法律与生活、逻辑与思维等开展教学，共 6 学分。

2. 中等职业学校课程设置

中等职业学校（含技工学校）开设"思想政治"必修课程和选修课程。

必修课程教学内容包括中国特色社会主义、心理健康与职业生涯、哲学与人生、职业道德与法治，共 144 学时。

围绕时事政策教育，中华优秀传统文化、革命文化、社会主义先进文化教育，法律与职业教育，国家安全教育，民族团结进步教育，就业创业创新教育，公共卫生安全教育等教学内容，开设选修课程，不少于 36 学时。

（三）大学阶段

大学阶段开设"思想政治理论课"必修课程和选择性必修课程。

1. 大学阶段必修课程

本科课程设置：

（1）马克思主义基本原理　3 学分

（2）毛泽东思想和中国特色社会主义理论体系概论　5 学分

（3）中国近现代史纲要　3 学分

（4）思想道德与法治　3 学分

（5）形势与政策　2 学分

在全国重点马克思主义学院率先全面开设"习近平新时代中国特色社会主义思想概论"课，学分按有关要求执行。

高等职业学校专科课程设置：

（1）毛泽东思想和中国特色社会主义理论体系概论　4 学分

（2）思想道德与法治　3 学分

（3）形势与政策　1 学分

硕士研究生课程设置：

新时代中国特色社会主义理论与实践　2 学分

博士研究生课程设置：

中国马克思主义与当代　2 学分

2. 大学阶段选择性必修课程

    各高校结合本校实际，统筹校内通识类课程，围绕马克思主义经典著作，党史、新中国史、改革开放史、社会主义发展史，中华优秀传统文化、革命文化、社会主义先进文化，宪法法律等，开设本科及高等职业学校专科选择性必修课程，确保学生至少从"四史"中选修 1 门课程；围绕习近平新时代中国特色社会主义思想专题研究、马克思恩格斯列宁经典著作选读、马克思主义与社会科学方法论、自然辩证法概论等，开设硕士、博士研究生选择性必修课程，硕士研究生至少选择 1 学分课程。各高校要安排选择性必修课程必要学时，充分发挥马克思主义学院统筹审核把关作用。

    各高校要规范实践教学，把思想政治教育有机融入社会实践、志愿服务、实习实训等活动中，切实提高实践教学实效。①

《新时代学校思想政治理论课改革创新实施方案》（教材〔2020〕6号）规定的基本要求为：一是把握新时代，二是推进一体化，三是突出创新性，四是增强针对性，五是注重统筹。不同学段思想政治理论课的课程目标体系的要求是：小学阶段重在培养学生的道德情感、初中阶段重在打牢学生的思想基础、高中阶段重在提升学生的政治素养、大学阶段重在增强学生的使命担当，即"按照循序渐进、螺旋上升的原则，立足于思政课的政治性属性，对大中小学思政课课程目标进行一体化设计，以了解学习、理解把握习近平新时代中国特色社会主义思想为课程主线，在政治认同、家国情怀、道德修养、法治意识、文化修养等方面提出明确要求，引导学生坚定'四个自信'，做德智体美劳全面发展的社会主义建设者和接班人"。总之，从 2018 年到 2020 年关于大学生思想政治理论课的名称、内容等均有不少变化，如原来的"思想道德修

---

① 参见《中共中央宣传部 教育部关于印发〈新时代学校思想政治理论课改革创新实施方案〉的通知》，2022 年 4 月 10 日，见 http://www.gov.cn/zhengce/zhengceku/2021 - 01/ 01/content_ 5576046. htm。

养与法律基础"改称为"思想道德与法治",增设《习近平新时代中国特色社会主义思想专题研究》等选择性必修课程。

(二) 思想政治理论课课程目标和内容

思想政治理论课是落实立德树人根本任务的关键课程。高校思想政治理论课是对大学生进行思想政治教育的主渠道。思想政治理论课是最具中国特色且意识形态性和政治性都很强的公共必修课,其目的在于以马克思主义中国化的创新成果和习近平新时代中国特色社会主义思想为指导,以中国特色社会主义经济、政治、文化、社会、生态文明等为基本内容,引导学生了解和掌握马克思主义的基本观点和方法,形成正确的世界观、人生观、价值观,树立中国特色社会主义共同理想,弘扬民族精神,为建设中国特色社会主义现代化强国和实现中华民族的伟大复兴培养合格的建设者和接班人。

1. 思想政治理论课的性质

关于思想政治理论课的性质,有学者认为,"高校思想政治理论课是对大学生进行思想政治教育的主渠道,它具有政治性、思想性、德育性、科学性、发展性和实践性"[1]。另有学者认为,"高校思想政治理论课有三个基本性质,即思想性、政治性和理论性。准确理解思想性、政治性和理论性的丰富内涵,是进行高校思想政治理论课建设的逻辑前提;深入分析高校思想政治理论课在思想性、政治性和理论性方面的基本要求,认真梳理当前高校思想政治理论课在思想性、政治性和理论性方面存在的问题,是进行高校思想政治理论课建设的基础工作;全面提升高校思想政治理论课的思想性、政治性和理论性,是提高当前高校思想政治理论课教育教学质量的当务之急"[2]。不管学界不同的学者如何

---

[1] 任少伟:《高校思想政治理论课的性质与功能》,《安徽工业大学学报(社会科学版)》2010年第3期。

[2] 曾狄等:《论高校思想政治理论课的基本性质》,《思想政治教育研究》2015年第2期。

界定，思想政治理论课最根本的性质就是其区别于资本主义的政治属性，就是服务于建设中国特色社会主义现代化强国和实现中国梦需要而不同学段的学生都必修的课程。

我国的思想政治理论课是党和国家在国民教育中对学生进行马克思列宁主义理论教育，党的路线、方针、政策教育，爱国主义、国际主义和革命传统教育，使学生了解并掌握中国特色社会主义理论的基本内容，树立辩证唯物主义和历史唯物主义的世界观，坚定中国特色社会主义道路自信、理论自信、制度自信和文化自信，并将其转化为拥护党、拥护社会主义的实际行动，成为社会主义合格建设者和可靠接班人。

2. 思想政治理论课课程目标

凡是有目的的教育必有其特定的目标。不同学段、不同学生、不同门类、不同专业的课程目标也各有不同。关于大学生思想政治理论课的课程目标，党和国家的相关文件已作出了十分明确的规定。2015 年 7 月，中央宣传部和教育部印发《普通高校思想政治理论课建设体系创新计划》规定："思想政治理论课是巩固马克思主义在高校意识形态领域指导地位，坚持社会主义办学方向的重要阵地，是全面贯彻落实党的教育方针，培养中国特色社会主义事业合格建设者和可靠接班人，落实立德树人根本任务的主干渠道，是进行社会主义核心价值观教育、帮助大学生树立正确世界观人生观价值观的核心课程。"[1] 根据不同学段学生的身心特点和各方面实际，相关文件也对不同学段学生的思想政治理论课的课程目标作了不同的规定。2019 年 8 月，中共中央办公厅、国务院办公厅印发《关于深化新时代学校思想政治理论课改革创新的若干意见》规定大学阶段思想政治理论课课程目标是："重在增强使命担当，引导学生矢志不渝听党话跟党走，争做社会主义合格建设者和可靠

---

[1] 《中央宣传部 教育部关于印发〈普通高校思想政治理论课建设体系创新计划〉的通知》，2015 年 7 月 27 日，见 http://www.moe.gov.cn/srcsite/A13/moe_ 772/201508/t20150811_ 199379. html。

接班人。"① 2020 年 12 月，中共中央宣传部、教育部关于印发《新时代学校思想政治理论课改革创新实施方案》规定大学生思想政治理论课的课程目标是："大学阶段重在增强学生的使命担当"，"重点引导学生系统掌握马克思主义基本原理和马克思主义中国化理论成果，了解党史、新中国史、改革开放史、社会主义发展史，认识世情、国情、党情，深刻领会习近平新时代中国特色社会主义思想，培养运用马克思主义立场观点方法分析和解决问题的能力；自觉践行社会主义核心价值观，尊重和维护宪法法律权威，识大局、尊法治、修美德；矢志不渝听党话跟党走，争做社会主义合格建设者和可靠接班人"②。大学生思想政治理论课程目标的清晰也就规定了其教学的相关内容等。

3. 思想政治理论课的内容

大学生思想政治理论课的内容，主要是马克思主义中国化的理论成果及其指导实践发展与取得的成就等，核心是通过理论与实践教育使学生认同马克思主义、中国共产党和社会主义是中国历史与人民的选择，是适合中国发展的主义、政党和政治制度；使大学生认同马克思主义是中国共产党和全国人民的指导思想，认同中国共产党就是中国的领导党和执政党，认同中国共产党的领导是中国特色社会主义制度的最大优势等。思想政治理论课教学的内容，就是要不断增强大学生对中国特色社会主义的道路自信、理论自信、制度自信、文化自信，接受党的领导并投身到建设中国特色社会主义现代化强国的伟大事业和为实现伟大复兴中国梦而作出自己应有的贡献。

大学生必修的思想政治理论课程不同，主要内容也不相同。根据

---

① 《中共中央办公厅、国务院办公厅印发〈关于深化新时代学校思想政治理论课改革创新的若干意见〉》，2019 年 8 月 14 日，见 http://www.moe.gov.cn/jyb_xxgk/moe_1777/moe_1778/201908/t20190815_394663.html。

② 《中共中央宣传部、教育部关于印发〈新时代学校思想政治理论课改革创新实施方案〉的通知》，2020 年 12 月 18 日，见 http://www.gov.cn/zhengce/zhengceku/2021-01/01/content_5576046.htm。

《新时代学校思想政治理论课改革创新实施方案》规定，大学生必修的各门思想政治理论课程内容有所不同。如"马克思主义基本原理"，主要讲授反映马克思主义世界观和方法论的最基本的原理，帮助学生深刻领会、准确把握马克思主义的根本性质和整体特征，学习掌握贯穿其中的马克思主义立场观点方法，提升运用马克思主义基本原理分析世界的能力，增强对人类社会发展规律，特别是中国特色社会主义发展规律的认识和把握，树立共产主义远大理想和中国特色社会主义共同理想。"毛泽东思想和中国特色社会主义理论体系概论"，主要讲授中国共产党把马克思主义基本原理同中国具体实际相结合产生的马克思主义中国化的两大理论成果，帮助学生理解毛泽东思想、邓小平理论、"三个代表"重要思想、科学发展观、习近平新时代中国特色社会主义思想是一脉相承又与时俱进的科学体系，引导学生深刻理解中国共产党为什么能、马克思主义为什么行、中国特色社会主义为什么好，坚定"四个自信"。"中国近现代史纲要"，主要讲授中国近代以来争取民族独立、人民解放和实现国家富强、人民幸福的历史，帮助学生了解党史、新中国史、国情，深刻领会历史和人民选择马克思主义、选择中国共产党、选择社会主义道路、选择改革开放的必然性。"思想道德与法治"，主要讲授马克思主义的人生观、价值观、道德观、法治观，社会主义核心价值观与社会主义法治建设的关系，帮助学生筑牢理想信念之基，培育和践行社会主义核心价值观，传承中华优秀传统美德，弘扬中国精神，尊重和维护宪法法律权威，提升思想道德素质和法治素养。高等职业学校结合自身特点，注重加强对学生的职业道德教育。"形势与政策"，主要讲授党的理论创新最新成果，新时代坚持和发展中国特色社会主义的生动实践，马克思主义形势观政策观、党的路线方针政策、基本国情、国内外形势及其热点难点问题，帮助学生准确理解当代中国马克思主义，深刻领会党和国家事业取得的历史性成就、面临的历史性机遇和挑战，引导大学生正确认识世界和中国发展大势，正确认识中国特色和国际比较，正确认识时代责任和历史使命，正确认识远大抱负和脚踏实地。①

思想政治理论课的课程内容是由党和国家规定的，学校和教师的工作就是必须采取各种切实有效的形式、措施和途径等，紧紧围绕既定的思想政治理论课程内容开展教育教学活动。为了保证思想政治理论课既定的内容和目标的实现，对思想政治理论课的要求严于其他课程教学，特别是课堂有严明的意识形态纪律要求。在大学生思想政治理论课目标和内容既定的情况下，思想政治理论课教师的主体能动性职能或主要体现在：如何把教材内容转化为教学内容，如何把教材体系转化为教学体系，如何采取各种切实有效的途径、形式、方法、语言、艺术等，使确定的思想政治理论课内容为大学生接受并内化为自己的思想意识，并规范和指导自己的言行，使之成为党和国家所需要的建设者和接班人。这也就决定了高校思想政治理论课教师的主体能动性发挥得如何，直接或间接地影响着思想政治理论课的课程教学内容和目标能否达到预期。

（三）思想政治理论课内容与形式的辩证统一

马克思主义关于内容与形式的辩证唯物主义原理告诉我们：内容是事物一切内在要素的总和，形式是这些内在要素的结构和组织方式。思想政治理论课内容与思想政治理论课教学形式是辩证统一的一对基本范畴。思想政治理论课内容决定了思想政治理论课的形式，思想政治理论课的教学形式反映和服务于思想政治理论课教材内容。思想政治理论课教育教学作为培养人的教育实践活动，既有思想政治理论课的教学内容，也有思想政治理论课的教学形式，不存在无教学内容的思想政治理论课教学形式，也没有无教学形式的思想政治理论课教学内容。思想政治理论课教材（教学）内容决定了思想政治理论课的教学形式，思想

---

① 参见《中共中央宣传部　教育部关于印发〈新时代学校思想政治理论课改革创新实施方案〉的通知》（教材〔2020〕6 号），2020 年 12 月 18 日，见 http://www.gov.cn/zhengce/zhengceku/2021-01/01/content_5576046.htm。

政治理论课的教学形式要服务或服从于思想政治理论课的教学内容，并随思想政治理论课教学内容的变化而变化。思想政治理论课教学形式对思想政治理论课教学内容又有反作用，即思想政治理论课教学形式与思想政治理论课教学内容相一致，则有利于增强学生对思想政治理论课教学内容的认同；思想政治理论课教学形式与学生思想政治理论课教学内容不一致，则会有碍于学生对思想政治理论课教学内容的认同。这就是说，无论是内容还是形式，抑或两者的关系如何，都会直接或间接地影响着大学生对思想政治理论课的认同与否及其认同的程度等。

四、思想政治理论课认同

开设学生思想政治理论课的目标在于对学生进行系统的马克思主义理论教育，这是对学生进行思想政治教育的关键课程和主渠道。开设学生思想政治理论课目标的实现要通过学生对思想政治理论课教材（教学）内容来体现。根据思想政治理论课的要素构成，大学生对思想政治理论课认同包括大学生对课程设置的认同、课程内容的认同、课程形式的认同、任课教师的认同等。

（一）对思想政治理论课设置的认同

思想政治理论课程是否需要设置和设置多少等，是由党和国家及教育主管部门确定的，不以思想政治理论课教师和学生的意志为转移。虽然师生无权决定思想政治理论课程及其多少的设置，但却可以对设置课程的必要性及开课课时的多少等有自己的不同理解或不同看法，从而在内心深处产生是否认同或在多大程度上认同思想政治理论课的态度。对思想政治理论课设置及设置多少课程与课时的认同，是指思想政治理论课的师生主体等认为思想政治理论课程开设及开设课时的多少等有无必要，以及有多大必要等的内心认可和心理归属。如学生对思想政治理论课程设置及不同课程等的认同情况就可以通过其外部行为表现反映出其内心深处是否乐意积极主动地参加思想政治理论课课程学习的情况。即，学生对思想政治理论课的认同情况可以通过学生在学习思想政治理论课时是否有逃课、缺课、旷课及其多少等出勤情况，以及在思想政治理论课课堂上的抬头率、点头率等反映出来。另外，思想政治理论课涉及的不同主体对思想政治理论课是否有必要开设及开设课程及学时的多少等也会通过各种不同的形式反映出其对思想政治理论课设置的不同认同情况。

（二）思想政治理论课内容的认同

思想政治理论课内容是根据党和国家的性质、制度及发展需要来确定，并不必然意味着其就能够自动地得到师生内心深处的完全或彻底认同。思想政治理论课教师只能采取一定的形式按照已确定的内容对学生进行教育，力求使学生认同教材规定的内容而体现自己的价值。对思想政治理论课内容的认同，是指思想政治理论课的师生主体等是否认同思想政治理论课内容，以及认同的范围（即认同思想政治理论课的哪些内容和不认同哪些内容）和认同的程度（包括认知认同、情感认同、意志认同、行为认同及其认同层次差异）等。

政治认同是思想政治学科首要的核心要素。学生对思想政治理论课内容的认同必然会受到其在前一个学段所学习的思想政治理论课内容的影响。如根据教育部 2017 年颁布的《普通高中思想政治课程标准》确定的学科核心素养与课程目标规定："我国公民的政治认同，就是拥护中国共产党的领导，坚持和发展中国特色社会主义，认同中华人民共和国、中华民族、中华文化，弘扬和践行社会主义核心价值观。"[1]"具有政治认同素养的学生，应能够认同中国特色社会主义道路是历史的必然，坚信中国特色社会主义是国家富强、民族振兴、人民幸福的根本保

---

[1] 中华人民共和国教育部制定：《普通高中思想政治课程标准（2017 年版）》，人民教育出版社 2018 年版，第 4 页。

障，坚定中国特色社会主义道路自信、理论自信、制度自信、文化自信，拥护党的领导，领会中国特色社会主义最本质的特征是中国共产党领导，中国特色社会主义制度的最大优势是中国共产党领导，党是最高政治领导力量，明确社会主义核心价值观是公民最基本的价值标准，自觉践行社会主义核心价值观，树立共产主义远大理想和中国特色社会主义共同理想。"① 另根据中共中央办公厅、国务院办公厅印发《关于深化新时代学校思想政治理论课改革创新的若干意见》，"高中阶段重在提升政治素养，引导学生衷心拥护党的领导和我国社会主义制度，形成做社会主义建设者和接班人的政治认同"②。从以上内容可见，大学生的政治认同应该在高中阶段形成。

高学段的学生不仅是来自于低学段的学生，而且还是低学段学生中的精英。就大学生思想政治理论课的任务而言，"大学阶段重在增强使命担当，引导学生矢志不渝听党话跟党走，争做社会主义合格建设者和可靠接班人"③。大学生在高中思想政治理论课学习的基础上，进入大学深入学习有关思想政治理论课相关内容，并巩固和强化其对中国特色社会主义道路、理论、制度、文化等的认同，不断增强道路自信、理论自信、制度自信和文化自信，做到提高思想水平、提高政治觉悟、提高道德品质、提高文化素养四个"提高"，形成对伟大祖国的认同、对中华民族的认同、对中华文化的认同、对中国共产党的认同、对中国特色社会主义的认同。在这些认同中，对中国共产党的认同是核心，是坚持党的领导的基础。

---

① 中华人民共和国教育部制定：《普通高中思想政治课程标准（2017年版）》，人民教育出版社2018年版，第6页。

② 《中共中央办公厅　国务院办公厅印发〈关于深化新时代学校思想政治理论课改革创新的若干意见〉》，2019年8月14日，见 http://www.moe.gov.cn/jyb_xxgk/moe_1777/moe_1778/201908/t20190815_394663.html。

③ 《中共中央办公厅　国务院办公厅印发〈关于深化新时代学校思想政治理论课改革创新的若干意见〉》，2019年8月14日，见 http://www.moe.gov.cn/jyb_xxgk/moe_1777/moe_1778/201908/t20190815_394663.html。

（三）对思想政治理论课形式的认同

学生对思想政治理论课教学形式的认同，是指学生对思想政治理论课教学的方式、手段、途径等是否认同，以及认同哪些方式、手段、途径及其认同的程度等。教无定法，贵在得法。教学中并不存在唯一恰当、科学的方法。不同的教法、形式是否运用得恰到好处，会有不同的效果。在教学中探寻最切合时宜的方法才最有利于取得教学成效。不同的老师、不同的教学内容只适宜于某种教法、形式等。由于学生的思想政治理论课设置及其课程内容和课时等均已作明确规定，这就会在某种程度上决定了教学形式的选择。由于学生思想政治理论课具有非常突出的政治属性，这就决定了其教学形式往往会受到一定的限制，这也是为什么不少思想政治理论课教师大多只能或不得不采取饱受广大大学生诟病的自上而下的正面灌输为主的主要教学形式的主要原因。如不少思想政治理论课教师因为意识形态和课堂纪律要求等抱着"不怕一万就怕万一"的心态对学生进行正面灌输，只讲课本上的、主流媒体上或官方反复讲过的话语及其内容，而这些又在某种程度上脱离或远离学生的学习、生活实际。虽然既能联系实际又能辩证看待问题的平等探讨式、启发式、争论式等诸多平等主体之间探讨问题的教学形式比较受学生喜爱，但不宜适用于思想政治理论课。于是，一味采取高大上的纯理论讲授、填鸭式教学等形式获得学生认同的程度也就可想而知了。

内容决定形式，而不是相反。因此，不同的思想政治理论课内容和要求往往在一定程度上限定了教学的方式方法。如要求正面讲授，就只能讲好的、积极的、正确的、健康的东西，而少讲或不讲坏的、消极的、错误的、病态的内容，没有真与假、好与坏、善与恶、美与丑等的比较讨论和说服，则只能是不断地重复某些既定的内容而已，既没有新鲜感，也难以使学生在面对各种假、恶、丑时有正确的认知和判断并采取相应的行动，最终就会令人心生厌倦或反感。没有平等的讨论或比较分析，就难知孰优孰劣，就没有新鲜感或启发，就不可能培养出有责任感和担当的时代新人。

（四）对思想政治理论课教师的认同

一般而言，思想政治理论课的教学内容不会自动进入教育对象的眼帘和内心，必须通过教师把教材内容转化为教学内容，把书面语言转化为口头语言进行讲授才能为学生所理解和接受。换言之，学生是通过教师来理解和接受思想政治理论课的内容并内化为自身的思想意识和形成"三观"与信仰等。亲其师才能信其道。这就是说，学生对思想政治理论课是否认同在很大程度上取决于其对思想政治理论课教师的认同。

学生对思想政治理论课教师是否认同及其认同的程度等，都会在一定程度上直接或间接地影响着学生对思想政治理论课内容的吸收和接受。每一个教师都是独一无二的社会人，不仅具有一定的主体能动性，而且还具有完全不同的容貌、形体、知识、语言、表达艺术等，各自对思想政治理论课课程内容的理解、掌握也有所不同，把教材内容转化为教学内容并通过口头语言表达给学生等也有差异。不同的思想政治理论课教师即使在相同的时间内承担同样的思想政治理论课教学内容，但因为教师的形象、语言、教态、教学艺术和表达方式等是否符合学生的审美爱好和是否切合学生特定时间的所思所想等，都会直接或间接地影响着学生对思想政治理论课有着不同的喜好，进而对思想政治理论课的认同也就完全不同。就性别来说，根据同性相斥、异性相吸的原理，漂亮的女老师容易获得男学生的喜爱，英俊潇洒的男老师则容易获得女学生的喜爱。由于爱屋及乌的普遍心理，喜欢思想政治理论课教师的学生一般也会喜欢上思想政治理论课，进而为思想政治理论课认同奠定基础。

思想政治理论课内容是固定的，但任课教师却是具有一定的主观能动性，即任课教师能够采用不同方式、方法、语言等讲授相同内容的思想政治理论课会产生不同的教育教学效果。不同的老师有不同的上课方法、技巧等，也会不同程度地影响大学生对思想政治理论课的喜好和认同等。如果教师能够很好地把教材内容吃透并转化为教学内容，再根据学生的身心特点和喜好等，通过轻松有趣的语言或恰当的教学形式把相关的教学内容生动具体有趣地传递给大学生，则思想政治理论课就容易获得学生的认同。反之，则不然。

如果教师的语言幽默风趣，又能联系实际，并善于运用多种教学方法或多媒体等把课程内容讲得鲜活生动、深入浅出，则学生听起来就会觉得轻松而且觉得是一种"美的享受"，那么学生就会喜欢听讲，而且容易听懂并接受老师所讲的思想政治理论课内容而予以认同。反之，如果教师不会用多媒体，只会照本宣科，语言乏味枯燥，采用"一言堂"的自说自话，联系实际很少，教学方法又不得当，那么思想政治理论课就难以得到学生的喜爱，当然学生也就难以认同了。因此，在一定程度上，学生是否喜爱思想政治理论课与任课教师的音容笑貌、语言表达、教学技艺、教学手段、教学方式等好坏有着很大的直接或间接关系。

（五）对思想政治理论课认同的内容

大学生思想政治理论课认同的内容有课程设置的认同、课程内容的认同、课程形式的认同等多方面且这些认同在思想政治理论课认同中的地位和作用也不相同。

1. 思想政治理论课内容及其形式的认同

在思想政治理论课各要素的认同中，课程设置认同，尤其是课程内容的认同是整个思想政治理论课认同的核心及追求的目标，形式认同等主要是服务和服从于课程内容认同的需要。高校是党领导下具有中国特色社会主义的学校，学校开设的思想政治理论课关系着"培养什么样的人、如何培养人以及为谁培养人"这个根本问题。这也正是思想政治理论课的设置及其教材由党和国家审定并强制性规定高校必须使用统编教材等的原因所在。在教学形式上，党和国家则鼓励、支持思想政治理论课教师充分发挥主体能动性和不断改革创新思想政治理论课的教育教学方式和方法。

思想政治理论课认同包括对思想政治理论课课程设置、课程内容、课程形式等各个方面的认同。因此，既有针对性又有实效性的思想政治理论课，实质上就是从内容、形式等各个要素方面都得到了学生高度认同的思想政治理论课。这是始终开设、重视和加强思想政治理论课而进行不懈努力追求和力图达成的最高目标。从当前我国大学生对思想政治理论课的认同来看，总体上的认同是比较好的，但由于社会现实、理论的抽象和高大上、教师、教法等方方面面因素的影响，使得思想政治理论课的认同仍然需要进一步不断改进和努力加强。这也正是本书研究和进一步改进和加强思想政治理论课的价值所在。

2. 思想政治理论课认同是内容认同与形式认同的统一

内容是事物一切内在要素的总和，形式是这些内在要素的结构和组织方式。大学生思想政治理论课作为对人进行教育的实践活动，既有内容，也有形式，不存在无内容的思想政治理论课形式，也没有无形式的思想政治理论课内容。学生思想政治理论课内容决定了学生思想政治理论课的形式，学生思想政治理论课的形式要服从学生思想政治理论课的内容，并随学生思想政治理论课内容的变化而变化。学生思想政治理论课形式对学生思想政治理论课内容又有反作用，即学生思想政治理论课形式适合于学生思想政治理论课内容，就有利于增强学生对思想政治理论课内容的认同；学生思想政治理论课形式不适合学生思想政治理论课内容，则会阻碍学生对思想政治理论课内容的认同。思想政治理论课不仅要在教学形式上，而且也要在内容上获得学生的认同，才能真正获得学生的认同。思想政治理论课的认同要在内容和形式上力求获得学生的认同，从而才能实现学生对思想政治理论课的高度认同。

3. 思想政治理论课认同的根本目的是政治认同

政治认同是政治获得合法性的必要条件和取得权威的前提。我国的政治认同，就是指人们在公共政治生活实践中产生的对中华人民共和国的国体、中国共产党及其政治组织、政治制度、政治主张等现存政治体系，在认知、心理、情感和行为上产生归属感。我国学生思想政治理论课的终极目的就是培养学生对我国的政治认同，就是对学生进行中国化马克思主义教育并获得其认同。有学者认为："思想政治教育本质上是一种政治教育，思想政治教育的根本任务是培育以阶级认同为核心的政治认同，对中国共产党的政治认同培育是当代中国思想政治教育的'牛鼻子'。"① "马克思主义意识形态认同能为当代中国政治提供合法性支持、情感型归属与主体性确证，是当代中国政治认同的本原性基础。"② 学生思想政治理论课认同的本质及根本就是对学生进行马克思主义中国化的创新理论，即中国化马克思主义的教育，使其接受和认同中国共产党的执政地位、领导地位和中国特色社会主义政治，不断坚定"四个自信"、增强"四个意识"、做到"两个维护"且能够担当建设中国特色社会主义现代化强国和实现伟大复兴中国梦的中国特色社会主义建设者和接班人。

第二节　大学生思想政治理论课认同

大学生对党和国家、民族、社会及其家庭的发展具有重要作用和影响，是中国特色社会主义的建设者和接班人。大学生作为构建社会主义和谐社会的中坚力量，其成长引人注目。根据《2021年全国教育事业发展统计公报》，普通本专科招生967.45万人，比上年增加52.55万

① 柴勇：《论对中国共产党的政治认同培育在思想政治教育中的定位》，《中国社会科学院研究生院学报》2017年第6期。
② 陈付龙等：《马克思主义意识形态认同：中国政治认同本原性基础》，《江苏行政学院学报》2018年第1期。

人，增长 5.74%；在校生 3285.29 万人，比上年增加 253.77 万人，增长 8.37%；毕业生 797.20 万人，比上年增加 38.67 万人，增长 5.10%。另有五年制高职转入专科招生 46.28 万人；专科起点本科招生 61.79 万人。① 作为我国青年中高素质群体的 3285 万多名在校大学生，能否忠于党、忠于国家和忠于人民，是否具有政治头脑，是否认同主流意识形态和中国特色社会主义，将直接影响到整个社会的政治价值取向，影响到社会主义和谐社会的构建及中国特色社会主义事业能否健康持续发展。

一、大学生与思想政治理论课认同

获得大学生的认同并不断提高其认同的程度始终是思想政治理论课追求的目标。大学生对思想政治理论课的认同，就是大学生对思想政治理论课的课程设置、教材及内容、教学方法、任课教师及各要素相互关系等的认同。

（一）大学生的界定

大学生，主要是指通过普通高等教育考试录取后在各级各类高等院校注册取得国家学历教育的入学资格，并接受教育直至毕业前的各种全日制专科生、本科生。他们大都是 18—25 岁之间的青年。大学生数量众多且是国家和社会及民族未来发展的中坚力量。党的十九大报告强调："青年兴则国家兴，青年强则国家强。青年一代有理想、有本领、有担当，国家就有前途，民族就有希望。中国梦是历史的、现实的，也是未来的；是我们这一代的，更是青年一代的。"② 大学生的思想政治

---

① 参见《2021 年全国教育事业发展统计公报》，中华人民共和国教育部，2021 年 8 月 27 日，见 http://www.moe.gov.cn/jyb_sjzl/sjzl_fztjgb/202108/t20210827_555004.html。
② 习近平：《决胜全面建成小康社会　夺取新时代中国特色社会主义伟大胜利——在中国共产党第十九次全国代表大会上的报告》，人民出版社 2017 年版，第 70 页。

素质和道德品质状况如何，不仅直接关涉其身心健康发展，直接关涉其所在家庭的幸福与未来，而且还直接关涉国家、民族和社会的未来走向。为此，无论是国家和政府，还是社会和大学生父母等家庭成员等都非常重视大学生各方面的教育，包括思想政治教育（当然也包括思想政治理论课的学习）。

（二）大学生思想政治理论课的历史演变

为了做好我国大学生的思想政治教育工作，党中央和国务院决定在大学生中开设思想政治理论课并规定必须使用审定的统编教材。大学生的思想政治理论课，是通过学校的课堂教学对学生进行思想政治教育的课程。在高等院校开设思想政治理论课的目的就是使大学生接受中国特色社会主义的思想、政治、法律、道德、观念教育以及心理健康教育等，并使之内化为大学生自身的自我要求用以指导大学生的言行，进而践行思想政治理论课课程的教学内容要求，成为中国特色社会主义建设者和接班人。大学生思想政治理论课承担着对大学生进行系统的马克思主义理论教育的任务，是巩固马克思主义在高校意识形态领域指导地位、坚持社会主义办学方向的重要阵地，是全面贯彻党的教育方针、落实立德树人根本任务的主渠道和核心课程，是加强和改进高校思想政治工作、实现高等教育内涵式发展的灵魂课程。思想政治理论课是对大学生进行思想政治教育的主阵地、主渠道。思想政治理论课作用不可替代。改革开放以来，我国高校思想政治理论课课程及教材经历了"两课"课程体系、"98 方案"、"05 方案"和"2018 版"及"2021 版"等形成发展演变的过程。

1."两课"课程体系的产生

1985 年 8 月，中共中央发布《关于改革学校思想品德和政治理论课程教学的通知》，确立包括马克思主义理论课和思想品德课在内的"两课"课程体系。这是改革开放后党和国家在大学生学习课程中作为必修课开设思想政治理论课的规范文件。

2."95""两课"课程体系

随着改革开放和经济社会的发展需要，大学生思想政治理论课也随之发生了变化。1995 年 10 月，国家教育委员会发布《关于高校马克思主义理论课和思想品德课教学改革的若干意见》，对在大学生中开设必修思想政治理论课体系框架作出调整：包含马克思主义哲学原理、马克思主义政治经济学原理、毛泽东思想概论、邓小平理论概论、思想道德修养、法律基础和当代世界经济与政治（文科开设）。这基本上形成了截至当下大学生思想政治理论课及其内容的框架体系。

3. 高校思想政治理论课"98 方案"

随着马克思主义中国化创新理论的不断发展，"三个代表"重要思想也纳入了大学生的思想政治理论课。1998 年 6 月 10 日，中宣部、教育部印发《关于普通高等学校"两课"课程设置的规定及其实施工作的意见》（教社科〔1998〕6 号）（简称"98 方案"）。该意见规定，高校本科生开设 7 门或 6 门思想政治理论课必修课程：马克思主义哲学原理、马克思主义政治经济学原理、毛泽东思想概论、邓小平理论和"三个代表"重要思想概论、当代世界经济与政治（文科开设）、思想道德修养、法律基础。

4. 高校思想政治理论课"05 方案"

随着国内外形势的发展，思想政治理论课的重要作用日益凸显，同时也获得了党和国家的高度重视。原来可以由各省自行编印的大学生思想政治理论课程内容统一由党和国家的相关部门审定。2005 年，在大学生中开设的思想政治理论课教材由中央政治局审定并作为高校必须统一使用的统编规定教材。2005 年 3 月 2 日，中共中央宣传部、教育部关于印发的《〈中共中央宣传部　教育部关于进一步加强和改进高等学校思想政治理论课的意见〉实施方案》通知明确指出，为贯彻落实《中共中央、国务院关于进一步加强和改进大学生思想政治教育的意见》

（中发〔2004〕16 号）和全国加强与改进大学生思想政治教育工作会议精神，充分发挥高等学校思想政治理论课在大学生思想政治教育中的主渠道作用，颁布了《中共中央宣传部、教育部关于进一步加强和改进高等学校思想政治理论课的意见》（教社政〔2005〕5 号）（简称"05 方案"）。为此，全国各地各高校大学生的思想政治理论课及其内容达成了完全统一。

5. 2018 年高校思想政治理论课修订

党的十八大后，根据党的理论创新和发展需要，党中央组织全国专家对大学生思想政治理论课教材重新修订编写并于同年出版，同时还由中宣部和教育部统一组织全体思想政治理论课教师采取不同的形式对新教材进行学习和培训，同时还对推行小班教学等作出了新的要求和规定。根据教育部教社科〔2018〕2 号关于《新时代高校思想政治理论课教学工作基本要求》，大学生思想政治理论课课程及学分等要求如下。

本科生"马克思主义基本原理概论"（以下简称"原理"）课 3 学分、毛泽东思想和中国特色社会主义理论体系概论（以下简称"概论"）课 5 学分、中国近现代史纲要（以下简称"纲要"）课 3 学分、思想道德修养与法律基础（以下简称"基础"）课 3 学分、形势与政策课 2 学分。专科生"概论"课 4 学分、"基础"课 3 学分、"形势与政策"课 1 学分。

硕士研究生的中国特色社会主义理论与实践研究课 2 学分，同时须从自然辩证法概论课和马克思主义与社会科学方法论课中选择 1 门作为选修课程，占 1 学分。博士研究生的中国马克思主义与当代课 2 学分，同时可开设马克思恩格斯列宁经典著作选读课（列入学校博士生公共选修课）。鼓励各地高校结合实际开设思想政治理论课选修课（有的省份为此开设了一门 1 学分的地方特色课程）。

纸上得来终觉浅，绝知此事要躬行。大学生不仅要接受课堂教学或网课，同时也要参加社会实践并接受教育。关于社会实践教学。文件规定，从本科思想政治理论课现有学分中划出 2 个学分，从专科思想政治理论课现有学分中划出 1 个学分，开展本专科思想政治理论课实践教学。学生既可以通过参加教师统一组织的"三下乡"或其他专题式的实践教学获得相应学分，也可自行组织寒暑假回家开展调查研究等，通过提交与思想政治理论课学习相关的实践成果申请获得相应学分。为了避免课堂教学打折而用网络教学代替，规定强调网络教学作为思想政治理论课的辅助手段，不得挤占课堂教学时数。

规定明确了研究生的思想政治理论课课程设置调整的原则主要有：课程的导向性。坚持以当代中国马克思主义为指导，坚持马克思主义的立场、观点和方法，贴近研究生思想和学习实际，帮助他们树立正确的世界观、人生观、价值观，坚定中国特色社会主义理想和信念。课程的层次性。着力构建高校思想政治理论课教学体系，形成本科生、硕士生、博士生思想政治理论课基本内容相衔接、层次要求有区别的课程设置和教学体系。课程的实效性。紧密联系研究生思想实际和学校教学实际，合理设置和安排有关课程。

为了不断加强高校思想政治理论课的作用和强化改革创新以不断提升大学生思想政治理论课的针对性和实效性，2020 年 12 月 18 日《中共中央宣传部　教育部关于印发〈新时代学校思想政治理论课改革创新实施方案〉的通知》（教材〔2020〕6 号）后，中共中央办公厅、国务院办公厅又于 2019 年 8 月 14 日印发《关于深化新时代学校思想政治理论课改革创新的若干意见》。从以上 2018 年到 2020 年关于大学生思想政治理论课的名称、内容等与"05 方案"相比，无论是课程设置，还是课程名称及其内容或课程开设形式等均有了不小变化，具体可见第一节中"思想政治理论课"中"大学生思想政治理论课"部分内容。

从高校思想政治理论课的"98 方案"到"05 方案"，再到"18 修订版"直到今天的相关文件、政策规定的发展变化来看，大学生思想政治理论课的重要地位和作用日益受到党和国家的高度重视，虽然课程门数、内容、课时、学分设置有所丰富完善和调整变化，但其主要核心内容或本质追求并没有变，且内容更加饱满、课时有所增加、形式更加多样，最终就是力求使大学生通过学习思想政治理论课后不断坚定"四个自信"、增强"四个意识"和做到"两个维护"，成为党和国家需要的社会主义建设者和接班人。

（三）大学生思想政治理论课认同

大学生思想政治理论课是对大学生进行系统的马克思主义理论教育和社会主义核心价值观教育，帮助大学生树立正确世界观、人生观、价值观，提高运用马克思主义的立场、观点、方法来分析问题和解决问题的能力的核心课程。大学生思想政治理论课认同，主要是指大学生对思想政治理论课教材内容、任课教师、授课形式等的认同，即不仅包括大学生知道思想政治理论课教材内容和教学内容，而且还要接受思想政治理论课教学内容的要求，接受思想政治理论课教师和授课形式，在思想观念和言行上与思想政治理论课教学内容要求相一致。教材内容只有通过思想政治理论课教师采取一定的授课形式才能使学生知悉和认同，授课形式又会受到教材内容的制约与影响。因此，大学生对思想政治理论课的认同实质上包含着对思想政治理论课教材内容的认同和授课形式的认同两个方面，当然最为重要的是对教材内容的认同。

大学生对思想政治理论课能否认同及认同的范围和程度等都会直接或间接地影响着对思想政治理论课教学效果的评价。如果思想政治理论课得不到大学生的认同，那么就是无谓地耗费大量的人力、物力、财力而没有取得应有的效果，甚至可能适得其反，即遭受大学生的抵触、非议和排斥。如果思想政治理论课的内容抑或形式等都得到了大学生的认同，那么认同的范围和认同的程度等又如何始终是大学生思想政治理论课不得不面对的问题。从认同范围上讲，主要是指思想政治理论课的全部内容是否都得到了大学生的认同，还是部分内容得到了大学生的认同。从认同程度上说，主要是指思想政治理论课的内容是否得到了大学生的认知，并内化为自身行动的指南而践行，或者表现为是否在内心深处接受，或接受了是否转化为大学生的自我要求等。

大学生思想政治理论课开设的目的在于希望所有的课程内容都能够得到大学生真正的内心认同。若能得到认同，则意味着思想政治理论课达到了预期的目的且取得了成效。但是，思想政治理论课内容更多反映的是党和国家的要求，因此是由党和国家组织专家统一编写和审定。当然党和国家也要考虑社会和学生及其家庭的需要等，但与社会、家庭及学生等各方面的要求并非完全一致。因而，思想政治理论课要获得大学生的认同往往会面临各种困难和挑战，这也正是党和国家再三根据各方面形势发展需要，高度重视并强调要加强和改进大学生思想政治理论课力求取得更大成效的真正缘由所在。中国特色社会主义进入新时代后，我国社会的主要矛盾已经发生转化并对大学生思想政治理论课产生了各种直接或间接的影响。因此，党的十八大以来，党和国家高度重视大学生思想政治理论课并提出了许多要求并采取了一系列具体的举措，以此来加强和改进大学生思想政治理论课并力求取得实实在在的成效，从而不断增强大学生对中国共产党领导的中国特色社会主义建设的政治认同。

（四）大学生思想政治理论课认同的目的

大学生思想政治理论课认同的目的就是使大学生认同党的领导和中国特色社会主义，即对我国政治的认同。大学生政治认同是指大学生通过思想政治理论课的学习，在坚持中国共产党的领导和中国特色社会主义道路的基础上，在认知、情感和行为等各方面中对中国共产党和我国的政治生活产生真正的归属感。为此，中共中央办公厅、国务院办公厅《关于进一步加强和改进新形势下高校宣传思想工作的意见》就明确提出：要把高校思想政治理论课建设成为大学生真心喜爱、终生受益的课程，着力增强大学生思想政治教育针对性、实效性，进一步增强理论认同、政治认同、情感认同。①

理论认同，主要是指通过思想政治理论课教学使大学生对马克思主义中国化理论成果或中国化马克思主义理论——毛泽东思想和中国特色社会主义理论体系产生认同，在当前尤其是要认同习近平新时代中国特色社会主义思想。

政治认同，主要是指人们在政治生活中对政党、政府及其意识形态体系所产生的归属感，即"人们对政府、政党及其政治制度的信任、赞成和支持"②。"对中国共产党的政治认同是当代中国政治认同的核心。"③ 我国大学生的政治认同，主要是通过思想政治理论课使大学生认同"中国特色社会主义制度，就是人民代表大会制度的根本政治制度，中国共产党领导的多党合作和政治协商制度、民族区域自治制度以及基层群众自治制度等基本政治制度，中国特色社会主义法律体系，公有制为主体、多种所有制经济共同发展的基本经济制度，以及建立在这些制度基础上的经济体制、政治体制、文化体制、社会体制等各项具体制度"④。

情感认同，主要是指通过思想政治理论课教学使大学生在情感上认同思想政治理论课的内容，促进大学生在情感上对马克思主义中国化理论结晶——中国化马克思主义和我国政治的认同。

---

① 参见《中共中央办公厅、国务院办公厅印发〈关于进一步加强和改进新形势下高校宣传思想工作的意见〉》，2015 年 1 月 19 日，见 http://www.gov.cn/xinwen/2015-01/19/content_2806397.htm。

② 鲁全信：《大学生政治认同危机及其消解路径》，《内蒙古师范大学学报（教育科学版）》2017 年第 1 期。

③ 柴勇：《论对中国共产党的政治认同培育在思想政治教育中的定位》，《中国社会科学院研究生院学报》2017 年第 6 期。

④ 胡锦涛：《坚定不移沿着中国特色社会主义道路前进　为全面建成小康社会而奋斗——在中国共产党第十八次全国代表大会上的报告》，人民出版社 2012 年版，第 12 页。

在理论认同、政治认同、情感认同中，最为重要的是理论认同和政治认同，对理论的认同最本质的内容就是对政治理论的认同。因此，大学生对中国特色社会主义理论的认同的根本也是对中国特色社会主义政治理论的认同。促进大学生思想政治理论课认同的最终目的就是要促进大学生对马克思主义中国化理论成果和我国政治的认同。促进大学生对思想政治理论课认同的目的，虽然包括了理论认同、政治认同和情感认同，但最为重要的是政治认同，理论认同主要是政治理论认同，情感认同服务于政治认同的需要，指向也是政治认同。

（五）大学生对当前我国政治认同的状况分析

大学生思想政治理论课认同的核心和目的是政治认同。大学生的政治认同是通过思想政治理论课教育教学形成的对中国化马克思主义政治理论的认同和对我国政治的认同。反之，大学生对思想政治理论课不认同则会影响其对我国的政治理论认同和对我国的政治结构及其运行机制的认同。换言之，大学生对我国的政治是否认同在一定程度上会受到思想政治理论课的影响。我国大学生对思想政治理论课认同度不高或不认同，都会影响其对中国共产党和中国特色社会主义道路、理论、制度等政治的认同。

由于改革开放和国际交往的扩大及我国的政治理论与政治实践成效等使得大学生对我国的政治认同存在不同的情况。全球化背景下青年大学生政治认同的基本状况主要表现在："1. 在政治认知层面，对政治系统的运行状况比较满意，但对其发展前途不够自信；2. 在政治情感层面，热爱祖国和人民，但对主流政治文化的认识存在偏差；3. 在政治态度层面，由于政治参与度不足，政治评价标准存在感性化、碎片化倾向；4. 在政治行为层面，对政治生活热情参与，但更关注个人利益实现。"[1]

---

[1]　崔美娜等：《全球化背景下青年学生政治认同问题研究》，《中州学刊》2018 年第 2 期。

"由于改革开放带来多元文化的矛盾和冲突对大学生思想政治理论课带来了巨大冲击与挑战，进而影响了大学生对思想政治理论课的认同。如马克思主义'过时论'、'无用论'、'失效论'、'死亡论'，共产主义的'前途渺茫论'、'破产论'、'信仰危机论'等沉渣泛起，造成了对马克思主义的'边缘化'与'污名化'，严重削弱人们对中国特色社会主义的理论认同与理论自信，动摇了人们对马克思主义的信仰、对社会主义与共产主义的信念。"[1] 有学者认为："大学生政治认同出现的危机主要表现为政治信仰动摇、政治制度认同弱化、政治的冷漠和疏离、民族自信心不强。"[2] 这些研究结果都在一定程度上说明，由于国际国内形势的发展和切身感知体验等使得大学生对思想政治理论课的认同受到了不同程度的影响，特别是不良社会思潮的影响尤为突出。

学术界关于影响大学生政治认同的主要因素，有学者认为："大学生政治认知欠缺、西方文化的侵蚀、政治参与不足、市场经济的负面影响、社会消极现象的冲击。"[3] 另有学者认为影响大学生政治认同的原因有："1. 经济全球化弱化了政治认同的地域基础；2. 政治多极化对社会主义核心价值观产生一定冲击；3. 文化多元化对主流政治文化认同提出挑战；4. 信息全球化使社会政治认同面临弱化倾向。"[4] 总之，根据现有不同学者的研究和分析，影响大学生政治认同的因素既有国内因素，也有国际因素；既有社会因素，也有家庭因素；既有教育的因素，也有政治的因素，不一而足。综合起来看，在影响大学生政治认同的诸多因素中，可控的因素主要是思想政治理论课，即增强大学生对思

---

① 陈付龙等：《马克思主义意识形态认同：中国政治认同本原性基础》，《江苏行政学院学报》2018年第1期。

② 鲁全信：《大学生政治认同危机及其消解路径》，《内蒙古师范大学学报（教育科学版）》2017年第1期。

③ 鲁全信：《大学生政治认同危机及其消解路径》，《内蒙古师范大学学报（教育科学版）》2017年第1期。

④ 崔美娜等：《全球化背景下青年学生政治认同问题研究》，《中州学刊》2018年第2期。

想政治理论课的认同，进而有效增强大学生对中国特色社会主义政治的认同，这也正是党和国家高度重视思想政治理论课的真正原因之所在。

二、大学生思想政治理论课认同的意义

大学生是十分宝贵的人才资源，是党的事业能够传承的主体、是国家和民族的希望与未来。大学生对思想政治理论课是否认同以及认同的程度、范围等，对党的执政地位和执政基础的巩固，对我国政治的发展，都具有十分重要的意义。思想政治理论课事关"培养什么人、如何培养人和为谁培养人"的根本问题，加强和改进大学生思想政治理论课，提高大学生的思想政治素质，把他们培养成为能够担当民族复兴大任的时代新人和合格的中国特色社会主义事业建设者和接班人，对于确保中国特色社会主义事业兴旺发达、后继有人，实现中华民族的伟大复兴等具有非常重大而深远的战略意义。

（一）事关思想政治理论课成效

大学生对思想政治理论课是否认同以及认同的程度不同，会影响思想政治理论课的成效和价值。如果大学生认同思想政治理论课而且认同度高，那么思想政治理论课开设的成效和价值就会得到充分展现，就会增进大学生对中国特色社会主义政治的认同。当然，即使大学生对思想政治理论课都认同，也有一个认同程度差异的问题，不同的认同程度对思想政治理论课教学成效的影响也各不相同。判断大学生对思想政治理论课的认同可以分为由浅入深、由低到高的认知认同、情感认同、意志认同、行为认同四个层次。

大学生对思想政治理论课的认知认同，是最低层次的认同，即大学生通过感知觉、意识、注意、记忆、思维等，学习思想政治理论课教材中的概念、内容、观点、思想、价值，从而对其有一定的了解和掌握，这是一个逐步上升和逐步整合的过程。认知认同主要解决的是获取思想

政治理论课程的相关内容，即解决认知与否的问题。没有认知认同，就不会有情感认同等。

大学生对思想政治理论课的情感认同，是指大学生在认知认同的基础上，通过情绪、情感等主观体验、外部表现、生理唤醒等表现出对思想政治理论课的喜欢、热爱与偏好，如不反感、不抵触、不排斥等。没有认知，就谈不上是否喜欢或热爱。因此，大学生要在对思想政治理论课有认知的基础上，通过教师的讲解等激发出大学生喜欢思想政治理论课的情感。这是比认知认同更高一个层次的认同，情感认同以认知认同作为前提和基础，认知认同并不必然导致情感认同。

大学生对思想政治理论课的意志认同，是指大学生在认知认同、情感认同的基础上，在意志层面反复强化和巩固，并把思想政治理论课教材内容及其价值追求内化为自己内心深处坚守的信念与应该遵守的某种价值，从而为转化为大学生外在的某种言行奠定坚实的基础，即践行思想政治理论课内容的要求。意志认同又是比认知认同、情感认同更高层次的认同，意志认同是以情感认同作为基础，没有情感认同就不会有意志认同。当然，有情感认同，也不一定必然带来意志认同。

大学生对思想政治理论课的行为认同，是指大学生对思想政治理论课在认知认同、情感认同和意志认同的基础上，不仅把思想政治理论课程教材内容、要求及价值追求内化为自我的要求，作为自己信守的原则并时常严格要求自己，通过自己的一言一行表现出来，即在言行中按照思想政治理论课内容要求及其价值指引行事。行为认同是思想政治理论课认同的最高境界和最高层次，是大学生思想政治理论课追求的最高目标。

从大学生对思想政治理论课的认知认同、情感认同、意志认同、行为认同来看，前者是后者的基础和前提，但前者并不必然导致后者；后者是前者的更高层次的认同，但是后者并非前者的必然。大学生在不同层次上对思想政治理论课的认同并非完全相同。大学生对思想政治理论课的认同层次越高、范围越广，则大学生思想政治理论课的成效越好，反之则不然。换言之，越是具有成效的思想政治理论课，越能够得到学生的认同且认同层次越高。如果大学生对思想政治理论课既有认知认同、情感认同，又有意志认同与行为认同，则说明大学生对思想政治理论课是"真正"的认同。如果大学生对思想政治理论课不认同，可能就会在其内心深处反感、抵触或排斥思想政治理论课，那么思想政治理论课就白白耗费了大量的人力、财力、物力等资源而没有收效或收效甚微。

大学生对思想政治理论课是否认同及认同的程度或层次及范围，直接或间接地会成为判断思想政治理论课教学成效的标准。当然，在实际教学活动中，大学生认同思想政治理论课的四个层次并不是截然地有先有后的时间段或是认同的范围和程度都完全一致，即可能是几个层次相互影响、相互促进、相辅相成。因此，思想政治理论课要成为大学生真心喜爱、终生受益的课程，就要尽可能地促成大学生对思想政治理论课的认知认同、情感认同、意志认同和行为认同，特别是更高层次的认同。

（二）影响着大学生的成长成才

培养什么人、为何培养人和如何培养人，始终是思想政治理论课必须回答的最根本问题。立德树人、铸魂育人，是思想政治理论课的目标。大学生对思想政治理论课是否认同以及认同的程度差异，不仅直接影响着思想政治理论课开设的价值及成效，而且也直接或间接地影响着大学生的成长成才。我国是社会主义国家，在建设中国特色社会主义现代化强国的征途中，大学生是否成长成才的一个重要判断标准为：是否认同我国的政治道路、政治制度、政治理论、政治文化。我国的政治道路、政治制度、政治理论、政治文化是大学生思想政治理论课课程的主要内容。大学生对我国政治道路、政治制度、政治理论、政治文化的认同主要表现为：是否认同大学生思想政治理论课课程教学内容。换言之，如果思想政治理论课教学内容及其价值等都得到了大学生的认同，也就是大学生对我国政治道路、政治制度、政治理论、政治文化的认同，大学生就会成长为中国特色社会主义事业的建设者和接班人，成长为党和国家及建设社会主义现代化强国所需要的人才和栋梁。反之，如果大学生对我国政治道路、政治制度、政治理论、政治文化不认同，或认同度低，甚至成为我国政治道路、政治制度、政治理论、政治文化的排斥者、反对者、破坏者等，当然也就不可能成长为党和国家所需要的人才和社会主义现代化强国的建设者与接班人，更无法成为所谓的优秀人才和栋梁。

（三）影响着政治走向和国家发展

对于马克思主义政党来说，旗帜问题至关重要。旗帜就是方向，旗帜就是形象。在当代中国，中国共产党高举的旗帜就是中国特色社会主义伟大旗帜，中国是以马克思主义为指导的社会主义国家。思想政治理论课正是服务和反映马克思主义为指导的社会主义国家政治建设为主要内容的课程。思想政治理论课不仅介绍了我国社会主义道路、理论、制度和文化的选择与历史形成及其发展过程，而且阐述了伟大、光荣、正确的中国共产党的诞生和发展，从革命斗争走向执政，并带领广大中国人民进行改革开放而取得了巨大成就。思想政治理论课不仅要使大学生认同并接受这些内容，而且还要认同我国社会主义政治的现实并助推未来中国梦的实现。换言之，思想政治理论课就是为党育人为国育才。

大学生对思想政治理论课的认同，最终的目的和本质就是大学生在中国共产党领导中国特色社会主义道路基础上对我国的政治生活产生心理归属。"思想政治理论课作为政治认同教育的主渠道，提升大学生政治认同是其重要任务，必须围绕'培养什么人'这个根本问题，从教学理念、教学主体、教学内容、教学方法等方面优化'如何培养人'

的育人路径，实现'为谁培养人'的教学目标，推动中华民族复兴愿景在青年代际的接力奋斗中变为现实。"① 我们现阶段的目标是建设中国特色社会主义现代化强国。这个目标能否实现与大学生是否认同思想政治理论课高度相关。

大学生思想政治理论课是最具中国特色的课程，是中国共产党运用自身的思想政治理念、内容、价值追求等，通过学校教师对大学生进行教育，使之接受、认同、践行的最具政治性的所有大学生必修的公共课程。大学生思想政治理论课课程内容，不仅是中国共产党领导广大中国人民进行政治实践形成的理论及其发展的产物，也是执政党建设与发展的理论成果，是中国政治与执政党建设及未来发展走向的规定。习近平总书记在 2016 年全国高校思想政治工作会议上的讲话中指出："我们的高校是党领导下的高校，是中国特色社会主义高校，办好我们的高校，必须坚持以马克思主义为指导，全面贯彻党的教育方针，要坚持不懈传播马克思主义科学理论，抓好马克思主义理论教育，为学生一生成长奠定科学的思想基础。""党委要保证高校正确办学方向，掌握高校思想政治工作主导权，保证高校始终成为培养社会主义事业建设者和接班人的坚强阵地。"② 这实际上就表明了大学生对思想政治理论课的认同与否直接关系着我国的政治走向与国家发展。

（四）影响着人类命运共同体的构建

人类只有一个地球，各国必须共同相处在同一个世界。世界各国人民要和平共处，就必须有人类命运共同体意识。人类命运共同体是指不同的国家在追求本国利益时，要兼顾其他国家的合理利益，在谋求本国发展中促进各国共同发展。人类命运共同体这一全球价值观，包含相互

---

① 刘勇：《大学生政治认同视阈下思想政治理论课的育人路径探析》，《思想理论教育导刊》2018 年第 6 期。

② 《习近平谈治国理政》第二卷，外文出版社 2017 年版，第 377、379 页。

依存的国际权力观、共同利益观、可持续发展观和全球治理观。习近平任总书记在首次会见外国人士时表示，国际社会日益成为一个"你中有我、我中有你"的"命运共同体"，面对世界经济的复杂形势和全球性问题，任何国家都不可能独善其身。"命运共同体"成为中国共产党和政府反复强调关于人类社会发展的新理念，已经成为全世界的某种共识，同时也成了思想政治理论课的主要内容。随着中国不断深化改革开放的发展，人类命运共同体意识已成为世界意识当中的重要组成部分，并对世界产生重要的影响。中国要在构建人类命运共同体的进程中发挥应有的作用，实现中华民族的伟大复兴和建设社会主义现代化强国，就必须要求大学生接受人类命运共同体思想及其价值的指引，并具备应有的思想政治意识和素质，成长为具有人类命运共同体理念的人才并积极参与和服务于推动人类命运共同体的构建，才能使中国跻身于世界，并由"富起来"到"强起来"，才可能建成社会主义现代化强国。

人类命运共同体思想政治意识的培养及学生素质的提升，已经成为大学生思想政治理论课的重要内容。思想政治理论课要培养出具有人类命运共同体素质的大学生，才能直接或间接地影响和推动中国在未来全球合作中发挥积极作用，进而影响和推动人类命运共同体的建设与发展，才能实现中华民族伟大复兴的中国梦。

第三节　影响大学生思想政治理论课认同因素分析

思想政治理论课能否得到大学生的认同和认同的范围和程度如何等，均与思想政治理论课的诸多因素密切相关。思想政治理论课内容作为特定的思想政治意识和上层建筑的重要组成部分，既是社会现实生活的反映，同时又对社会现实生活产生影响。思想政治理论课认同本身就是思想政治理论课主体的某种心理意识，是社会存在的反映，受社会存在的影响。社会存在又是一个十分复杂而广泛的东西，因而影响大学生思想政治理论课认同的因素也十分广泛而复杂。

一、影响大学生思想政治理论课认同的因素及其分析

影响大学生思想政治理论课认同的因素，是指那些能够积极或消极、直接或间接、显性或隐性、有意或无意地影响大学生对思想政治理论课的认同以及认同的范围和认同的程度等各种主客观因素。

（一）影响大学生思想政治理论课认同的因素复杂多样

社会存在决定社会意识。思想政治理论课本身就是社会存在决定的社会上层建筑的重要组成部分。思想政治理论课认同本身是思想政治理论课主体对思想政治理论课作出反映的一种社会心理意识，由与思想政治理论课相关联的社会存在和社会现实决定和制约。社会现实和社会存在对大学生是否认同思想政治理论课极具决定性影响。大学生是社会人，来自社会并生存于社会中，既要接受思想政治理论课的学习，同时还要接受社会的影响，大学生学习思想政治理论课后最终还是要回归社会并在社会中谋求生存和发展。因此，当思想政治理论课内容与现实生活、社会存在相一致或者能够引导现实生活、社会存在的健康持续发展则容易得到认同；如果不一致或相去甚远，或者在现实生活与社会存在面前苍白无力，则难以得到认同。因此，能够影响大学生思想政治理论课认同的因素就复杂多样了，既有思想政治理论课的内容、教师和教学形式及学校的管理等，也有大学生所接触的社会和交往的群体；既有课堂教学的影响，还有各种网络、媒体等的影响；既有大学生本人自身认知因素的影响，也有大学生所在家庭及其父母等的影响；既有学校、院系、班级、宿舍等校内环境的影响，也有校外的社会环境及其现实的深刻影响等。

大学生思想政治理论课教材内容必须在特定的时空环境条件下经由某个教师采取一定的形式向学生讲授传达给学生才有可能得到学生的认同。因此，大学生对思想政治理论课的认同至少涉及教材内容、教学形式、教师、同学、时间、空间、环境等因素。这些因素都会直接间接、有意无意地影响大学生对思想政治理论课的认同及其认同的范围和程度等。

就教材内容说，内容是否联系实际，是否与大学生的切身感知、体验高度相关，是否重复不断地讲述相同的口号式内容等都会影响着大学生对思想政治理论课相关内容的认同。如果内容与学生在社会生活中的切身感知体验等高度吻合或能够有助于社会的发展或有助于大学生的健康成长，则容易获得认同。反之，则难以获得认同。

就教学形式讲，如果教学形式生动活泼、符合学生的接受偏好，思想政治理论课则容易为学生喜欢、接受和认同。反之，则不然。

就教师而言，教师是先接受教育并具有一定主体能动性且占据思想政治理论课主导地位的主体。思想政治理论课教师对思想政治理论课教学内容是否认同，认同程度和范围及其讲授思想政治理论课的音容笑貌、知识结构、教学方法、教学艺术和技巧、语言表达等都会直接或间接地影响大学生对思想政治理论课的喜好和偏爱及认同。有的大学生就是因为喜欢思想政治理论课教师而喜欢并认同思想政治理论课。爱屋及乌就是这个道理。

就思想政治理论课堂的教学管理来看，任课教师对教学课堂管理松紧、软硬、科学与否等也会对大学生思想政治理论课认同产生一定的影响且影响也各不相同。如果管理得当，则大学生对思想政治理论课的认同度就高，反之则不然。如认真授课且要求严格的思想政治理论课老师，相比于课堂上放任学生自由散漫或对不抬头、不点头的学生不管不问的任课老师，更容易得到大多数学生的好感和喜爱，进而影响大学生对思想政治理论课的认同。

就大学生本人而言，由于学习的学科门类、专业、素质、偏好，以及对政治的兴趣或爱好差异等各有差异，这些也会直接或间接地影响到大学生对思想政治理论课的认同、认同的范围和程度。就大学生所学学科门类不同来讲，文科专业的大学生，尤其是政史类专业大学生相比理工科或音、体、美、外语专业的大学生更喜欢、偏爱、接受和认同思想政治理论课。

就时间来讲，如果思想政治理论课教材内容与学生生活的时代及其发生的重大事件紧密相关，就容易得到学生的认同。反之，如果教材内容过时或滞后于时代发展，或太过超前，与大学生所处的时代相去甚远，而没有面对当下或紧扣时代之问，就难以得到大学生的认同。因此，思想政治理论课也要尽可能地做到因事而化、因时而进、因势而新，才能更好地吸引大学生的注意，才能更好地得到认同。

就空间来讲，如果思想政治理论课教学内容紧扣学生学习和生活的区域或身边发生的重大事件及其变化，则容易得到大学生的认同。反之，如果教学内容远离学生学习和生活的实际区域，讲的都是全国或其他发达地区之事，不贴近学生的生活、成长的实际等，就难为具有一定主观能动性的大学生所接受或认同。

就大学生家庭来看，由于大学生来自不同的家庭且父母的工作和身份等千差万别、各不相同，大学生家长对国内的政治看法也不尽相同，从小深受家庭和父母影响的大学生借助父母及其家庭成员等的影响并结合对社会和政治的感知体验也各不相同，都会在一定程度上影响大学生对思想政治理论课的认同。如在党员、领导干部家庭中生长的大学生和在普通民众家庭中生长或者低收入家庭中生长的大学生在对政治的理解方面就有很大不同，对思想政治理论课的看法或态度等也都不会相同，这些当然也会潜移默化地影响着大学生对思想政治理论课的认同差异。

就思想政治理论课的校内环境看，宿舍环境、班级环境、院系环境、校园环境等对大学生思想政治理论课的学习与认同的影响也不相同。不同学校、不同院系、不同班级、不同宿舍之间的差异也会影响大学生对思想政治理论课的学习和认同，即使是学校的行政管理、后勤服务等也会对大学生思想政治理论课的学习与认同产生一定的影响。

就大学生相互之间的关系影响来看也不可忽视。如非常要好的同学之间对思想政治理论课的影响也会远远大于一般关系同学的影响。所谓人以类聚物以群分。兴趣、爱好、家境、志向等各方面高度相近的同学之间影响较大，因而对思想政治理论课的认同也比较相近。同辈群体的影响一般而言，也远远大于非同辈群体的影响。

……

从以上不难看出，影响大学生思想政治理论课认同的校内因素很多。为此，2017年中共中央、国务院印发的《关于加强和改进新形势下高校思想政治工作的意见》要求，高校要把立德树人作为根本任务，融入思想道德教育、文化知识教育、社会实践教育各环节，把思想政治工作贯穿教育教学全过程，把思想价值引领贯穿教育教学全过程和各环节，形成教书育人、科研育人、实践育人、管理育人、服务育人、文化育人、组织育人长效机制；要求坚持全员全过程全方位育人的"三全育人"等。

就思想政治理论课的校外环境来说，今非昔比。如果说改革开放前的教育环境相对封闭、单一，校外各种不良因素不多且受其影响较小，也容易控制，因而教材内容和教师的影响就非常大。课本内容和老师说的都是真理。而今，大学生思想政治理论课的环境开放、多元、多样、复杂、广泛等，是物质环境与精神环境、静态环境与动态环境、群体环境与个体环境、间接环境与直接环境、时间条件与空间场所等的交叉作用和相互共同影响。在各种校外环境中有的可控，如校园环境等；有的难以控制，如社会环境等，从而导致教材内容和教师对大学生的积极影响受到各种环境和媒体的挤压和削减并日益式微。

马克思说："关于环境和教育起改变作用的唯物主义学说忘记了：

环境是由人来改变的，而教育者本人一定是受教育的。"① 虽然我们知道，"环境的改变和人的活动或自我改变的一致，只能被看做是并合理地理解为革命的实践"②。但面对现实生活，能够改造或影响社会环境和现实的人毕竟不多，大多数人选择的是适应环境，即环境对大学生的影响往往大于学生对环境的改造，即大学生大多选择的是适应环境而难以去改造环境。当然，大学生并非完全被动地认知和接受思想政治理论课，而是会根据自己在现实社会中生活和学习的切身感知、体验、判断等，对思想政治理论课是否科学、准确、合理等作出相应的判断、选择和是否认同，以及认同的程度等。

总之，从以上不难看出，影响大学生思想政治理论课的因素多样复杂，有的可控、有的不可控，有的易控、有的难控。思想政治理论课涉及的不同要素会相互影响和相互作用，或形成同频共振或相互贬损，进而影响大学生对思想政治理论课的最终认同。如果各种影响因素能够相互作用而形成正向合力，而不是负向合力，并与思想政治理论课同向同行，则思想政治理论课就容易获得认同而取得成效；反之，则不然。

（二）影响大学生思想政治理论课因素的分类

根据影响方式和影响性质不同可以把影响大学生思想政治理论课认同的因素分为：产生直接作用或显性影响的因素与产生间接作用或隐性影响的因素；产生积极影响或正面影响的因素和产生消极影响或负面影响的因素。

1.影响大学生思想政治理论课认同的直接（显性）与间接（隐性）因素

（1）直接因素或显性因素。在影响大学生思想政治理论课认同的诸多因素中，有一些因素直接或显性地作用于大学生对思想政治理论课

---

① 《马克思恩格斯选集》第1卷，人民出版社2012年版，第134页。
② 《马克思恩格斯选集》第1卷，人民出版社2012年版，第134页。

的认同，如课程内容、教师、教学形式、班风院风校风和学风、学生、与思想政治理论课内容不尽一致甚至相反的社会思潮等。这些因素对大学生思想政治理论课认同的影响或作用比较大且是直接、能够看得见的显性因素，因而也是备受重视的因素。但这些直接或显性的因素之作用并不是无限的，而是有限的，即作用到一定程度后就难以再产生作用或呈递减的边际效应。

（2）间接的因素或隐性的因素。在影响大学生思想政治理论课认同的诸多因素中，除了直接的因素或显性的因素以外，有一些因素间接或隐性地作用于大学生对思想政治理论课的认同，如社会环境、党风政风家风、出国见闻经历、国际比较、网络舆论等等。间接或隐性的因素往往是环境、氛围的重要有机组成部分，对大学生思想政治理论课认同的影响或作用尽管是间接或看不见的隐性的，但其作用却不可低估。一是间接或隐性因素的影响作用不明显，可控难度较大；二是其通过间接或隐性的方式一点一点地销蚀或慢慢地产生作用，犹如用"温水煮青蛙"或蚕食的方式而在不知不觉中对大学生的思想政治意识产生影响，进而影响大学生对思想政治理论课的认同，这种影响更为微妙，容易被忽视，影响更大。

（3）直接或显性的因素与间接或隐性的因素的相互作用分析。直接或间接、显性或隐性的作用方式不同，其对大学生思想政治理论课认同的影响效果也不同。直接或显性的影响因素如果符合大学生的需要，则作用效果突出且很容易促进认同；间接或隐性的因素则影响很小或难以促进认同。当直接或显性的影响因素与大学生的需要不尽一致甚至冲突时，则难以形成认同。同时，间接或隐性因素的作用则会更大。

就直接或显性的因素与间接或隐性的因素两者的作用结果看，往往会出现三种结果：一是直接或显性的因素的作用远远大于间接或隐性因素的影响，容易形成认同；二是直接或显性的因素的作用与间接或隐性的因素的影响相差不大，则难以形成认同；三是间接或隐性因素的影响远远大于直接或显性因素的作用，则不仅难以形成认同，甚至冲抵或削减直接或显性因素的影响。由于间接或隐性因素的作用方式更容易为人们所接受，因此我们不仅要高度重视直接或间接的因素的影响，更要高度重视环境、氛围的间接或隐性因素的作用。大学生思想政治理论课应尽可能地运用间接或隐性的方式，即把思想政治理论课内容因素融于大学生的生活环境或形式多样的活动及其他课程中，如音乐、体育、美术等中，使大学生在不知不觉中接受并认同。

2. 影响大学生思想政治理论课认同的积极因素与消极因素

根据影响因素的性质不同，我们可以把影响思想政治理论课认同的因素分为积极因素与消极因素，两者对思想政治理论课的影响也各不相同。

（1）影响思想政治理论课的积极或正面因素。对思想政治理论课产生积极或正面影响的因素，主要是指能够积极有效地辅助引导或正面而有力地促进大学生对思想政治理论课认同的因素。如在思想政治理论课教学中，恰当地举例、鲜活的事实、榜样力量、红歌、较好的教学方式、优美的语言等，都会促进大学生对思想政治理论课产生好感，进而喜欢且形成健康、积极向上的力量并终生受益等。

（2）影响思想政治理论课的消极或负面因素。对思想政治理论课产生消极或负面影响的因素，是指在思想政治理论课教学活动中，因为与思想政治理论课的内容、要求、原则、价值等不尽一致，甚至相反的事实、价值、信息等各种各样的因素而导致大学生对思想政治理论课丧失好感，甚至产生抵触和排斥情绪，冲抵或削减对思想政治理论课的认同。如在思想政治理论课教学中，大学生由于受到消极、负面等不良因素影响，会对思想政治理论课不予认同，甚至拒斥、抵触。如社会中的贪污腐败、不诚信、劣币驱逐良币、贫困、贫富分化日益突出、社会不公等，以及不恰当的课堂灌输或直接或间接地强制方式、途径等都会影响大学生对思想政治理论课的认同，甚至导致不认同。

（3）两种不同性质影响因素的相互作用分析。从影响大学生思想政治理论课认同的积极因素与消极因素的作用性质来看，积极的因素有利于促进大学生对思想政治理论课的认同，消极的因素则阻碍大学生对思想政治理论课的认同。大学生对思想政治理论课是否认同以及认同的程度、持久度等，与积极影响因素同消极影响因素两者之间的矛盾斗争、此消彼长高度相关，是两者相互作用的最终结果。这种此消彼长的影响往往形成三种结果：第一种结果是积极影响因素的作用远远大于消极因素的影响，有利于促进大学生对思想政治理论课的认同；第二种结果是积极因素的作用与消极因素的阻碍形成某种力量的平衡，会导致大学生对思想政治理论课认同的摇摆不定或停滞不前；第三种结果是积极因素的促进作用小于消极因素的阻碍作用，使大学生对思想政治理论课不仅难以形成认同，甚至产生反感或抵触心理。在一定程度上讲，消极因素的影响往往比积极因素的影响更大。形成认同不容易，但要消解认同却不困难。如果社会现实中黄赌毒泛滥成灾、社会中广泛缺乏信任或不讲诚信、尔虞我诈、贪污腐败问题突出、"四风问题"严重等，则思想政治理论课的说服力就不强而难以得到大学生的认同甚至会导致好感遭受严重削弱。因此，面对两种性质不同的影响因素，思想政治教育要大力增强积极因素的影响，同时还要消除不良因素的影响，才能更好地促进大学生对思想政治理论课的认同。

二、影响大学生思想政治理论课认同诸因素关系分析

大学生思想政治理论课认同属社会意识范畴。"物质生活的生产方式制约着整个社会生活、政治生活和精神生活的过程。不是人们的意识决定人们的存在，相反，是人们的社会存在决定人们的意识。"① 根据社会意识决定于社会存在的原理，大学生思想政治理论课认同也是社会

---

① 《马克思恩格斯文集》第2卷，人民出版社2009年版，第591页。

存在决定的产物。影响大学生思想政治理论课认同的社会存在因素复杂多样，需要更加科学和精准的分析并区别对待。

（一）影响大学生思想政治理论课认同因素的复杂多样

社会存在决定社会意识，而不是相反。社会意识是人的社会意识，人又是社会的人。人的社会意识之形成、产生和发展，受其生长与发展的社会现实中诸多因素相互交错的共同作用影响。这就是说，人的社会意识的产生和形成并不是单个因素决定的，而是很多因素共同作用的结果。当然不可否认的是，个别因素在特定时空条件和环境下也会发生决定性的影响，但并不具有普遍性。在影响人的社会意识形成的若干因素中，它们对人的社会意识的影响并不相同，即相互之间并非彼此平等的关系，而是有主有次、有轻有重、有缓有急等。同理，影响大学生思想政治理论课认同的因素很多不是彼此平等统一，而是有主有次、有轻有重、有缓有急等差异。影响大学生对思想政治理论课认同的因素及其关系可见图1-1。

由图1-1可知，影响大学生对思想政治理论课认同与否的因素，除了党和国家、教育主管部门、思想政治理论课教师、大学生和思想政治理论课而外，还有父母和家庭、交往的同辈群体与社会现实等各个方面。当然，在这些诸多影响因素中，最为重要的是思想政治理论课本身（包括内容、目标、价值追求等），其次是教师、父母和家庭、同辈群体、网络媒体与社会思潮、社会现实等。

（二）影响大学生思想政治理论课认同因素的研究选择

影响思想政治理论课认同的因素，除了思想政治理论课课程内容、教师、学生等以外，还有家庭、学校、互联网传媒发展与社会思潮及党风政风社风等。本书不仅要研究影响大学生思想政治理论课认同的共同因素，同时也要研究影响大学生思想政治理论课不同性质的因素。就影

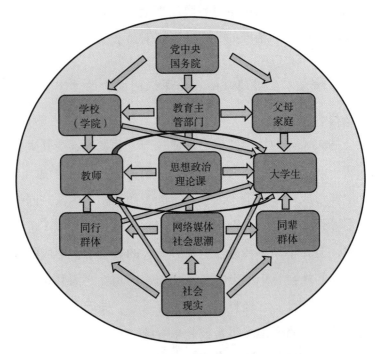

图 1-1 大学生思想政治理论课影响因素关系

响大学生思想政治理论课不同性质的因素而言，不仅要研究对思想政治理论课产生积极或正面影响的因素，更要研究对思想政治理论课产生消极或负面影响的因素。研究大学生思想政治理论课认同的影响因素，主要是探讨影响思想政治理论课认同的消极因素或负面因素并加以改进，才能有助于更好地增强思想政治理论课的针对性，才能增强大学生对思想政治理论课的认同，才能增强思想政治理论课的实效性，才能真正发挥立德树人不可替代的关键课程的作用，才能培养出能够担当全面建设中国特色社会主义现代化强国建设者和接班人，以及担当实现中华民族伟大复兴重任的时代新人。

有研究表明，"影响思想政治理论课教学效果的因素可能很多，但主要的有以下四大要素：一是教学内容，高校思想政治理论课的教学内容是由中央审定的，体现的是国家意志和教育的本质规定；二是教学对象，现在的在校大学生已经是清一色的'90后'，受时代背景、成长环境、生活经历、科技创新的影响，他们对现代元素接受和认同速度很快，生活方式呈多样化、时尚化、个性化、网络化等特点；三是社会环境，受国际国内、经济政治、文化科技等多重因素同时叠加的影响，我们处在一个眼花缭乱、复杂多变的时代，处在一个价值多样、冲突加剧的时代，处在一个不确定性增强、选择难度加大的时代，就连成年人都常常处在困惑之中，青年大学生出现怀疑、迷惘、矛盾，是再正常不过的事了；四是教师状况，教师的敬业精神、理论功底、知识结构、教学能力、方法艺术等都是足以影响教学效果的因素。不同的因素、不同的状况，形成了不同的影响因子结构。"[1] 另有学者就《思想理论教育导刊》对高校思想政治理论课的教学改革与发展起到的重要推动作用而对该刊1994年至2017年刊发的1897篇教学研究论文进行统计分析发现，"在研究主题上，有关教学方法、教学主体、课程建设、教学内容等各方面的研究最为集中"[2]。鉴于学界的相关研究并结合社会现实等各方面影响因素，本书依次从思想政治理论课内容、教师和家庭、学校与互联网传媒发展和社会思潮的影响及党风政风社风等几个方面逐层深入展开探讨大学生思想政治理论课认同的影响因素及其影响方式与机制。

---

[1] 王永和：《围绕"认知、认可、认同"构建思想政治理论课课堂教学方法体系》，《思想理论教育导刊》2013年第10期。

[2] 邢国忠等：《二十多年来高校思想政治理论课教学研究的对象、主题与方法——基于对〈思想理论教育导刊〉1897篇论文的内容分析》，《思想理论教育导刊》2018年第7期。

第二章　大学生思想政治理论课要素的影响分析

　　认同的重要基础，首先是认同对象或内容符合认同主体的生存发展
需要和兴趣爱好，其次才是其他因素。这就是说，大学生思想政治理论
课认同的首要的和最为重要的影响因素是思想政治理论课本身，其次才
是老师和家庭及其他社会因素等。2019 年 8 月 14 日，中共中央办公厅、
国务院办公厅联合印发的《关于深化新时代学校思想政治理论课改革
创新的若干意见》就存在的问题指出："面对新形势新任务新挑战，有
的地方和学校对思政课重要性认识还不够到位，课堂教学效果还需提
升，教材内容不够鲜活，教师选配和培养工作存在短板，体制机制有待
完善，评价和支持体系有待健全，大中小学思政课一体化建设需要深
化，民办学校、中外合作办学思政课建设相对薄弱，各类课程同思政课
建设的协同效应有待增强，学校、家庭、社会协同推动思政课建设的合
力没有完全形成，全党全社会关心支持思政课建设的氛围不够浓厚。"①
从这些判断或结论可知，影响大学生思想政治理论课认同的因素有：地
方和高校的重视、课堂教学、课程内容、方法、艺术等。根据认同主要
来自人的内心深处而不是外部强制等，本书主要探讨影响大学生思想政
治理论课认同的自身因素主要有：（1）思想政治理论课课程设置、教
材内容、评价及管理等构成要素；（2）思想政治理论课教师（辅导员）
的教育教学方法、形式、魅力、语言等专业素质；（3）大学生层次、
类别及其不同学科门类、专业、年级，以及大学生自身的认知、经历、
参与度等。当然，这些影响因素在不同时空环境中的影响与作用也不尽
相同。本章主要探讨思想政治理论课的自身因素对大学生思想政治理论
课认同的影响。

---

① 《中共中央办公厅　国务院办公厅印发〈关于深化新时代学校思想政治理论课改革创新的
　　若干意见〉》，2019 年 8 月 14 日，见 http://www.gov.cn/xinwen/2019 - 08/14/content_
　　5421252. htm。

第一节　思想政治理论课自身的影响分析

高校思想政治理论课要建设成为大学生真心喜爱、终生受益的课程，是一个理想目标设定且是一个复杂而艰巨的过程。这一目标和过程也反映了当前高校思想政治理论课要真正成为大学生真心喜爱和终生受益的课程，有太多的问题需要解决，有太多的工作需要去做。从总体上说，党的十八大以来随着党和国家对思想政治理论课的重视和加强建设，使得我国大学生对思想政治理论课的认同整体上呈良性发展和积极健康向上的态势，但也存在大学生对于思想政治理论课的政治观点、思想认识、历史现象、人生价值等的感悟等还处在认知层面，还没有上升到情感认同和行为认同或不同层面的认同都存在较大困难等。

一、有关调查情况及说明

进入 21 世纪以来，我国的高等教育发展迅速。根据教育部 2021 年 8 月 17 日公布的《2020 年全国教育事业发展统计公报》有关"高等教育"中的高校数量和学校人数等各方面的统计数据显示："全国共有普通高校 2738 所，比上年增加 50 所。其中，本科院校 1270 所（含本科层次职业学校 21 所），比上年增加 5 所；高职（专科）院校 1468 所，比上年增加 45 所。成人高等学校 265 所，比上年减少 3 所；研究生培养机构 827 个，其中，普通高等学校 594 个，科研机构 233 个。全国各类高等教育在学总规模 4183 万人，比上年增加 181 万人。高等教育毛入学率 54.4%，比上年增加 2.8 个百分点。普通高等学校校均规模 11982 人，其中，本科院校 15749 人，高职（专科）院校 8723 人。研究生招生 110.66 万人，比上年增加 19.00 万人，增长 20.74%。其中，博士生 11.60 万人，硕士生 99.05 万人。在学研究生 313.96 万人，比上年增加 27.59 万人，增长 9.63%。其中，博士生 46.65 万人，在学硕士生 267.30 万人。毕业研究生 72.86 万人，其中，毕业博士生 6.62 万人，毕业硕士生 66.25 万人。"① 这些数据说明，我国的高等教育规模和在校学生数量无疑排在世界前列。

在两千多所高校中，既有位于上层水平的原"985"和"211"高校和现在的"双一流"高校约 150 所，还有大量位于中间水平的各省省属高校和大多数位于下层水平的地方本科院校及高职院校等。不同层次、类型高校的大学生对思想政治理论课的认同程度也不完全一样。本书调研组 2018 年 11 月底采取匿名方式，对 X 省属高校来自全国不同省份和不同高校的 810 名一年级硕士研究生进行问卷调查。这些被调查者，不仅经历过本科学习，至少学过 5 门思想政治理论课，而且入校后正在学习硕士生的思想政治理论课，具有一定的代表性。调查的时间是学习了"中国特色社会主义理论与实践"等硕士思想政治理论课之后。这个时间调查便于及时了解他们对思想政治理论课的真实感受。由于是现场发放问卷并当场回收，共回收有效问卷 783 份，有效回收率为 96.67%。783 位被调查者中，从性别来看，男同学为 227 人（占比 29.0%），女同学为 556 人（占比为 71.0%）；从政治面貌来看，有中国共产党党员（含预备党员）215 人（占比为 27.5%），共青团员为 497 人（占比为 63.5%），群众 71 人（占比为 9.1%）；从被调查者所学专业门类来看，理工科类 330 人（占比为 42.1%），人文社科类 375 人（占比为 47.9%），音乐美术体育等艺体类 78 人（占比为 10.0%）等。

二、课程设置的影响

党和国家及教育部对大学生思想政治理论课的课程及其学分、学时的设置都有明确规定和要求，但大学生的看法如何呢？我们不仅要从党

---

① 教育部：《2017 年全国教育事业发展统计公报》，2018 年 7 月 19 日，见 http://www.moe.gov.cn/jyb_sjzl/sjzl_fztjgb/201807/t20180719_343508.html。

和国家的需要探讨，更要从大学生的认知及其学习感知等各方面情况考察大学生思想政治理论课的课程设置与大学生的兴趣、偏好等的关联。

（一）关于大学生思想政治理论课课程设置的规定

思想政治理论课是所有大专、本科院校本专科生和硕、博士研究生都必修的公共课。针对不同学历层次的大学生，必修的思想政治理论课课程门数及其内容等都有所不同。根据教育部关于《新时代高校思想政治理论课教学工作基本要求》① 规定，大学生思想政治理论课的课程设置及学分如下。

专科生"毛泽东思想和中国特色社会主义理论体系概论"（以下简称"概论"）课 4 学分、"思想道德修养与法律基础"（以下简称"基础"）课 3 学分、"形势与政策"课 1 学分。

本科生"马克思主义基本原理概论"（以下简称"原理"）课 3 学分、"毛泽东思想和中国特色社会主义理论体系概论"（以下简称"概论"）课 5 学分、"中国近现代史纲要"（以下简称"纲要"）课 3 学分、"思想道德修养与法律基础"（以下简称"基础"）课 3 学分、"形势与政策"课 2 学分。

硕士研究生"中国特色社会主义理论与实践研究"课 2 学分，同时须从"自然辩证法概论"课和"马克思主义与社会科学方法论"课中选择 1 门作为选修课程，占 1 学分。

博士研究生"中国马克思主义与当代"课 2 学分，同时可开设"马克思恩格斯列宁经典著作选读"课（列入学校博士生公共

① 参见《教育部关于印发〈新时代高校思想政治理论课教学工作基本要求〉的通知》，2018 年 3 月 13 日，见 http://www.moe.gov.cn/srcsite/A13/moe_772/201804/t20180424_334099.html。

选修课)。①

该要求规定，从本科思想政治理论课现有学分中划出 2 个学分、从专科思想政治理论课现有学分中划出 1 个学分，开展本专科思想政治理论课实践教学。学生既可通过参加教师统一组织的实践教学获得相应学分，也可通过提交与思想政治理论课学习相关的实践成果申请获得相应学分。网络教学作为思想政治理论课辅助手段，不得挤占课堂教学时数。

该要求还鼓励各地各高校结合实际开设思想政治理论课选修课。

另根据中宣部和教育部要求，37 所全国重点马克思主义学院 2019 年开始在本科生和研究生中开设《习近平新时代中国特色社会主义思想》课程，2 个学分。

（二）关于在大学生中开设思想政治理论课必要性的调查分析

大学生思想政治理论课认同，不仅要考虑党和国家及教育部有关大学生思想政治理论课课程及学时、学分的设置规定和要求，同时还要从大学生的学习感知、体验等分析大学生对这些课程及学分、学时设置的看法和影响及认同。通过问卷分别调查大学生对开设的主要思想政治理论课的必要性统计如下表 2-1 所示。

表 2-1　你认为开设"原理"课程的必要性如何？

选项	有必要	部分必要	没必要	不知道	总计
次数	498	246	31	8	783
百分比	63.6%	31.4%	4.0%	1.0%	100.0%

① 《教育部关于印发〈新时代高校思想政治理论课教学工作基本要求〉的通知》，2018 年 3 月 13 日，见 http://www.moe.gov.cn/srcsite/A13/moe_772/201804/t20180424_334099.html。

表 2-1 显示，认为在大学生课程中开设"原理"课程"有必要"的占 63.6%，认为"部分必要"的占 31.4%，而认为"没必要"的占到了 4%，尚有选择"不知道"的占比为 1%。这说明，选择"部分必要"或"没必要"或"不知道"的这部分被调查者，由于认识不到位而在这门课程的学习上会存在一定程度的消极现象。

表 2-2 你认为开设"概论"课程的必要性如何？

选项	有必要	部分必要	没必要	不知道	总计
次数	517	234	30	2	783
百分比	66.0%	29.9%	3.8%	0.3%	100%

表 2-2 显示，认为在大学生课程中开设"概论"课程"有必要"的占 66%，认为"部分必要"的占 29.9%，而认为"没必要"的占到了 3.8%，尚有占比为 0.3%的被调查者选择"不知道"。

表 2-3 你认为开设"思修"课程必要性如何？

选项	有必要	部分必要	没必要	不知道	总计
次数	580	176	26	1	783
百分比	74.1%	22.5%	3.3%	0.1%	100%

表 2-3 显示，认为在大学生课程中开设"思修"课程"有必要"的占 74.1%，认为"部分必要"的占 22.5%，而认为"没必要"的占到了 3.3%，尚有选择"不知道"的占比为 0.1%。

表 2-4 你认为开设"纲要"课程的必要性如何？

选项	有必要	部分必要	没必要	不知道	总计
次数	527	234	20	2	783
百分比	67.3%	29.9%	2.6%	0.2%	100%

表 2-4 显示，认为在大学生课程中开设"纲要"课程"有必要"的占 67.3%，认为"部分必要"的占 29.9%，而认为"没必要"的占到了 2.6%，尚有选择"不知道"的占比为 0.3%。

表 2-5　你认为开设《形势与政策》课程的必要性如何？

选项	有必要	部分必要	没必要	不知道	总计
次数	567	182	33	1	783
百分比	72.4%	23.2%	4.2%	0.1%	100%

表 2-5 显示，认为在大学生课程中开设"形势与政策"课程"有必要"的占 72.4%，认为"部分必要"的占 23.2%，而认为"没必要"的占到了 4.2%，尚有选择"不知道"的占比为 0.1%。

从上面本科大学生中开设的五门主干课程的必要性调查统计结果看，认为有必要的选择均占到 60% 以上，选择有必要开设人数最多的课程是"思修"，占到了 74.1%。这与该门课程离大学生的实际生活较近有一定关系。选择有必要开设人数最少的是课程是"原理"，占到了 63.6%。这与该门课程抽象思辨要求较高等有一定关系。

在选择没有必要的调查统计中，认为没有必要开设"形势与政策"的选择最多，占 4.2%，这应该与互联网新技术的发展运用和大学生可以通过 4G、5G 手机等随时了解相关时事高度有关。其次是认为没有必要开设"马克思主义基本原理概论"的人数占到了 4%，认为没有必要开设"中国近现代史纲要"的最少，仅有 2.6%。

另从某原"985"高校学者的 500 份问卷调查结果统计显示，在"你认为研究生阶段还有必要学思想政治理论课吗？"的问题上统计发现，有 39.28% 的同学认为在研究生阶段开设思想政治理论课是"有必要"的，37.86% 的同学认为"没有必要"，选择"可有可无"的比例是 22.86%；在"你平时关注中国特色社会主义事业的发展吗？"的问题上，40%的同学是关注的，另有 50.71% 的同学"偶尔关注"，只有 9.29% 的同学选择"不关注"。这说明，有近 40% 的同学认为研究生阶段没有必要开设思想政治理论课。① 这些数据说明，部分研究生对思想政治理论课的开设是否有必要等存在不同的认知和态度，也会影响到其对思想政治理论课的不同认同情况。

从以上数据分析可以看出，也有相当部分大学生认为思想政治理论课开设只有部分必要或没有必要，且随着学历层次提升而认为有必要的人数呈明显下降。这种意识在一定层面上使得其对思想政治理论课的学习和认同必然会受到一定影响。当然，这个结果还需要其他调查统计数据分析加以佐证。

表 2-6　你认为"原理"课程 3 学分 54 学时的安排如何？

选项	多了	正好	少了	不知道	总计
次数	328	399	24	32	783
百分比	41.9%	50.9%	3.1%	4.1%	100%

从表 2-6 看，认为"原理"课程 3 学分 54 学时"多了"的人所占百分比为 41.9%、认为"正好"的为 50.9%、认为"少了"的为 3.1%、"不知道"的有 4.1%。这个调查结果与"是否有必要设置这门课程"的占比来看，更不理想。可见大学生对该门课程的学习兴趣及认同情况不够理想。

表 2-7　你认为"概论"课程 5 学分 90 学时的安排如何？

选项	多了	正好	少了	不知道	总计
次数	410	329	15	29	783
百分比	52.4%	42.0%	1.9%	3.7%	100%

① 参见沈成飞等：《"中国特色社会主义理论与实践研究"教学改革与效果探讨——基于授课前后学生调查问卷的对比分析》，《教学与研究》2016 年第 12 期。

从表2-7看，认为"概论"课程6学分90学时"多了"的人所占百分比为52.4%、认为"正好"的为42%、认为"少了"的为1.9%、认为"不知道"的有3.7%。

表2-8　你认为"思修"课程3学分54学时的安排如何？

选项	多了	正好	少了	不知道	总计
次数	288	428	39	28	783
百分比	36.8%	54.7%	5.0%	3.5%	100%

表2-8显示，认为"思修"课程3学分54学时"多了"的人所占百分比为36.8%、认为"正好"的为54.7%、认为"少了"的为5%、认为"不知道"的有3.6%。

表2-9　你认为"纲要"课程3学分36学时的安排如何？

选项	多了	正好	少了	不知道	总计
次数	192	466	93	32	783
百分比	24.5%	59.5%	11.9%	4.1%	100%

表2-9显示，认为"纲要"3学分54学时"多了"的人所占百分比为24.5%、认为"正好"的为59.5%、认为"少了"的为11.9%、认为"不知道"的有4.1%。

表2-10　你认为"形势与政策"课程2学分36学时的安排如何？

选项	多了	正好	少了	不知道	总计
次数	312	381	63	27	783
百分比	39.8%	48.7%	8.1%	3.4%	100%

表2-10显示，认为"形势与政策"课程2学分36学时"多了"的人所占百分比为39.8%、认为"正好"的为48.7%、认为"少了"

的为8%、"不知道"的有3.4%。

从以上大学生对五门思想政治理论课课程学分及课时态度调查结果比较来看，选择"正好"超过一半的课程有"原理"课程为51.1%、"思修"课程为54.7%、"纲要"课程为59.5%，对其他课程选择"正好"的所占比均不足一半。相反，过半被调查者选择"多了"的课程有"毛泽东思想和中国特色社会主义理论体系概论"课程5学分90学时，所占百分比为52.4%；认为"马克思主义基本原理概论"课程3学分54学时"多了"的人所占百分比为41.9%；认为"形势与政策"课程2学分36学时"多了"的人所占百分比为39.8%。这些调查结果与前面设置思想政治理论课必要性调查的结果相比较，反映出不少大学生对学习这些课程的积极主动性不高、兴趣不浓。这或许正是不少思想政治理论课教师认为教学效果不理想并有不同程度职业倦怠的原因之所在。

三、教材内容的影响

思想政治理论课始终是我国不同层次学历教育的必修课程，从小学、中学到大中专院校都要开设，习近平新时代中国特色社会主义思想课程的学生读本更是覆盖到了小学、初中、高中、专科生、本科生、研究生等不同学段所有的学生群体。尽管内容上有所不同且由浅入深、层层递进，但其实质或核心内容则是相同的，有的概念、话语、表述、内容、教学方式等在从小学生到博士生的不同学历层次教育中也是不断重复，即使在大学生的四门主干思想政治理论课课程间也有不少交叉和重复。如本科生的习近平新时代中国特色社会主义思想概论课程与本科生毛泽东思想和中国特色社会主义理论体系概论课程、硕士生的新时代中国特色社会主义理论与实践课程在内容上虽然表述、主次、轻重、先后等方面有所不同，但主要内容的重合度也非常高。加之，思想政治理论课的内容和思想观点等也在各种报纸、电视新闻、新兴媒体等各种传播媒介中反复出现和转发，再加上各种集中的政治学习、理论学习，如学生党、团组织的学习和入党培训等，都会使好异求新的青年大学生难免感到有婆婆妈妈、唠唠叨叨之嫌，甚至产生一定的厌烦情绪和潜在的抵触情绪，进而影响其对思想政治理论课的认同。

（一）不同学历层次或同一学历层次不同思想政治理论课程内容间的重复

在小学、中学生、大学生和硕博士研究生中开设思想政治理论课的不少内容存在某种程度的重复和交叉等，一定程度上消减了大学生学习思想政治理论课的兴趣，进而影响其对思想政治理论课的认同及其认同的范围不大、程度不高等。

1. 大学生与高中生的思想政治理论课内容存在某些重复

大学生思想政治理论课内容在部分重复高中思想政治理论课内容的基础上更加丰富具体并深入展开，但也有不少概念、原理、观点等完全相同，导致不少大学生错误地认为大学生思想政治理论课的相关内容还是在重复中学的内容，感觉是学过的、没有太多的学习必要。经过教材内容比对，大学生在中学阶段学过的一些内容在大学阶段存在某些范围、内容、程度上的重复出现，只是内容更加丰富、范围更加广泛、层次更加深入展开等。如教育部制定 2017 年版《全日制普通高中思想政治新课程标准》的课程性质规定：

> 高中思想政治以立德树人为根本任务，以培育社会主义核心价值观为根本目的，是帮助学生确立正确的政治方向、提高思想政治学科核心素养、增强社会理解和参与能力的综合性、活动型学科课程。
>
> 高中思想政治课程紧密结合社会实践，讲授马克思主义基本原理，特别是马克思主义中国化最新成果，引导学生经历自主思考、合作探究的学习过程，理解中国特色社会主义进入新时代的历史方

位，了解新时代中国特色社会经济、政治、文化、社会、生态文明建设和党的建设进程，培育政治认同、科学精神、法治意识和公共参与等核心素养，逐步树立共产主义远大理想和中国特色社会主义共同理想，坚定中国特色社会主义道路自信、理论自信、制度自信、文化自信，基本形成正确的世界观、人生观、价值观。

高中思想政治课程具有学科内容的综合性、学校德育工作的引领性和课程实施的实践性等特征，它与初中道德与法治、高校思想政治理论等课程相互衔接，与时事政治相互补充，与高中其他学科教学和相关德育工作相互配合，共同承担思想政治教育立德树人的任务。①

全日制普通高中思想政治课基本首要理念是坚持正确的思想政治方向，即：

本课程坚持理论与实践相结合的原则，对学生进行马克思主义基本理论教育，使他们理解马克思主义中国化就是马克思主义基本原理同中国具体实际相结合的过程，习近平新时代中国特色社会主义思想是马克思主义中国化最新成果。

面对当前社会变革和实践创新中的新挑战、新问题，要用历史的眼光、国情的眼光、辩证的眼光、文化的眼光和国际的眼光，引领学生通过观察、辨析、反思和实践，真学真懂真信真用马克思主义，在人生成长的道路上把握正确的思想政治方向。②

我们把大学生的"马克思主义基本原理概论"、"毛泽东思想和中国特色社会主义理论体系概论"、"思想道德修养和法律基础"、"中国

---

① 中华人民共和国教育部制定：《普通高中思想政治课程标准（2017 年版）》，人民出版社2018 年版，第 1 页。
② 中华人民共和国教育部制定：《普通高中思想政治课程标准（2017 年版）》，人民出版社2018 年版，第 2 页。

近现代史纲要"和研究生的"中国特色社会主义理论与实践"等思想政治理论课与普通高中思想政治理论课程及其之内容相对比，发现确实存在某种重复，尤其是一些概念、术语、表述、内容等更是如此。

2. 大学生不同思想政治理论课课程内容之间也存在一定交叉和某些重复

本科大学生的四门思想政治理论课主干课程中也有不少内容相互重复和交叉，如"概论"与"纲要"、"思修"、"原理"在部分知识点上就存在一定重复。尤其是"习近平新时代中国特色社会主义思想"不仅在大中小学不同学段都有学习课程，而且在大学阶段的所有思想政治理论课和研究生阶段开设的必修课程中都有不同程度和范围的重复。尤其是"毛泽东思想和中国特色社会主义理论体系概论"与"中国近现代史纲要"两门课程在新民主主义革命、新中国成立初期至改革开放前的这部分内容上，就存在很多的重复和交叉。尽管两门课程在侧重点和取向及具体内容上有一定差别，但不少师生在实际的教学活动中还是难以把握和祛除这种重复与交叉。为了避免两门课程内容重复等问题，两门课程的任课教师就会形成某种默契，即约定不在课堂上讲授重复的内容。如"中国近现代史纲要"课程重点讲新中国成立前，"毛泽东思想和中国特色社会主义理论体系概论"课程重点讲新中国成立后等。就"毛泽东思想和中国特色社会主义理论体系概论"与"思想道德修养与法律基础"两门课程的相关内容来看，也存在相类似的问题。如法治、社会和谐、民族精神、社会主义核心价值观和道德等相关内容两门课程都有所涉及，都会共同讲到，只是侧重点和具体内容有所不同而已。就"马克思主义基本原理概论"和"毛泽东思想和中国特色社会主义理论体系概论"两门课程涉及的部分内容来看，也存在一定的重复，如什么是马克思主义、社会主义及其发展、共产主义等两门课程都涉及。不少调查结果也表明了这一点，大学生思想政治理论课的四门主干课程涉及相关内容重复时，如果老师把握不好，并对这些共同的内容都讲得较多而深入和全面的话，必然会重复，必然会对大学生思想政治理论课认同产生一定的不良影响。

根据要求，全国重点马克思主义学院在大学生中开设"习近平新时代中国特色社会主义思想"与"毛泽东思想和中国特色社会主义理论体系概论"课程的后半部分内容存在某种重复，如何避免简单的重复导致学生对思想政治理论课的厌倦是教师不得不面对的现实问题和困难。下面对"习近平新时代中国特色社会主义思想"（大学生读本）与"毛泽东思想和中国特色社会主义理论体系概论"、"新时代中国特色社会主义理论"与实践三门课程的相关内容及其分布进行比较，如下表2-11所示。

表2-11　习近平新时代中国特色社会主义思想在本硕三门主干课程中的比较

习近平新时代中国特色社会主义思想（大学生读本）	毛泽东思想和中国特色社会主义理论体系概论	新时代中国特色社会主义理论与实践
导论：当代中国马克思主义、21世纪马克思主义	中国特色社会主义进入新时代（第八章第三节）	中国特色主义进入新时代（第一章）
新时代坚持和发展中国特色社会主义（第一章）	实现中华民族伟大复兴中国梦（第九章第一节）	实现中华民族伟大复兴中国梦（第二章第二节第二点）
实现中华民族伟大复兴的中国梦（第二章）	"五位一体"总体布局（第十章）	统筹推进"五位一体"总体布局（第二章第三节第一点）
坚持和加强党的全面领导（第三章）	全面从严治党（第十一章第四节）	新时代坚持和加强党的全面领导与全面从严治党（第十章）
构建新发展格局（第六章第四节）	构建新发展格局（第九章第三节第三点）	构建新发展格局（第三章第三节）
推动经济高质量发展（第六章）	实现经济高质量发展（第十章第一节）	我国经济转向高质量发展（第三章第二节）
发展社会主义民主政治（第七章）	坚持走中国特色社会主义政治建设道路；健全人民当家作主制度体系（第十章第二节第一、二点）	坚定不移走中国特色社会主义政治建设道路；健全人民当家作主制度体系（第四章第二节第三节）

习近平新时代中国特色社会主义思想（大学生读本）	毛泽东思想和中国特色社会主义理论体系概论	新时代中国特色社会主义理论与实践
铸就中华文化新辉煌（第八章）	建设社会主义文化强国（第十章第三节）	建设社会主义文化强国（第五章第五节）
祖国统一是中华民族伟大复兴的需要（第十一章第三节）	坚持"一国两制"推进祖国完全统一（第十二章第三节）	坚持"一国两制"坚定推进祖国完全统一（第八章第三节）
不断提高社会建设（第九章）	加强以民生为重点的社会建设（第十章第四节）	新时代中国特色社会主义社会建设（第六章第二、三节）
不断提高社会建设（第九章）	加强和创新社会治理（第十章第四节第二点）	加强和创新社会治理（第六章第三节）
建设天蓝地绿水清的美丽中国（第十章）	建设美丽中国（第十章第五节）	建设美丽中国（第七章第三节）
中华民族伟大复兴的坚强保障（第十一章）	实现中华民族伟大复兴的重要保障（第十二章）	新时代坚持和发展中国特色社会主义的重要保障（第八章）
祖国统一是中华民族伟大复兴的必然要求（第十一章第三节）	确保"一国两制"实践行稳致远（第十二章第三节第二点）	推进"一国两制"实践行稳致远（第十二章第三节第二点）
	实现祖国完全统一（第十二章第三节第三点）	坚定实现祖国完全统一（第八章第三节第三点）
携手构建人类命运共同体（第十二章）	中国特色大国外交（第十三章）	新时代中国特色大国外交与构建人类命运共同体（第九章）
与世界各国人民同心协力构建人类命运共同体（第十二章第三节）	促进"一带一路"国际合作（第十三章第三节）	打造人类命运共同体国际合作新平台（第九章第三节）

从以上比较不难看出，三门主干课程的相关内容存在不同程度的重复交叉且不少，尽管对不同学段学生的学习要求不同，但这种重复和交叉也会在一定程度上影响到思想政治理论课的认同。尽管重复有助于加深对思想政治理论课相关内容的理解和掌握等，但也会因为不断的重复、交叉地反复说教等也在一定程度上削弱喜欢求新好异的大学生对思想政治理论课的认同。

3. 硕士生必修课程与大学生思想政治理论课之间也存在某些重复

按照规定，硕士研究生必修"中国特色社会主义理论与实践"2学分课程，与"毛泽东思想和中国特色社会主义理论体系概论"3学分的后半部分——中国特色社会主义理论体系部分也存在大量重复。如果两门课程由不同的老师来讲授，则重复性的内容和话语必然会占很大比重，这也是硕士研究生的"中国特色社会主义理论与实践"课课程难上，不少思政课教师不得不采取点名、签到等各种强制措施和方法保证到课率和抬头率的缘由所在。硕士研究生必修的"中国特色社会主义理论与实践"2学分课程，与本科生中开设的"习近平新时代中国特色社会主义思想"（大学生读本）（3学分）相比，无论是章节的设置还是内容，都高度重合（具体参看表2-11）。

以上同一学历层次和不同学历层次思想政治理论课课程内容之间的重复和交叉，必然会影响喜新好异的研究生等对思想政治理论课的学习兴趣及对思想政治理论课的认同。

4. 多渠道途径的宣传和学习与思想政治理论课相关内容存在某种重合

大学生的思想政治理论课内容，本质上就是马克思主义理论在不同历史时期或阶段上与中国革命、建设、改革开放等实际相结合的时代产物，是马克思主义中国化的理论等。现在的大学生基本上是2000年左右出生而对此前党的思想、理论、政治主张和改革开放理论及其实践等了解不多，更谈不上有什么体验而与之相去甚远。人们往往由于生存和发展需要而不得不对当下予以更多的关注，对过去或历史则关注不多或不愿关注。这也使得面临就业、生存压力不断增大的不少大学生对过去不太感兴趣或缺乏关注，除非因专业或课程学习需要才会去了解更多内容。同时，由于大学生生长于2000年以后，其所学的思想政治理论课中的很多内容主要是2000年后中国化马克思主义理论结合并指导我国改革开放实践和新时代发展所形成的理论成果和习近平新时代中国特色社会主义思想等。这些理论成果或思想在成熟或形成的过程中，均会以党代会、每年一度的"两代会"内容等通过各种新兴媒体和电视、新闻联播、广播、报纸、会议等主流媒体及时层层传达和学习，反复对之进行报道或宣传等。这就使得不少大学生通过各种课外的学习和新兴媒体等而对思想政治理论课的相关内容已经有了一定的知悉或了解，尽管不是很全面或深入。加之各种新媒体的层出不穷，不少大学生也会通过各种新兴媒体在无意识中对思想政治理论课相关内容有所了解。另外，大学生还通过参与各种集体学习和入党培训及其他政治科目的考试复习和准备等而对思想政治理论课内容有更深入和全面的了解。

总之，大学生可以通过各种课外渠道和途径对思想政治理论课"习近平新时代中国特色社会主义思想概论"等相关课程的主要内容有一定的了解和知悉，其他思想政治理论课也会有不少涉及等。这就使得不少大学生虽然对思想政治理论课内容理解掌握不够清楚、不够到位，但也有了相当的了解、知悉等，从而对花大量时间学习思想政治理论课相关内容缺乏新鲜感或丧失兴趣，甚至有厌倦感或对思想政治理论课学习产生倦怠等，进而在一定程度上影响了大学生对思想政治理论课的学习和认同。

（二）大学生思想政治理论课内容与大学生实际存在一定距离

大学生思想政治理论课程内容大多是中国共产党关于执政党如何治国理政的主张和站在政党、国家及社会发展需要的高度，以及对共产主义这个人类社会发展的未来远景进行目标规划而形成的思想理论，其理论体系和思想内容主要是阐述马克思主义中国化的科学性和历史必然性、中国共产党的诞生与伟大光荣正确和中国社会主义道路的历史选择与发展，以及中国特色社会主义取得的伟大成就、经验，资本主义必然灭亡和共产主义必然胜利等。这些内容虽然会涉及学生的成长、学习、生活、就业与未来发展面临的各种现实问题等，但始终与大学生个体现实的具体实际生活需要及其成长和发展等存在一定差距。

另外，思想政治理论课内容主要着重于党和国家的大政方针和经济社会的整体发展状况及其取得的成就与规划和设计等，没有及时地反映和体现改革开放的深入推进所导致的生活方式、就业方式和思想观念等日益多样化和多元化实际情况，更是难以考虑每一个个体大学生所面临的具体生存、发展等各种实际困难等，因而难以自然获得每一个大学生的兴趣和喜好。有学者也认为，影响制约大学生思想政治理论课抬头率的因素在于教学内容服务学生不够。"我国的经济建设已步入新常态，经济体制改革进入深水区和攻坚期，各种深层次社会矛盾进入激化期，意识形态领域斗争激烈，各种思潮相互激荡，多元价值观交替迭错，影响着大学生的思想价值观念养成，这种时代特征客观上要求思想政治教育内容必须具有较强的针对性，能够及时回应现实，解答学生的疑惑，引导学生成才，才能提升思想政治理论课的抬头率。"[1] 通过走访和调查也显示，不少大学生认为思想政治理论课中的部分内容过时，甚至与现实生活脱节等。这与思想政治理论课内容远离大学生的生活实际、感知体验与切身经历，忽视了对大学生思考和解决问题能力的培养，与大学生的实际需要较远等，导致说服力不强有关。有学者认为："在大学生政治认同教育过程中，对知识教育、认知教育同信仰教育的异质性忽略、理论与实践相脱节依旧是较为突出的现象，这不仅导致用知识取代信仰、用知识衡量信仰、用知识检测信仰等不良情形，也致使大学生的政治认知缺乏理论基础，进而引发政治认知和价值认同等方面的困惑。"[2] 根据大学生四门主要思想政治理论课与大学生现实生活的紧密关联程度来看，大学生对与现实关联程度不同的思想政治理论课的评价

---

[1] 付晓容：《大学生思想政治理论课抬头率提升探究》，《思想理论教育导刊》2018 年第 4 期。

[2] 蒙象飞等：《政治社会化理论视域下的大学生政治认同教育》，《云南民族大学学报（哲学社会科学版）》2017 年第 2 期。

也存在着明显的差异。如对"思修"课的评价较好，而对"原理"、"概论"和"纲要"等课程的评价相对而言并不高。其中一个主要的原因就是"思修"课的内容阐述了爱情、婚姻、家庭和道德等，都是每一个大学生不得不实际面对的生活、爱情、婚姻家庭等，因而容易受到学生的喜欢。如复旦大学女教师陈果之所以为大学生所喜欢，就与其上的是"思修"课而不是其他课有很大关系。总之，思想政治理论课内容与大学生的实际生活越远，就越难得到大学生的认同。

（三）大学生思想政治理论课内容"泛政治化"和"去政治化"的影响

大学生思想政治理论课就是以新时代中国特色社会主义理论与实践形成的马克思主义中国化的最新思想理论成果为内容而在大学生中设置的公共必修课课程，其内容具有很强的政治性。思想政治教育的政治性本质决定思想政治教育内容具有很强的政治属性，即政治内容以及以政治性为中心形成内容系统的思想政治教育内容。思想政治理论课的"政治性"，不仅在历史上长期受"宁要社会主义的草，不要资本主义的苗"，以及"空讲社会主义的好、尽说资本主义的坏"等"左"倾思想的影响，加之为了凸显社会主义的优越性和强化主流意识形态建设需要等，而对现实问题往往关注不够或对有的挫折或失误等轻描淡写，而凸显现实政治的正确性和合理性等倾向突出。

然而，由于改革开放的深入推进和各种网络媒体技术的发展和运用等，使得不少国人，当然也包括不少大学生，通过各种渠道走出国门或通过各种媒体等看到了真实的资本主义的方方面面和自身存在的诸多不足，进而通过各种对比等，对思想政治理论课过度的政治性宣传和自上而下的不当教化方式等逐渐产生怀疑和持有抵触情绪，甚至产生排斥心理。思想政治理论课程饱受诟病的主要原因之一就是"泛政治化"，即政治性太强，甚至政治高于一切，严重脱离实际生活。随着我国国际地位的提高和走向强国并在世界上发挥更为重要的主导作用及推动人类命运共同体的构建等，使得不少专家学者认为思想政治理论课内容更应实事求是地保持一种较为客观中立的态度，主张思想政治理论课"去政治化"。"去政治化"不是不讲政治性，而是指在思想政治理论课中要始终坚持解放思想实事求是的根本原则，"去掉"过多过度的政治宣传和教育，将思想政治理论课定位为一种国民教育或社会公民教育课程。思想政治理论课过度"泛政治化"和"去政治化"的不良倾向或呼声不同程度存在，与思想政治理论课本身所固有的政治性相冲突并对大学生产生一定影响，成为促进大学生对思想政治理论课认同必须面对和解决的重要问题。

四、教学实施的影响

思想政治理论课要进入课堂并通过教师转化为教学语言把相关内容传送给学生等教学实施才能产生真正的效果。这就涉及思想政治理论课教学班级规模大小的问题。根据2015年、2021年颁布的《高等学校思想政治理论课建设标准》和2017年、2019年颁布的《马克思主义学院建设标准》等要求，对思想政治理论课堂班级规模的要求是：一般不超过100人，推行中班教学，倡导中班上课、小班研学讨论的教学模式。如根据教育部《高等学校马克思主义学院建设标准（2017年本）》要求，"推行中班教学，班级规模原则上不超过100人，推广中班上课、小班研学讨论的教学模式"①。教育部关于《新时代高校思想政治理论课教学工作基本要求》指出，"应综合考虑学生专业背景组织思想政治理论课教学班，积极推行100人以下的中班教学，大力提倡中班教学、

---

① 《教育部关于印发〈高等学校马克思主义学院建设标准（2017年本）〉的通知》，2017年9月15日，见 http://www.moe.gov.cn/srcsite/A13/s7061/201709/t20170926_315339.html。

小班研讨的教学模式，逐步消除大班额现象"①。大学生思想政治理论课的教学方法要求："思想政治理论课各门课程应有序衔接，原则上本科生先学习'基础'课、'纲要'课，再学习'原理'课、'概论'课；专科生先学习'基础'课，再学习'概论'课；本专科生每学期必修'形势与政策'课。原则上晚间和周末不安排思想政治理论课必修课。应避免教师周课时安排过于集中。应综合考虑学生专业背景组织思想政治理论课教学班，积极推行100人以下的中班教学，大力提倡中班教学、小班研讨的教学模式，逐步消除大班额现象。"②但实际上截至2021年年底，全国有不少的各级各类高校思想政治理论课的师生比达不到1∶350的规定或即使达到了但也是因为强制性规定而存在各种各样的问题。不少高校，无论是一流高校，还是二、三流高校，大学生的思想政治理论课班级规模都远远超过100人的规定。但无论如何，由于各种历史和现实等各种主客观条件和诸多因素的影响与制约等，大多数高校的思想政治理论课建设要达到以上要求仍需要假以时日。

据对若干不同层次高校马克思主义学院相关领导和思想政治理论课教师的了解及调查得知，不少高校的思想政治理论课班级规模实际上远超100人，有的甚至多达200—300人。由于各种因素的影响和思想政治理论课的改革创新及形式主义官僚主义等各种因素的影响，一些省市高校组织的"万人同上一堂思想政治理论课"等，更是与思想政治理论课班组规模不超过100人的要求、中班教学、小班讨论等要求背道而驰，其针对性和效果更是可想而知。如2018年5月28日北京工业大学

---

① 《教育部关于印发〈新时代高校思想政治理论课教学工作基本要求〉的通知》，2018年4月12日，见 http://www.moe.gov.cn/srcsite/A13/moe_772/201804/t20180424_334099.html。
② 《教育部关于印发〈新时代高校思想政治理论课教学工作基本要求〉的通知》，2018年4月12日，见 http://www.moe.gov.cn/srcsite/A13/moe_772/201804/t20180424_334099.html。

精心组织"首都百万师生同上一堂课"①，辽宁省委教育工委、辽宁省教育厅 6 月 5 日在沈阳师范大学举行全国高校"学习新思想千万师生同上一堂课活动"② 等的宣传轰动效应不错，但实际效果如何却不得而知。由于学生人数远超百人，师生间难以互动和讨论，也难以沟通和交流，导致目前思想政治理论课的教学形式主要是一人在台上或网上讲，成百上千的学生在台下或通过手机电脑挂网聆听，大学生对思想政治理论课的兴趣和认同也就可想而知了。

关于思想政治理论课的课堂教学时间要合理安排的规定也面临诸多问题。由于思想政治理论课教师人数本来就不够，现在又增加了不少思想政治理论课程及学分，课时同时增加不少，即使教师人数增加的同时也增加课程数和学时数，教师人数少和课时多的矛盾仍然一定程度存在。如果减少课堂规模增加班级数，则师资又严重不足或每位教师需要承担更多的教学课时，甚至有不少思想政治理论课教师从周一到周五，甚至周末或晚上都要上思想政治理论课。加之融入的内容不少比学科发展及平台建设的任务更重，使得有限的思想政治理论课教师数不得不面对更多的教学和科研任务及社会服务活动的两难境地。

关于思想政治理论课师生比要达到 1∶350 的规定在现实中也面临各种问题。由于历史、编制、经费等各方面因素的影响等一时难以达标。或者为了在数量上达到规定的师生比，不少地方和高校不得不采取各种变通的方法，即把各种不是马克思主义学院的相关部门的干部、教师或辅导员等挂到思想政治理论课教学部门名下，表面上看数字达到了

---

① 参见佚名：《北工大师生积极参与"首都百万师生同上一堂课"活动》，2018 年 6 月 4 日，见 https：//www. sohu. com/a/234027641_ 391361。

② 参见刘勇：《全国高校"学习新思想千万师生同上一堂课活动"在沈师大启动》，2018 年 6 月 5 日，见 https：//baijiahao. baidu. com/s？id = 1602416330941638085&wfr = spider&for = pc。

1∶350 的思想政治理论课的师生比，但实际上却并非如此。另外，思想政治理论课课程虽然有面授的学时数要求，但有的学校因为师资不够，难以全部面授，只能部分采取网上授课的学习方式，有的就把部分面授学时改为网络学习、实践教学或自学等等。这些都会在一定程度上影响思想政治理论课的针对性和实效性，也会在一定程度上影响大学生对思想政治理论课的兴趣和认同。这也正是教育部实施 2018 年"高校思想政治理论课教师队伍后备人才培养专项支持计划"（教社科厅函〔2018〕10 号）力求解决当前思想政治理论课教师严重不足的原因所在。但是，我们也要看到，很多高校的思想政治理论课教师与学生比要真正达到 1∶350 的要求还要有相当长的时间，即使不少高校很快达到了师生比的要求，但也面临着年龄结构不合理、专业素养亟须大力提升等诸多扎堆的问题。

五、课堂管理的影响

根据教育部关于《新时代高校思想政治理论课教学工作基本要求》中关于大学生思想政治理论课堂教学纪律要求，"要保证思想政治理论课教师在课堂教学中始终坚持马克思主义立场、观点和方法，在政治立场、政治方向、政治原则、政治道路上以习近平同志为核心的党中央保持高度一致，坚定不移维护党中央权威和集中统一领导。进一步加强课堂教学秩序管理，确保学生到课率，为高质量开展教学提供保障。进一步完善教学事故认定及处理办法，把课堂教学纪律的要求落到实处"①。这说明，课堂管理对大学生思想政治理论课认同有一定影响。如果教学的课堂管理得好，则有利于促进大学生对思想政治理论课的认同；反之，则不然。因为思想政治理论课教学课堂管理严格与否等带来的学生到课率、抬头率等都会有所不同，进而都会在一定程度上影响大

---

① 《教育部关于印发〈新时代高校思想政治理论课教学工作基本要求〉的通知》，2018 年 4 月 13 日，见 http://www. moe. gov. cn/srcsite/A13/moe_772/201804/t20180424_334099. html。

学生对思想政治理论课的认知，进而影响其认同。课堂管理既包括对教师课堂教学言论和思想的管理，也包括对学生到课率和抬头率的管理。

今天的大学校园是开放的大学校园，学校不再是完全隔绝于现实社会的象牙塔。学生也不是白板一块，在校园里接受教育的同时也会深受社会现实的影响。社会现实中的各种问题、争论、思潮等都会随时随地通过各种方式和渠道传入高校，进而影响大学生。同时，随着通信技术的发展和普及运用，今天的大学生可以说是人人都必备 4G 或 5G 手机，随时随地都可以通过各种互联网络新媒体及时了解到社会现实生活中存在或发生的国内外各种问题、大事与思想理论或社会思潮并与之碰撞，相互作用和影响。但由于直接或间接地反复强调课堂有纪律、学术有禁区的规定和要求，使得不少思想政治理论课教师在课堂上为了避免各种不必要的麻烦而为了安全起见，对一些社会颇有争论的现实问题、有争论的学术和理论问题及社会思潮等，不敢或不愿在课堂上真实表达自己的看法或观点，不敢表明自己的态度，于是会采取保守做法而重复一些完全"正确"的表述或结论。有不少老师针对国内外发生的大事，如2022 年上半年发生的徐州封县"铁链女"、俄罗斯在乌克兰发动的"特别军事行动"等重大事件因为怕说错等而在课堂上采取不讲不说的态度，但并不必然意味着学生没有自己的看法或不受网络舆论的多重影响。于是，思想政治理论课的课堂教学中往往没有问题、没有探究、没有新意、没有表情、没有对社会上真善美的弘扬，也没有对社会上假恶丑的批判，讲的都是大道理，即便涉及真理与谬误等也不敢去争辩。思想政治理论课教师在课堂上针对现实中各种假恶丑和大是大非等问题、不敢表明观点和态度，照本宣科的满堂灌现象在一定范围内和一定程度上客观存在。这种课堂教学当然肯定难以获得学生的兴趣、关注及共鸣，进而造成大学生难以对思想政治理论课感兴趣，到课率、抬头率、点头率也就可想而知了，即使采取一些强制措施保证了到课率、抬头率、点头率，但也难以获得学生内心深处真正的好感和认同。

一些学校、学院、教师不得不采取诸多强制措施以保证思想政治理论课的到课率和抬头率，对思想政治理论课认同的影响也不小。学生由于认知水平、自觉性及主体能动性等都有待进一步提高，对学习思想政治理论课的必要性认识不到位而往往需要一定的外部强制，即把出勤率和抬头率纳入课程成绩考核严加管理，强迫学生必须到堂听课且必须认真听讲，以期能够慢慢形成某种自觉。因此，思想政治理论课课堂管理是否严格和恰当等也对大学生学习和认同思想政治理论课有一定影响。思想政治理论课课堂管理严格，则抬头率就高；反之则不然。但是，这也会带来另外一个问题，即思想政治理论课的强制性学习要求对一个已经完全成年的学生而言是否恰当？如果老是不断地强调、说教，会让学生感到婆婆妈妈、唠唠叨叨，甚至可能会导致学生心生反感，或导致学生形成外部强制依赖等，从而难以收到应有的效果，甚至带来反作用。因为现在的大学生很多都是独生子女，唯我独尊的意识很强，如果教师管得过多、过严、过紧，可能会带来部分学生的过激反应而适得其反。思想政治理论课教师在课堂上对学生既不能听之任之，也要掌握好课堂管理的分寸与技巧，不仅要讲好课本知识，还要用一定的时间、精力及心思等来管理好学生的课堂纪律，这并不是一件简单而轻松的事。不管课堂纪律不好，管多了也并不是好事，如何把握并管理好大学生思想政治理论课堂的"度"，又成了思想政治理论课教师不得不面对的现实问题。管理方式、效果不同等，无疑会在不同程度上对大学生思想政治理论课认同产生一定的影响。

六、教学评价的影响

教学评价主要是指对思想政治理论课教学效果的评价。传统教学评价主要是教师自评与学生网评相结合、从结果评价到与过程评价相结合，再到学生与同行评价、督导评价、结果评价、过程评价等相结合的综合评价转变。教学评价往往与学生学习课程的效果评价密切相关。对学生学习课程的合理评价会带来合理的教学效果评价，反之则不然。"检验思想政治理论课课堂教学效果不外乎以下四大要素：一是出勤率，即学生有没有到课堂上来、愿不愿意到课堂上来。出勤率（到课率）的高低，是观察和考量思想政治理论课课堂教学效果的第一个要素。二是抬头率，即来到课堂上的学生有没有把注意力放在听课上。老师教学与学生的行为选择要 PK 一下：学生到课堂上之后，是抬头听老师讲课了，还是在底下干着诸如发短信、看小说、打瞌睡的事儿。如果老师的教学没有吸引学生抬头关注，教学效果肯定要大打折扣。三是点头率，即老师讲的内容有没有打动学生，取得学生的情感共鸣，觉得老师所讲有道理，使其'频频点头'。四是入心率，即老师所讲授的理论、观点有没有获得学生的理性认同，进而转化为理想信念和价值追求，来指导自己的学业和人生实践活动。"[1] 从诸多思想政治理论课教师同行交谈了解和诸多调研数据及研究结果看，大学生在思想政治理论课教学中的抬头率、入心率和点头率都并不十分理想。有调查显示，大学生并不认同期末课堂闭卷考试的学习考核方式，即主要是考核对理论知识的识记，认为传统思想政治理论课的考核内容单调，方式固定且单一，而并非学生通过学习应该具备的思想政治素质。本书课题组于 2018 年 12 月通过来自全国各地及不同高校的某省属师范高校 622 名进校学习思想政治理论课后研究生的问卷抽样调查，结果也不尽如人意。

被调查者对思想政治理论课教学效果的评价如何，其选择结果统计显示如表 2-12 所示，有 47 人选择了不满意，选择满意程度为一般的占到了 48.9%。

---

[1] 王永和：《围绕"认知、认可、认同"构建思想政治理论课课堂教学方法体系》，《思想理论教育导刊》2013 年第 10 期。

表 2-12　您对思想政治理论课教学效果的评价如何？

选项	很不满意	较不满意	一般	较满意	非常满意	合计
人数	9	38	304	261	10	622
百分比	1.4%	6.1%	48.9%	42.0%	1.6%	100%

当问及"您认为目前的思想政治理论课评价方式能反映您的真实水平吗？"有 25.7% 的学生认为不能，与选择能的比例相比，仅略低 3.6%，具体见表 2-13。

表 2-13　"您认为目前的思想政治理论课评价方式能反映您的真实水平吗？"

选项	根本不能	很少能	一般	大多能	完全能	合计
人数	31	129	280	159	23	622
百分比	5.0%	20.7%	45.0%	25.6%	3.7%	100%

根据教育部关于《新时代高校思想政治理论课教学工作基本要求》指出，"大学生思想政治理论课的考核要采取多种方式综合考核学生对所学内容的理解和实际运用，注重考查学生运用马克思主义立场观点方法分析、解决问题的能力，力求全面、客观反映学生的马克思主义理论素养和思想道德品质。坚持闭卷统一考试为主，与开放式个性化考核相结合，注重过程考核。闭卷统一考试须集体命题，不断更新题库，提高命题质量。开放式个性化考核应具有严格的组织流程和明确可操作的考核评价标准。要合理区分学生考核档次，避免考核走形式，引导学生更加重视思想政治理论课学习。各门课程均须先学后考，不得以考代学。应优先安排思想政治理论课成绩优良的学生入党积极分子参加党校学习"①。"综合评价教学质量。要建立健全多元评价机制，采用教师自

① 《教育部关于印发〈新时代高校思想政治理论课教学工作基本要求〉的通知》，2018 年 4 月 13 日，见 http://www.moe.gov.cn/srcsite/A13/moe_772/201804/t20180424_334099.html。

评、学生评价、同行评价、督导评价、社会评价等多种方式，对教师教学质量进行综合评价。合理运用教师教学质量评价结果，在教师职务职称评聘标准中提高教学和教学研究占比，评价结果与绩效考核和津贴分配等挂钩，引导和鼓励思想政治理论课教师将更多时间和精力投入到教学中。可基于评价结果探索建立思想政治理论课教师课堂教学退出机制。"① 这说明，过去的传统教学模式相对统一、单一，且主要是课堂教学，还是期末考试成绩或期末考试成绩占比较大，过程考核评价方式比较少用。

规定往往是理想化的应然要求，但现实却是非常复杂的，要认真如实、具体地按照关于思想政治理论课的相关要求贯彻落实到位并不是简单的事。新时代高校思想政治理论课教学考核评价同样如此。由于原则性较强的思想政治、道德要求难以量化，当然也难以考核和评价。加之，今天高校思想政治理论课教师面临的各种要求和发展与过去相比更高更难更大，因职称晋升、学术头衔和地位、待遇的竞争等不得不面对过去难以想象的繁重的科研任务等导致当前对高校思想政治理论课教师的评价是：在没有出现教学事故和存在学术不端等严重问题的前提下，往往是以科研成果和教学成效等作为职称晋升和评奖评优等的重要依据。

对大学生思想政治理论课实效的考核和评价也不容易。高校思想政治理论课考核评价存在一个"两难"的问题，即如果考核评价要求过高、过严、过多，则教师的工作量势必就会大大增加，让工作量本来就比较大的思想政治理论课教师更累、负担更重。如果考核评价过低、过松、过窄，又在一定程度上放纵了学生，形成恶性循环，低年级学生的思想政治理论课又会更加难以保证到课率和抬头率等。加之，不健康的维稳思想和对学校安全稳定的高度重视等使得思想政治理论课教学评价

① 《教育部关于印发〈新时代高校思想政治理论课教学工作基本要求〉的通知》，2018 年 4 月 13 日，见 http://www.moe.gov.cn/srcsite/A13/moe_772/201804/t20180424_334099.html。

考核一定程度上存在较大的弹性。一些学校在毕业届学生中因为要保证毕业和稳定等不得不采取各种降低水准和要求的方式让思想政治理论课学习成绩不及格的学生都能够过关和顺利毕业，甚至造成恶性循环等。如果完全凭学生的网上评分，也会造成有的老师在讲授思想政治理论课时不得不考虑迎合学生的喜好而忽视了思想政治理论课的内容及其目的等。

总之，如何考核评价大学生思想政治理论课是一个非常复杂困难的事。考核评价合理与否，也会在一定程度上影响大学生对思想政治理论课的认同与否。思想政治理论课的评价方式有待进一步改进。目前，我国高校思想政治理论课评价机制主要是从学生的课堂考勤、平时作业、期末考核等方面对学生进行全过程、全方位的考核。学习动机作为由学习需要引起并指向一定学习目标的一种心理倾向和态度，是激发与维持学习者从事学习行为、实现学习目标的内在动力。如果学生的学习动机仅仅是为了完成学分，就很难激发大学生对思想政治理论课的深层次学习与感悟及深度思辨能力，这也会弱化大学生学习思想政治理论课的主动性及其认同的层次。

七、与其他课程的差异影响

不同课程在学生的素质提升中所占的地位和作用各不相同，对学生的就业和未来发展的影响也有差异。因此，不同大学生对不同课程的认知、学习和兴趣各不相同。课题组通过大学生对思想政治理论课与英语课、专业课等学习认知及其兴趣在课堂上的表现等进行调查比较后发现，大学生学习思想政治理论课与英语课等其他公共必修课和专业课程时的认知和态度及兴趣也各不相同。从观察和调查结果来看，越是有利于学生就业或进一步深造学习的课程，越容易得到学生的认同并有较好的学习兴趣，反之则不然。如不少大学生通过各种渠道和侧面了解到，英语课和思想政治理论课是大学生、更高学历考试或学习必考的科目，因而会对这两门课程的学习格外重视。如果不考研，则大学生就会对思想政治理论课和英语课重视不够，学习的动力也有所不足。

　　大学生对思想政治理论课、英语和专业课程的学习，也会表现出不同的态度并与这些不同课程的要求差异有关。一般来说，教师在教学中对大学生学习思想政治理论课的要求并不严格和有过高的要求，很多学生稍认真一点都能拿到学分或绩点。要求过高，学生难以拿到学分；要求过低则会导致有的学生对思想政治理论课重视不够。但在大学英语四级或六级考试时，因为是国家考试，要求都较为严格，而且拿到四级或六级英语合格证书对大学生的评奖评优或进一步学习和深造及就业等都会有较大的影响，这就使得不少大学生对学习英语的兴趣比对学习思想政治理论课的兴趣高。实际调查中，有不少思想政治理论课教师反映，在思想政治理论课课堂上经常有不少大学生旁若无人或肆无忌惮地看阅英语学习资料或做专业课作业等，而对思想政治理论课则采取可听可不听的态度。也有不少思想政治理论课教师反映，不少大学生因为专业课作业多且交作业的时间紧等，而在思想政治理论课上赶做专业课作业等情况。当发现和遇到这种情况时，有的思想政治理论课教师会不得不采取一些手段或措施干涉，即不允许在思想政治理论课课堂上学习英语或做专业课作业，否则就减扣平时成绩等。相反，在大学生的英语课堂或专业课程的课堂教学中，大学生学习思想政治理论课的现象却很少见。大学生学习思想政治理论课、英语课和其他专业课程的态度要求、严格程度等各不相同并有着紧密的关系。对此，习近平总书记指出："要用好课堂教学这个主渠道，思想政治理论课要坚持在改进中加强，提升思想政治教育亲和力和针对性，满足学生成长发展需求和期待，其他各门课都要守好一段渠、种好责任田，使各类课程与思想政治理论课同向同行，形成协同效应。"[1] 这也正是当下党和国家高度重视并要求高校大

---

[1] 《习近平谈治国理政》第二卷，外文出版社 2017 年版，第 378 页。

学生思政课程与课程思政要同向同行的原因所在。当然，思想政治理论课不能完全或过度采取直接或间接的强制，而应该在如何增强思想政治理论课的针对性、吸引力和实效性上下功夫，才可能得到大学生内心深处的真正认同并使之受益。

第二节　大学生思想政治理论课教师
专业素质的影响分析

　　思想政治理论课作为大学生公共必修课，是对大学生进行政治意识形态教育的主阵地和主渠道。承担思想政治理论课教学任务的教师对大学生是否喜好和认同思想政治理论课具有重要影响。2019 年 3 月 18 日，习近平总书记主持学校思想政治理论课教师座谈会上说："办好思想政治理论课关键在教师，关键在发挥教师的积极性、主动性、创造性。"①教师是上好思想政治理论课的关键。思想政治理论课教师专业素质如何对大学生是否认同思想政治理论课具有重要影响。思想政治理论课教师的专业素质，主要是指思想政治理论课教师的专业背景、思想政治素质、教学理念、教学方式、教学方法、教学语言、教学艺术、教学能力等，对大学生是否认同思想政治理论课具有不同程度的重要影响。大学生对思想政治理论课的认同与否及其认同程度与任课教师高度相关。学生喜欢讲得好的思想政治理论课，对照本宣科的教师难有好感。思想政治理论课教师是否具有亲和力、人格魅力，是否具有广博、深厚的学识，语言表达是否生动、有趣，是否在课间或课后与学生互动等，都会在一定程度上影响学生对思想政治理论课的认同。

---

① 《习近平谈治国理政》第三卷，外文出版社 2020 年版，第 330 页。

一、教师专业背景的影响

教师的专业背景、理论基础、理论素养等会对大学生思想政治理论课的认同以及认同的程度有一定影响。通过大量的调查和了解得知，由于历史因素和高等教育的扩招及思想政治理论课教师引进不足等，导致具有思想政治理论课专业背景的教师缺口较大且现有思想政治理论课教师的专业背景复杂多样。当前，由于学科建设需要，以及国家层面对思想政治理论课教师与学生的师生比要达到1：350的硬性要求和马克思主义理论专业学科背景毕业的研究生少，尤其是博士高层次人才缺乏，使得不少高校不得不引进非马克思主义理论专业背景的教师作为思想政治理论课教师，这就导致非马克思主义理论学科专业或高度相关学科专业背景高校思想政治理论课教师不少且参差不齐。当前不同层次高校中从事大学生思想政治理论课教师的专业背景，虽然不少具有马克思主义理论学科专业背景或长期多年从事思想政治理论课，但也有不少思想政治理论课教师并非马克思主义理论专业背景或科班出身，有的甚至与马克思主义理论学科专业离得较远且复杂多样。由于不同的专业背景的教师对思想政治理论课的认知和理解及讲授的方式方法、视角等存在诸多不同，进而导致学生对思想政治理论课的认知不同，进而影响大学生对思想政治理论课的兴趣和认同情况也各不相同。

从理论上讲，思想政治理论课教师专业背景与马克思主义理论学科专业一致或靠得越近，则越能胜任大学生思想政治理论课且教学具有较好的针对性和实效性，越有利于大学生对思想政治理论课的认同，反之则不然。因此，具有马克思主义理论学科专业背景的高校思想政治理论课教师，对思想政治理论课内容具有高度的认同感，能够认真及时地学习和掌握党的理论创新成果；能够深入理解"培养什么人、如何培养人、为谁培养人"这个根本问题，能够全面贯彻党的教育方针且铸魂育人；更愿意努力提高自身的思想政治素质，坚持"在马学马、在马言马、懂马信马、在马行马、传马护马"，坚持按照政治强、情怀深、思维新、视野广、自律严、人格正的"六要"严格要求自己，争做乐为、敢为、有为的新时代思想政治理论课教师；在教育教学过程中，注重修身立德、为人师表，模范遵守教师职业道德规范，爱岗敬业，坚持守正创新，在教书过程中注重育人，关心学生的生活和成长发展，使学生不仅健康成长，而且努力成为能够担当民族复兴大任的时代新人。反之，非马克思主义理论学科专业背景的教师在教学中的各种表现与具有专业背景的老师相比有所不同。因此，不同专业背景的思想政治理论课教师会在一定程度上影响大学生对思想政治理论课的认知、兴趣及认同。

不仅如此，如果思想政治理论课教师与非思想政治理论课的其他专业教师在培养学生德智体美劳等方面的理解和做法不尽一致，也会削弱大学生对思想政治理论课的认同。非思想政治理论课的其他专业课程教师能否接受、践行课程思政即在专业课程中挖掘和利用思想政治教育的元素或把思想政治教育的相关元素有机融入非思想政治理论课的新理念并适应课程思政的新要求，是能否构建学校课程思政新格局的关键。专业教师不应当对育人报以"事不关己"的态度，而应该在专业课程中融入思想政治教育，做有理想信念、有道德情操、有扎实学识、有仁爱之心的好老师。

二、课堂教学理念的影响

思想政治理论课教师在教学活动中是具有主体能动性的教学专业人员，不是机械地照抄照搬的传声筒。因此，教师会根据自己对思想政治理论课教学目标和教材内容的理解，是否认同以及认同的范围与程度等形成不同的教学理念并用以指导课堂教学，进而影响到大学生对思想政治理论课是否认同以及认同的程度等。确切地说，绝大多数老师对思想政治理论课是认同的，但也有部分思想政治理论课教师（包括其他很多专业教师）并不完全认同。内心深处不认同我国政治优越性的教师会在课堂上发表与课堂纪律要求不尽一致的言论。如 2014 年 11 月 13 日《辽宁日报》头版和第 4 版整版刊发调查文章《老师，请不要这样讲我们国家》就反映了这些问题。《辽宁日报》记者用了半个月时间，奔赴北京、上海、广州、武汉、沈阳 5 城市 20 多所高校听了近百堂专业课，调查者一方面被老师们渊博的专业知识、严谨的治学态度、自觉的责任意识所感动，同时也看到个别老师"呲必中国"的现象一定程度存在，有的还很过分，引起了教育界的警觉和重视。报道称："部分高校教师，尤其是经济、法律、社会学、行政管理等哲学文史社科领域的老师在授课过程中，每当结合现实问题时常常会表达出一些消极负面的情绪，谈到好的都是外国的，不好的都是中国的，中国成了负面典型的案例库。"① 近 13 万字的听课笔记整理后大致概括出"大学课堂上的中国"三类问题：第一是缺乏理论认同。有的老师用戏谑的方式讲思想政治理论课，揭秘所谓马克思恩格斯的"隐私"；将毛泽东与古代帝王进行不恰当比较，解构历史，肆意评价；对党的创新理论不屑一顾，动辄把实践中的具体问题归结为理论的失败。第二是缺乏政治认同。有的老师传递肤浅的"留学感"，追捧西方"三权分立"，认为中国应该走西方道路；公开质疑中央出台的重大政策，甚至唱反调；片面夸大贪污腐败、社会公平、社会管理等问题，把发展中的问题视为政治基因缺陷。第三是缺乏情感认同。有的老师把自己生活中的不如意变成课堂上的牢骚，让学生做无聊的"仲裁"；把"我就是不入党"视为个性，显示自己"有骨气"；把社会上的顺口溜和网络上的灰色段子当论据，吓唬学生"社会险恶"，劝导学生"厚黑保身"。② 当然也有一些教师由

---

① 参见佚名：《环球社评：评辽报批"呲必中国"引激烈争论》，2014 年 11 月 19 日，见 http://opinion.people.com.cn/n/2014/1119/c1003-26053192.html。

② 参见佚名：《大学课堂上的中国：老师，请不要这样讲中国》，2014 年 11 月 14 日，见 https://china.huanqiu.com/article/9CaKrnJFPpS。

于各种因素的影响，表面好像认同，但内心深处却并不真正认同且会以某种看似与要求相一致但又不完全一致而难以识别的方式流露出来，这种状况由于没有通过直接言行表现出来，更难以了解和掌握。

大学生思想政治理论课教材，是由教育主管部门组织国内一流水平专家编写报经中央政治局审定后修改确定的，难以考虑到方方面面的具体因素，当然也不可能很好地反映一线任课教师在实际教学中遇到的各种具体问题、疑惑、声音及想法等。一线思想政治理论课教师很难参与教材的编写，自己在教学中遇到的实际问题很难在教材内容中得到充分体现。这也会影响到一线教师对思想政治理论课的认同，而在把教材内容向教学内容转化过程中就会出现打折扣的现象，最终会通过各种形式影响到大学生对思想政治理论课的认同。这本质上也是思想政治理论课教师的不同教学理念的不同反映，即把教材内容完完全全地转化成教学内容，还是按照自己的理解把教材内容转化为教学内容，是当传声筒照本宣科地完成任务，交差了事，还是有自己的理解给学生以引导等不同。思想政治理论课教师对教材内容的不同看法形成不同的教学理念，会形成不同的教学形式或教学手段，进而就会影响学生对思想政治理论课的认同。

思想政治理论课课堂教学是主流意识形态工作的重要组成部分，政治性比较强，因而党和国家及学校等对思想政治理论课教学的政治纪律相比其他课程而言要求严格且最高，即思想政治理论课堂教学必须坚持正确的政治方向，坚持讲授有纪律的原则。思想政治理论课教学在事关政治原则、政治立场和政治方向等大是大非的重大问题上，必须与党中央始终保持高度一致。根据教育部 2018 年 4 月 21 日下发的《新时代高校思想政治理论课教学工作基本要求》（教社科〔2018〕2 号）要求："要保证思想政治理论课教师在课堂教学中始终坚持马克思主义立场观点方法，在政治立场、政治方向、政治原则、政治道路上同以习近平同志为核心的党中央保持高度一致，坚定不移维护党中央权威和集中统一

101

领导。"① 思想政治理论课课堂教学中不得散布违背党的理论、路线、方针、政策的观点或意见，不允许制造、传播政治谣言或丑化党和国家形象的言论，不允许发表违反政治纪律、消极情绪、消极观点等，未经中央认定或确证的概念、判断、思想理论、价值、观念、言论等均不得在课堂上讲授。这就使得一些老师鉴于历史上多次政治运动或现实中一些因言论不当被处理的负面案例，以及直接或间接的警告或告诫而心有余悸和各种顾虑等，在思想政治理论课课堂教学中采取明哲保身的态度，即凡是文件、报告、党报、主流媒体等没有讲过的一律不讲，没有说过的一律不说，也不敢有自己的看法或观点，结果就变成了地地道道的传声筒，往往采用不合时宜的传统教学方式——"居高临下地照本宣科"，在课堂教学中直接进行理论灌输的形式大行其道。"思想政治理论课不好上"是很多高校思想政治理论课老师的共识和心声，很多政治理论的集中学习、宣传、会议也无不如此，甚至是学术会议也不同程度存在类似问题，即形式上轰轰烈烈、热热闹闹，说者在台上讲得津津有味，听者在下面则昏昏欲睡，或看手机或聊天或睡觉等。这是一个历久弥新而又值得思考的现实问题，不仅不利于学生理解和接受思想政治理论课，甚至不同程度遭受新媒体时代大学生的心理抵触、内心排斥和反感，当然也就难有认同。

三、课堂教学方法的影响

不同的教学方法和不同的教学形式会在一定程度上影响着大学生对思想政治理论课的认同。思想政治理论课内容在很大程度上决定了思想政治理论课教学的形式和方法。思想政治理论课的内容是固定的，教师不能讲授与思想政治理论课内容不尽一致或有偏差的内容，否则就违背了对思想政治理论课教师和课堂有纪律的要求。如教师讲授的内容或观

---

① 《教育部关于印发〈新时代高校思想政治理论课教学工作基本要求〉的通知》，2018 年 4 月 13 日，见 http://www.moe.gov.cn/srcsite/A13/moe_772/201804/t20180424_334099.html。

点与党和国家的政治理论不同，一旦被发现或告发就要受到相应的惩处。有的问题不能讲，有的事实也不能说等，使得部分老师为了保持绝对正确和绝对安全，课本上没有说的不说、报纸上没有讲的不讲、新闻播报没有谈过的不谈，即使心里有不同的看法，为了万无一失，宁可采取保守的传统教学形式，即自上而下的照本宣科、了无新意的理论灌输和一言堂大行其道。严格的政治要求往往在很大程度上限制了思想政治理论课教学方法的改进和提高，这也是传统理论讲授的灌输式教学方法在思想政治理论课中盛行的主要原因之一。有研究表明，影响大学生思想政治理论课抬头率的一个重要因素是："教学方法关照学生不够，教学方法是连接教学内容和大学生的重要桥梁，是影响课堂抬头率的重要因素……有部分思想政治理论课关照学生不够，缺乏话语转换，教师简单充当教材语言的搬运工，没有把教材语言转化成学生熟悉的语言，使得教学枯燥无味、难懂；有的思想政治理论课的教学方式陈旧老套，老师讲、学生听的方式较多，学生探究讨论较少；理论学习多，实践体验少；传统手段多，现代手段少，制约了课堂抬头率的提升，思想政治理论课的教学方法需要持续改进。"[①] 思想政治理论课教师的授课内容选择是否恰当，授课方法的运用是否适当等，均会在一定程度上影响大学生对思想政治理论课的认同。

思想政治理论课中传统灌输"填鸭式"的教学方法，不仅枯燥乏味，时效性也不强，学生参与的积极性不高，甚至产生抵触和排斥的心理及情绪。某原"985"高校学者通过 500 份问卷调查统计结果显示，在"你认为'中特'课教学中老师应该在哪些方面多下功夫？（多选题）"这一问题上，有 87.86% 的同学认为教师授课应"多联系实际"，而排在第二的是"多介绍具体知识"，比例是 48.57%。在"你认为'中特'课教学中存在的主要问题是什么？（多选题）"的选项中，有

---

① 付晓容：《大学生思想政治理论课抬头率提升探究》，《思想理论教育导刊》2018 年第 4 期。

77.86%的同学认为是"教学方法简单枯燥"，66.43%的同学认为是"理论脱离实际"。① 总之，"思想政治理论课教学由于受到传统教法的影响，教学的基本模式是灌输—接受，学生的学习方式和流程是听讲—背诵—复习—应考，教师在教学过程中注重教学和理论讲授的系统性，却忽视对学生的尝试、动手、实践、独立思考、转化为行动能力的教育与培养"②。从上至下的一味灌输还是相互讨论交流引导等，不同教学形式对大学生思想政治理论课认同的影响也不同。相较于主动接受式的学习，被动式的学习大多是难以令人乐于接受。不少思想政治理论课存在照本宣科、程序化且缺少互动情况，使大学生对于思想政治理论课多是被动式学习，是不得不学的"被灌输"，属于"被学习"，进而容易遭受学生的反感甚至抵触。

当思想政治理论课老师一再被各种自上而下的各种直接或间接的强制要求及限制后，出于自我保护的需要，基本上是完全按照课本的内容讲，甚至是照本宣科，教学方法过于死板，虽然达不到教学目的且课堂教学成效甚微，但至少保证不会出现任何意识形态问题。于是，教学也趋于"填鸭式"满堂灌输的形式化，即老师和学生都把思想政治理论课教学当作一种形式，老师负责讲完课本教材的内容，学生只负责到课堂坐等下课，至于所讲内容是否入眼入心入脑且成效如何则另当别论。长期这样的结果就是老师和学生都处于消极被动状态，思想政治理论课的认同可想而知。有调查显示，50.4%的大学生认为思想政治理论课教学效果一般，希望改进"灌输"教学模式。③ 同时，有调查结果统计显示，在回答"中特"课程教学是不同专业背景的教师"组团上课"效

---

① 参见沈成飞等：《"中国特色社会主义理论与实践研究"教学改革与效果探讨——基于授课前后学生调查问卷的对比分析》，《教学与研究》2016年第12期。

② 王朝方：《建构主义教学模式及其在高校思想政治理论课教学中的应用》，《理论导刊》2012年第4期。

③ 参见沈壮海等：《2016年度大学生思想政治状况调查分析》，《思想理论教育导刊》2017年第1期。

果好，还是某位教师独立上课效果更佳的问题上，有 85% 的同学主张教师"组团上课"方式，只有 15% 的同学选择后者；在"你认为'中特'课教学中有没有必要让学生多参加课堂讨论"的选择上，52.86%的同学认为有必要进行课堂讨论，认为没有必要的是 20%；在"你认为'中特'课 32 节课（含考试时间）课时量适中吗?"的选项上，有51.43% 的同学认为"适中"，47.14% 的同学认为"太多"，也有 1.43%的同学认为课时太少。这一组数据也暴露了部分同学轻视"中特"课程的问题。①

再以网络课程学习为例，有调查显示："在利用过思想政治理论课程网站的大学生中，42.8% 的同学对思想政治理论课程网站的教学资源不感兴趣，很不感兴趣的有 12.2%。而未利用过思想政治理论课程网站的大学生中，66.7% 的同学对思想政治理论课程网站的教学资源不感兴趣，很不感兴趣的有 31.6%，这一比例要比利用过思想政治理论课程网站的大学生高 20%。主要原因是，在利用过网站的大学生中，36.7% 的同学认为网络教学资源不能满足自己的学习需求，认为很不满足的有7.1%。而未利用过网站的大学生中，将近一半的同学认为网络教学资源不能满足自己的学习需求，认为很不满足的高达 22.8%。除此以外，在利用过思想政治理论课程网站的大学生中，56.7% 的学生反映'网络教学资源的链接出错率较高，部分教学内容无法显示'；63.9% 的学生反映'访问内容显示速度太慢，等待时间过长'。"② "约 80% 的学生认为'网站更新慢，不利于在线学习'、'互动交流不够'；约 70% 的学生认为'学习之后得不到及时反馈'。在利用过网站的大学生中，53.7%的学生认为'视频教程不齐全，网站只提供 3—4 节视频教学'；

① 参见沈成飞等：《"中国特色社会主义理论与实践研究"教学改革与效果探讨——基于授课前后学生调查问卷的对比分析》，《教学与研究》2016 年第 12 期。
② 梁英等：《影响高校思想政治理论课精品课程网站利用的因素分析》，《学校党建与思想教育》2014 年第 6 期。

61.9%的学生认为'在线学习环节简单，内容呈现较为单一（仅仅呈现PPT学习）'。"① 这些调查显示，有不少大学生不认同高校思想政治理论课，是因为老师忽略了大学生的主体能动性，一味灌输，缺少促进学生积极思考和指导学生掌握学习技能等能力的培养。

综上所述，教育部教关于《新时代高校思想政治理论课教学工作基本要求》（社科〔2018〕2号）提出："要鼓励思想政治理论课教师结合教学实际、针对学生的思想实际和认知特点，积极探索行之有效的教学方法，自觉强化党的理论创新成果的学理阐释，努力实现思想政治理论课教学'配方'先进、'工艺'精湛、'包装'时尚。要加大对优秀教学方法的推广力度，注重用点上的经验带动面上的提升。课堂教学方法创新要坚持以学生为主体，以教师为主导，加强生师互动，注重调动学生积极性、主动性。"② 但是，理论或政策往往在实际贯彻落实中会遇到各种具体问题而大打折扣或流于形式，尤其是与实际生活相去甚远的理论或政策规定更是如此。

四、课堂教学语言的影响

思想政治理论课教师的语言对大学生思想政治理论课认同的影响不可小觑。幽默生动、丰富有趣的语言与缺乏生气的喋喋不休、枯燥无味、单调呆板、千篇一律的语言，对大学生是否认同思想政治理论课的影响不一样。"当代大学生所处的话语环境也发生了显著的变化，如果说过去是政治性的'一元话语'占据社会大众话语的主流位置，现今则是个体性的'多元话语'充斥社会大众话语的各个角落。前者的特点是单一化、固定化、中心化、权威化为主，后者的特点则是复杂化、

---

① 梁英等：《影响高校思想政治理论课精品课程网站利用的因素分析》，《学校党建与思想教育》2014年第6期。
② 《教育部关于印发〈新时代高校思想政治理论课教学工作基本要求〉的通知》，2018年4月13日，见 http://www.moe.gov.cn/srcsite/A13/moe_772/201804/t20180424_334099.html。

多变化、边缘化、平民化为主。或者说，从过去到今天，中国的社会话语发生了一种显著的'范式'转换，由侧重宏大叙事模式过渡到侧重微观（细小）叙事模式。"① 当代大学生群体的话语接受特点也发生了相应的变化，他们对于独白式的、权威化、单一化、固定化等强势话语具有天然的抵触和反抗本能，这种话语接受特点对传统的课堂教学模式造成了巨大的冲击。

有学者将"照本宣科"、"绕行问题"的思想政治理论课话语方式概括为"正向话语"并具有诸多的特点："第一，着重讲述理论和原理，宣讲其唯一性和正确性，无可挑剔；第二，清一色讲述正面事件（现象），拒绝社会负面问题，宣传正面榜样人物，近乎完人；第三，课堂不允许'不和谐'声音出现，对于学生的质疑和挑战'绕道而行'甚至直接进行简单批判（批评）训教，以政治压制讨论。"② 但传统的思想政治理论课"正向话语"下大学生政治认同面临诸多困境和挑战："第一，对于无可挑剔的理论和原理之唯一性和正确性讲述，违背了当代大学生多元、自主、平民化话语的诉求和特点，势必会引起学生的情绪性抵触，甚至反感；第二，单纯讲述正面事件、拒绝社会负面问题、过度美化榜样等，与当今网络化时代大量传播的各类信息明显不对称，势必会引起学生的怀疑，进而导致对课程的漠视和课堂麻木；第三，课堂不允许学生出现'不和谐'声音、绕行学生的质疑和挑战、以政治压制讨论等，这与现代社会尤其是网络社会的多元、民主话语范式明显冲突，也不符合大学生血气方刚、喜好挑战权威、刻意标新立异的个性特点，同样会引起学生的情绪抵触和思想抵抗。"③ 总之，"在网络化普

---

① 曹峰：《"正向话语"讲述与"逆向话语"诱辨：思想政治理论课的大学生政治认同》，《当代青年研究》2017年第5期。
② 曹峰：《"正向话语"讲述与"逆向话语"诱辨：思想政治理论课的大学生政治认同》，《当代青年研究》2017年第5期。
③ 曹峰：《"正向话语"讲述与"逆向话语"诱辨：思想政治理论课的大学生政治认同》，《当代青年研究》2017年第5期。

及的时代，社会话语环境较之过去更加开放、复杂和多元，加之青年大学生本身具有追求个性、反抗权威、自由不羁等群体特质和诉求，传统强调单一化、权威化，拒斥负面问题和'不和谐声音'、'异见'等的高校思想政治理论课'正向话语'面临巨大的困境和挑战，无法适应当代大学生的话语接受特点"①。由于各种限制使得不少思想政治理论课教师的授课方式不仅缺少互动，"独角戏"课堂气氛沉闷，语言表达不生动，也不丰富多彩，与大学生的话语偏好差异较大，不能激发和调动他们学习的兴趣和主动性；理论联系实际不够，课堂显得过于呆板无趣，教师能力不足等。轻松有趣的语言容易让学生接受，思想政治理论课教学语言却更多是严肃的政治性话语，因而难以引起学生的兴趣和注意，更难谈认同。

五、课堂教学艺术的影响

思想政治理论课教师的课堂教学艺术也是影响大学生思想政治理论课认同的一个主要因素。思想政治理论课不是简单的政治宣教、道德规范灌输或认知主义教育，教师是思想政治理论课课堂的主导和关键。教学本身就是一门艺术，作为立德树人主渠道、主阵地的思想政治理论课教学，有无艺术或艺术水平如何对大学生思想政治理论课影响不少。教学艺术主要是指教师在课堂上遵照教学法则和美学尺度的要求，灵活地运用语言、表情、动作、调控等手段，充分发挥教学情感的功能，为取得最佳教学效果而施行的一套独具风格的创造性教学活动，具有形象性、情感性、创造性、灵活性、表演性、个性化和审美性等诸多特点。思想政治理论课课堂教学的艺术性则是指思想政治理论课教师在课堂教学中亲切自然的课堂形象、游刃有余的课堂教学组织能力、幽默生动的课堂语言、提纲挈领的板书设计、扣人心弦的课堂导入及画龙点睛的课

---

① 曹峰：《"正向话语"讲述与"逆向话语"诱辨：思想政治理论课的大学生政治认同》，《当代青年研究》2017年第5期。

堂结尾等。思想政治理论课课堂教学艺术性有助于充分发挥教师的主导作用和学生的主体作用，让学生在平等、民主、和谐的教学氛围中接受思想政治理论课。"现实中高校思想政治理论课'有教学无艺术'之说教、为艺术而艺术或'有技术无教学'的华丽现象较为常见，值得反思。高校思想政治理论课教学艺术的纯粹'技术化'、'艺术化'对待将会使得思想政治理论课这项'人们灵魂深处的技艺活动'简约为教学的技术化扩张与艺术演艺，为教学点缀、粘贴美感和技术元素，遮蔽了现实政治实践与社会生活世界，造成高校思想政治理论课教学的现实实践情怀与公共精神贫乏。"[1] 如果思想政治理论课堂教师具有艺术感召力，就能够很快将学生的注意力集中到课堂上来，反之则不然。教师的课堂感召力是指教师为了使学生赞成或支持自己的态度、观点或行为，采取说服、示范等方法使学生信服、赞同的能力。课堂感召力是教师控制课堂的关键能力，是影响学生课堂抬头率的核心因素。

随着多媒体的快速发展和广泛使用，大学生获取知识的途径不再局限于书本和教师，使得教师的课堂感召力受到一定削减和考验。不少"思想政治理论课教师自以为教学多年，经验丰富，课前不做认真准备，拿着教材就上课，照本宣科；思想政治理论在不断创新发展，有的教师不愿花时间研究中国特色社会主义理论的新思想、新观点，在理论体系把握上还存在一些偏差；有的教师与学生处于隔离状态，认为与学生交流是浪费时间，由于不了解学生所思所想，上课就自说自话，无法让学生认同；还有的教师思想守旧，坚持采用传统的方法授课，对现代教学手段不学不用。教师的课堂感召力不足，制约了思想政治理论课抬头率的提升"[2]。这些诸多不良现象，必然使得思想政治理论课难以获得学生的认同。

---

[1] 蔡如军：《高校思想政治理论课教学艺术研究》，《教育评论》2016 年第 7 期。

[2] 付晓容：《大学生思想政治理论课抬头率提升探究》，《思想理论教育导刊》2018 年第 4 期。

六、教师面临的双重压力

思想政治理论课是宣传党的政治主张的课程。对"为谁培养人、培养什么人、怎样培养人"这个核心问题的回答和培养中国特色社会主义的合格建设者及接班人的目标，决定了党和国家对思想政治理论课教师赋予了更高的期待，甚至超过了对高级党员领导干部的要求，即不仅要求老师有渊博学识，还要有高尚道德情操和坚定正确的政治素养等。

（一）高标准严要求的职业道德要求

由于思想政治理论课在铸魂育人中的作用不可替代，对思想政治理论课教师的"六要"职业要求也是高标准严要求。中国特色社会主义进入新时代，自上而下对思想政治理论课教师提出了很高的要求：政治素质高、道德素质优、专业知识精、相关知识博、教学技能高等要求。国家、社会除了要求思想政治理论课教师具备深厚的专业素养之外，还要求其具备过硬的思想政治素质和高超的教育教学艺术。社会对思想政治理论课教师期望过高过多，各种期望交织，常常使其陷入无所适从的苦恼之中。除了党和国家对思想政治理论课教师思想、政治、道德等各方面有严格的规定和要求而外，不少学者也根据党和国家的要求作了阐释。高校思想政治理论课教师，是党的指导思想和国家意识形态的传播者，是大学生成人成才的指导者和引路人，应当具有坚定的马克思主义理论信仰、高度的政治觉悟、严明的组织纪律、完善的知识结构、高超的教学艺术、高尚的品德和健全的人格。就思想政治理论课教师应具备的最基本素质和能力而言，在思想政治素质上要有高度的政治责任感和崇高的使命感，在业务素质上要有坚实的专业基础和合理的知识结构，在师德修养上要有高度的敬业精神和高尚的人格力量，在语言艺术上要生动、准确、精练而又富于哲理。总之，党和国家及诸多站在理想层面的专家学者都对思想政治理论课教师提出了很高的要求，力图使思想政治理论课教师成为集"教育学家"、"心理学家"、导演、演员于一身的"全人"、"能人"、"超人"等。由于各方对思想政治理论课教师的要求比对其他专业课教师各方面的要求都较高，甚至远高于对高级党员领导干部的要求，使得思想政治理论课教师有不堪重负之感。

（二）思想政治理论课教师教学中面临的现实责难

思想政治课教师获得了其他专业学科教师所没有的厚望，同时也面临各种责难。第一，思想政治理论课的正面教育遭遇负面社会现实的反诘。思想政治理论课教师按照要求，无论是理论教育还是事实教育，主要用正面的理论和事实进行教育，对于负面的则往往少谈或避而不谈，极尽可能地通过正面教育培养大学生对马克思主义的信仰、对执政党的信任、社会主义的信念、形成高尚的道德素质等。然而，改革开放过程中出现或积压的各种社会问题却又不断冲击着思想政治理论课的说服力。思想政治理论课教师一方面要竭尽全力进行正面教育；另一方面又遭遇各种残酷现实的负面消解及恶化而又无能为力，从而使得诸多的思想政治理论课教师在理论和现实中陷入无法自圆其说的尴尬困境。第二，思想政治理论课教师的说服力还面临双重挤压。党和国家对教师的要求与社会对教师的现实需要并非总是完全一致，甚至存在着较大的差距和错位。从"单位人"向"社会人"的转型使得思想政治理论课的吸引力大受影响。第三，思想政治理论课教师教学、科研任务繁重。高校思想政治理论课教师较其他专业课教师而言，承担着极为繁重的教学任务。由于历史和各种因素的限制等，使得大多数高校的专职思想政治理论课师生比达不到1：350的要求，导致思想政治理论课教学班级规模大，人数普遍多、课时任务重等。如有的教师不得不承担两门以上的思想政治理论课课程，有的省市思想政治理论课教师只占教师总数的3%左右，却承担着10%以上的教学量。思想政治理论课教师年平均讲课在 500 学时左右并不少见。① 大量的事实表明，高校思想政治理论课专任教师年平均承担着 350—500 学时的教学任务，一些教师的年平均教学课时甚至高达 700 学时，普遍高于专业课教师的课时，甚至沦为上课的机器。高校思想政治理论课教师越来越难当已成为不少思想政治理论课教师的感受，既有荣耀也有痛苦。

第三节　大学生自身因素的影响分析

绝大多数大学生是即将踏入社会的青年且已是年满 18 岁的成年人。大学生的学习生活阶段是其踏入并生存于社会的最后准备阶段，这个阶段的大学生对社会已经有了相当多的了解和认识，尽管还没有完全成熟和完全独立。由于开放化的网络新媒体的快速发展及其运用，以及人际交往的不断扩大、兼职、实习等，使得大学生对社会的美好及其存在的诸多问题的了解和认识也越来越多、越来越理性、越来越深刻、越来越成熟。这也就决定了大学生对思想政治理论课的认同既有理论层面的思考，也有自己亲身在社会中的感知体验的反映。当然，大学生学习的专业、兴趣偏好、认知上的局限、情感上的淡漠、学习上的乏力、期望值过高等也会影响大学生对思想政治理论课的认同。

一、专业不同的影响

由于不同的学科门类和专业存在较大的差异，使得不同学科门类和专业的大学生对思想政治理论课的认识和看法都有所不同。

从大学生学习的专业来看，不少专业或课程等与思想政治理论课关联度不一样，导致对思想政治理论课认同的影响也不相同。如英语、政

---

① 参见刘小兰：《高职思想政治理论课教师的职业困境成因分析》，《经济与社会发展》2010年第 4 期。

治学、经济学、法学等专业的大学生，因为学习和使用的教材以及学习的内容等更多地涉及国外相关文化、政治、经济等，必然会影响其对国内相关思想政治课内容进行比较而有不同的看法。同时，因其他专业或课程教师在思想政治观点上与思想政治理论课教师有较大差异等，对我国的政治认同也存在较大不同，进而也会在专业课程教学中影响大学生对思想政治理论课的认同。根据不少思想政治理论课教师的实际观察和了解，不同专业大学生对学习思想政治理论课的态度和兴趣差异较大。从学习思想政治理论课的兴趣和态度由好到差的一般情况看，文科学生好过理工、农医等学科门类的学生，政史类专业好于其他文科专业的学生，理工、农医等学科门类的学生又好过音乐、体育、美术等专业的学生等。在文科学生中，马克思主义理论、政治学、历史学专业的学生学习思想政治理论课的态度兴趣好于汉语言文学、英语等专业的学生，而汉语言文学、英语等专业的学生学习思想政治理论课的兴趣和态度又好于播音主持、广播电视、新闻传播等专业的学生。这还可以从思想政治理论课教师愿意承担某些学科专业本科生的课程教学等得到说明。作为承担大学生思想政治理论课教学任务的思想政治理论课教学部门在给教师们安排理工科、文科和艺术类三大门类学生的思想政治理论课时，大多数教师最不愿意上音乐、体育、美术、播音主持等专业学生的思想政治理论课，愿意上文科类学生的课，尤其是愿意上政治、历史专业类学生的思想政治理论课。有的思想政治理论课教研室对老师们不愿意承担的音乐、体育、美术、播音主持等专业学生的思想政治理论课问题，不得不采取强制性轮流排课，每位老师都要承担一定的音乐、体育、美术、播音主持等专业大学生的思想政治理论课。

大学生因年级、受所学的学科门类或专业、性别等影响而对学习思想政治理论课的兴趣及认同情况也有所不同。有学者通过对福建省高校大学生政治认同进行问卷调查统计得知，"以不同家庭状况、年级、专业等为微观变量来分析大学生的政治认同现状，发现大学生的政治认同随着年级的递增而存在一定程度的弱化现象。不同专业的政治认同情况不一样。文科比理工科的政治认同度高，艺术音乐体育类的认同度相对弱化。据数据显示，在对于中国共产党长期执政的认同调查中，34.6%的医科专业学生表示很同意，50.0%的医科学生表示较同意，其次是26.1%的文科学生表示很同意，53.5%较同意。出现专业政治认同差异的原因：首先，必须强调政治是大学、高中的文科必修课，文科生对于政治内容既有理论功底也有时政新闻关注的需要，所以政治敏感度较高；其次，医科生更多接触的是医学专业课和临床操作，在政治知识学习所花的时间和精力有限；最后，理工科生不及文科生对政治问题的关注程度高，但较艺体类学生对政治问题的关注度相对较高。加之理工科的性别比例差异，男生较多而比较喜欢关注政治类问题"①。

据调查了解，某省属高校研究生中有不少是跨专业的考生，有的甚至是跨学科、跨门类，按照《中共中央宣传部、教育部关于高等学校研究生思想政治理论课课程设置调整的意见》规定："文科类研究生必修'中国特色社会主义理论与实践研究'课，同时选修'马克思主义与社会科学方法论'课。"② 如果学生是从理工科跨专业到文科专业，在学习"马克思主义与社会科学方法论"课时就会觉得吃力或是不感兴趣。思想政治理论课对非马克思主义理论专业的研究生来说，与他们专业的学习关系并不大，自然兴趣也不高。在应试教育和研究生教育扩招的背景下，硕士研究生生源质量明显下降，表现在考试能力有所增强但研究意识和能力却相反，加之就业形势日益严峻等，使得不少大学生在进入研究生阶段以后就将目光放在未来的就业准备上，除了基本专业知识的学习以外，更多的是将自身的精力投注于各类证书的备考和各种

---

① 李文：《从政治认同到知行合一：高校思想政治理论课的目标探析——以大学生政治认同为例》，《长春理工大学学报（社会科学版）》2013年第12期。

② 《中共中央宣传部　教育部关于高等学校研究生思想政治理论课课程设置调整的意见》，2010年8月6日，见 http://www.moe.gov.cn/srcsite/A13/moe_772/201008/t20100806_108814.html。

机关企事业单位的报考上，思想政治理论课也就自然而然地沦落为其复习其他专业知识和备考的"自习场所"，对思想政治理论课的学习动力明显不足，缺乏应有的兴趣和情感及认同。

二、大学生认知的影响

大学生对思想政治理论课的重要性和必要性认识差异，也影响着其对思想政治理论课的认同。一些访谈和调查数据显示，不少大学生对思想政治理论课在认知上存在一定偏差，在情感上有一定抵触，在学习上也欠缺相应动力。2018 年年底通过对某省属师范高校 622 名进校第一学期期末完成了思想政治理论课学习后的硕士研究生进行问卷抽样调查，结果不尽如人意。在问及被调查者"学习思想政治理论课动机"时的选择结果为：有 35.1% 的学生选择是为了促进自身的全面发展，而有 47.3% 的学生选择了学习的主要动机就是得到学分，另有 4.5% 的学生选择的是兴趣，选择其他的则为 13.2%。在问及"您对思想政治理论课的看法"时，选择"不感兴趣"者所占比例为 15.0%、选择"对工作生活无用"者占比为 10.9%、选择"教学内容刻板"者占比为 26.5%、选择"教学手段落后"者占比为 8.9%、选择"政治性太强"者占比为 19.5%、选择"远离现实生活"者占比为 13.2%、选择"其他"者占比为 5.8%。这些数据显示出大学生对思想政治理论课的看法与思想政治理论课想要达到的目标相差甚远。

表 2-14　你认为思想政治理论课对你有没有帮助？

选项	完全没有帮助	比较没有帮助	一般	基本有帮助	非常有帮助	合计
人数	12	76	234	242	58	622
占比(%)	1.9	12.2	37.6	38.9	9.3	100.0

统计数据表 2-14 显示，认为思想政治理论课非常有帮助的占比仅

为 9.3%，而认为比较没有帮助的占到了 12.2%，认为基本有帮助的也仅有 38.9%，而认为一般的也有 37.6% 等。另有被调查者对几个相关问题的回答也印证了其不良认知。

表 2-15　您认为思想政治理论课开设有必要吗?

选项	没有必要，作用不大	较没有必要，作用较小	较有必要，作用一般	有必要，作用较大	非常有必要，作用很大	合计
人数	43	105	267	156	51	622
占比（%）	6.9	16.9	42.9	25.1	8.2	100.0

表 2-15 显示，被调查者在回答"您认为思想政治理论课开设有必要吗?"时，有近 6.9% 的学生认为"没有必要"，其对思想政治理论课的认同也就可想而知了。当被问及"您在学习思想政治理论课时感觉如何?"时，竟然有 22.3% 的学生选择无聊乏味，具体见表 2-16。

表 2-16　您在学习思想政治理论课时感觉如何?

选项	轻松有趣	一般般	无聊乏味	疲惫不堪	不知道	合计
人数	97	367	139	11	8	622
占比（%）	15.6	59.0	22.3	1.8	1.3	100.0

以上几个问题回答的统计结果说明，被调查者对思想政治理论课的认同度不高，不仅与思想政治理论课的内容、教师及其教学方法艺术等相关，也与大学生自身的认知、经历等密切相关。

由于大学生对思想政治理论课的重要性和必要性认识不足，对思想政治理论课内容把握不清晰，从而也不知道学什么，在学习上缺乏耐心和定力，学习行为消极、主动性不强等，再加上思想政治理论课本身具有突出而强烈的政治性和思想性及抽象概括性的意识形态特点和与大学生的现实生活、感知体验及其需要有一定的距离等，难以引起大学生的注意和重视。思想政治理论课抬头率是思想政治教育亲和力强不强的直观判断。对此，原教育部部长陈宝生在 2017 年 3 月 12 日回答《人民日报》记者的提问时说："我们到高校调研，了解到思想政治理论课抬头率不高，人到了心没到。"① "思想政治理论课抬头率是思想政治理论课生命力的外在体现，只有实现较高的课堂抬头率，才能较好发挥思想政治理论课的主渠道作用，增强思想政治理论课的育人效果，实现课程目标。"②

三、大学生经历的影响

大学生接受的思想政治理论课教学内容都是积极向上且充满正能量的内容，都是对现实社会美好生活和更高层次理想社会生活的理论描述。当他们随着年龄的增长或通过社会交往、实习实践等对社会的了解越来越多时，尤其是在社会中面临就业的困境、剧烈的竞争或遭遇各种"拼爹拼妈"等残酷社会现实责难的困扰时，就会怀疑、改变、颠覆原有的思想政治理论课认同并对其学弟学妹带来不良影响，进而又会影响学弟学妹们对思想政治理论课的认知和学习。在学校里通过思想政治理论课形成的"三观"遭遇社会残酷的生存、发展困境的责难时，大学生对思想政治理论课的认同有可能就被消解，甚至荡然无存。

大学生来自社会，最终要回归社会。大学生在社会中生存发展所面临的困难和严峻现实是学校思想政治理论课没有讲过的，或与思想政治理论课的相关内容有着很大的差距。其一旦踏入社会遭遇各种不公平、不公正或者面临各种困难、处于难以克服的困境时，其在课堂上通过学习而形成的各种思想政治意识、观念和道德要求等必然会受到深刻影

---

① 陈宝生：《高校思想政治理论课抬头率不高　人到心没到》，2017 年 3 月 12 日，见 http://news.youth.cn/gn/201703/t20170312_9276779.htm。
② 付晓容：《大学生思想政治理论课抬头率提升探究》，《思想理论教育导刊》2018 年第 4 期。

响。有学者通过问卷调查 337 名大学生政治认同状况并进行深入分析发现："在可预见的短期发展前景方面（如就业、收入）占比较优势的大学生，其政治认同程度较高，如表现出理科高于文科，本科高于专科；生活压力较小，或是已成功度过压力阶段的大学生，其政治认同程度较高，如表现出大二、大三较低，大一、大四较高；政治认同与大学生的心理状态相关显著，被测试者的主观幸福感越高，其政治认同程度就越高；政治认同大部分子维度也表现出了类似的特点。"① 由于社会主义市场经济的发展和就业实行双向选择的市场化等，使得强调以公有制经济为基础的思想政治理论课课程内容难以适应大学生到非公有制经济行业工作或自谋职业或创业的需要，从而影响大学生对思想政治理论课的认同。

改革开放以来，国人的生存和发展条件、环境已经发生了翻天覆地的变化。但是，由于各种历史因素的影响导致大学生思想政治理论课内容跟不上形势的发展需要，滞后于社会发展需要。以"就业就是最大民生问题"为例，今天大学生到机关事业单位就职的机会和比重越来越小，更多的是走向非机关事业单位和国有企业以外的非公经济行业或自谋职业、创业。社会就业需求往往更加看重大学生的技能，而不是记住多少思想政治理论课的概念、知识或内容。2017 年 10 月 21 日，中共中央统战部常务副部长张裔炯、副部长冉万祥在党的十九大新闻中心就统战工作和对外交往情况举行记者招待会上对记者关于如何促进非公有制经济发展的进一步举措问题的回答时，首先肯定了非公有制经济在中国国民经济中的重要地位，非公有制经济发展很快，确实已经成为我国国民经济的重要力量。现在我国的民营企业近 2500 万户，它的作用和贡献可以用五个数字来概括，就是"56789"，"5"就是民营企业对国家的税收贡献超过 50%；"6"就是国内民营企业的国内生产总值、固

---

① 姜金栋等：《大学生政治认同的差异性比较研究》，《青年发展论坛》2018 年第 1 期。

定资产投资以及对外直接投资均超过 60%；"7"就是高新技术企业占比超过了 70%；"8"就是城镇就业超过 80%；"9"就是民营企业对新增就业贡献率达到了 90%。[①] 这显示，改革开放 40 多年来，公有制经济与非公有制经济的比重发生了翻转。大学生到拿财政工资吃饭的机关企事业单位的机会和人员会越来越少，到非公经济行业工作的则越来越多。就业单位和生存经济体制的差异等，也必然会在一定程度上影响大学生对思想政治理论课的认同。

四、学历与年级的影响

据调查和了解，不同学历层次和不同年级的大学生对思想政治理论课认同的情况也有差异。高职高专生、本科生、硕士生、博士生等对思想政治理论课的认同受不同学历和不同年级的影响也较大。一般来说，随着学历层次提升，即从专科到本科再到硕士研究生和博士研究生，学历层次越高，年龄越大，各种思想政治意识越是成熟和定型，越难以重塑和改变，甚至由于学历层次提升使得不少大学生因为学习和了解的真实内容更多而对现实问题的思考和研究越是深入则对思想政治理论课内容越有不同的看法。有调查显示："大学生的政治认同随着年级的递增而存在一定程度的弱化现象，并且不同的年级呈现不同的差异性。大一新生刚从应试教育的高考中走出来，对于中学教育中的政治内容耳熟能详，也有着固有的认同感，他们更多的是因为一直在高考的压力下，受到家人和社会的保护而涉世未深。进入到高年级的大学生，一方面会随着自身阅历的增加不断地有新认识和新看法，这些往往颠覆以前对现实社会的各种幻想。在毕业班的大学生更有深刻的体现，他们面临着考研、实习和找工作等考验，想要生存的他们在残酷的现实中上了第一

---

① 参见王莹：《冉万祥：民营企业的作用和贡献可以用"56789"来概括》，2017 年 10 月 21 日，见 http://www.xinhuanet.com/politics/19cpcnc/2017-10/21/c_129724207.htm。

课。在由求学到求职的转化过程中，心理受到的打击会影响他们的政治认同。"① 另有调查显示，不少研究生认为思想政治理论课只是局限于理论上的学习，缺乏应用性和实用性，所倡导的思想道德素养对自己的专业学习、评选奖学金、找工作等起不到任何实质性的帮助和促进作用，也无法带来直接的成效和收益，于是思想政治理论课的学习倦怠现象就会产生。

从目前研究生思想政治理论课的实际教学情况看，许多高校因思想政治理论课教师数量不足、素质参差不齐且教学、科研任务重等难以做到中班教学、小班讨论，不得不采用大班教学模式，有的多达 200—300 人为 1 个教学班，教学效果肯定不好。另外，从"请你写出你对思想政治理论课的总体看法、意见或建议"的调查结果看，不少学生希望改大班教学为小班授课，因为大班教学模式的教学效果相比小班授课而言较差且学生的参与度低。在大班教学过程中，老师关注的重点总是坐在教室前半部分的学生，很难把控全场。这就很容易使学生对思想政治理论课的学习产生厌倦心理。在全面深化改革的背景下，对于学生的教学方式有了很大的转变与创新，但老师唱"独角戏"、灌输式教学等传统的教学方式，由于各种因素的影响依然占据主流。学生的主体地位始终没有很好地得到体现，学生的积极性得不到有效调动，造成思想政治理论课学习行为消极、主动性不强，也是当前造成思想政治理论课学习倦怠不可忽视的重要因素，进而影响大学生对思想政治理论课的认同。

---

① 李文：《从政治认同到知行合一：高校思想政治理论课的目标探析——以大学生政治认同为例》，《长春理工大学学报（社会科学版）》2013 年第 12 期。

第三章　学校、家庭的影响分析

思想政治教育的目的是培养德智体美劳全面发展的人。在这个育人过程中，思想政治教育必然要借助一定的环境来实现其育人的目的。根据学生受教育的环境及影响来看，学校、家庭与社会三者都会对大学生思想政治理论课认同产生重要的影响。学校是大学生思想政治理论课认同的组织实施者和引导主体；家庭教育对大学生思想政治理论课认同的影响是基础和前提；社会的影响是大学生思想政治理论课认同的大环境，具有整合式的渗透性影响。家庭、学校和社会三者的影响及其相互作用各不相同且都不可忽视。

第一节　学校对大学生思想政治理论课认同的影响分析

学校是有目的、有组织、有计划地向受教育者传递价值观念、政治观点、社会规范，以培养符合一定社会要求公民的特殊机构和环境，不仅有建筑群、庭院操场、教学设施、文化活动等有形环境，还会有特殊的校风校纪、师德师风、服务管理、文娱活动等一系列无形氛围。学校作为对大学生进行教育的主体及环境，对大学生思想政治理论课认同的影响不容小觑。高校是中国共产党领导下具有中国特色社会主义的高校，高校的教育教学及其环境等方方面面必然充分体现中国特色社会主义的性质和办学方向。校园环境对大学生思想政治教育的影响是巨大的、潜移默化的、复杂的、全面渗透的。校园环境在很大程度上决定着大学生思想政治教育的成效。学校环境对大学生思想政治教育活动会直接或间接地产生一定的影响和制约作用。学校的软环境是思想政治理论课课程环境的内容，对思想政治理论课教学工作发挥着决定性的作用。学校以其独有的潜在性、形象性、情感性、持久性、规范性等特征对大学生思想政治理论课的判断、认同起着重要的作用。因为校园环境及校园文化、管理理念及管理制度、服务态度及服务行为、师生关系及党团关系及其活动等在某种程度上反映特定的思想政治意识及其价值取向，进而会直接影响大学生对思想政治理论课的学习兴趣、内容接受、教师评价、教学效果的高低等评价。良好的学校环境无疑有助于提升大学生思想政治理论课认同，反之则会影响和削弱大学生对思想政治理论课的认同。学校各个部门、教职员工等诸多要素都是思想政治理论课的重要资源，对大学生具有情感培养、行为规范、价值引导等作用。营造良好的思想政治理论课教学环境和教育氛围是一个复杂长期的系统过程，需要形成"全员育人、全方位育人以及全过程育人"的共识并积极参与其中共同发挥作用。

学校对大学生思想政治理论课认同的影响，主要包括室友、同学、班风、共青团、学生组织、党校及学校的奖惩与日常管理、校友、校园文化、校风等对大学生思想政治理论课认同的影响。不仅如此，学生的室友之间、不同年级之间、社团活动、党团活动等也会影响大学生对思想政治理论课的认同。好的室友可以让你如虎添翼、如鱼得水；不好的室友也会让你到处碰壁、一事无成。俗话说："不怕神一样的对手，就怕猪一样的队友"。班风、校风、社团活动、党团活动对正确引导大学生的思想政治意识亦有不可或缺的作用。学校对大学生思想政治理论课认同的影响可以分别从物质环境、校园文化、规章制度、人际关系和校园媒体等方面体现出来。

一、物质环境对大学生思想政治理论课认同的影响

物质与意识的辩证关系说明，学校物质环境是开展大学生思想政治理论课的物质基础和前提条件，是教学过程中人发挥作用的重要载体及精神理念的外在标志。学校物质环境主要指校园生态系统、建筑布局、教学实验场地、餐饮住宿场所、器械仪器设备以及对学习生活、教学科研产生影响的硬件条件总和。它们会对大学生思想政治理论课认同有一

定的影响。

1. 学校建筑景观对大学生思想政治理论课认同的影响

著名建筑师汉宝德先生曾说，建筑是一个民族文化的首要标志。中国人朴素的爱国情怀，常常表现于对大好河山、日月故里等景观元素的向往和歌颂。一个人和一个国家、民族的精神家园，就一般而言均与其物质家园的建筑集群、山川园林、交通网络等景观要素难解难分。大学生物化形态的校园形象，从建筑景观环境上看，是由建筑道路、水体树木、墙体铺地、广场小品、花坛草坪等基本物质要素构成的一个有机、统一整体。这些校园建筑景观环境体现着"物如其人，美如其心"、"借物育人，托物言志"的物质文化环境格局，并以其直观形象、独特装饰、合理布置，形成大学生感知美丑的体验，进而上升到判断优劣的理性认识。

学校建筑景观环境在其宏观景象、规划布局和诸多细节元素中包含的特定信息和内容，都寓意着支持和鼓励某些行为的发生，限制或禁止某些事件的出现。这些表达特定信息的符号系统，协调了大学生的思想行为与指向信息之间的内在联系，并引导大学生在具体空间环境中的具体实践，为大学生思想政治理论课认同提供广阔的平台。宏观景象即校园整体层面的形貌设计，是学校师生和社会能否接受认可本校的第一道关卡，直接关系到学校的声誉、竞争力，尤其会影响到报考生源的质量。学校良好的整体形象有利于吸引优质生源。作为人才培养的基础和保障、整体综合素质和道德水准相对较高的优质生源，对大学生思想政治理论课认同具有积极而重要的意义。合理的校园空间规划与设计能综合反映学校的特色理念、诠释校园的文化视觉、满足师生多样性的功能需求，对推动校园建设整体、协调发展，提升学校的认同感和归属感，进而增强大学生思想政治理论课认同有潜移默化的作用。细节元素是校园景观中表达特定信息的组成部分，如带有历史文化事件、名人与专业学术人物等标志类型设计的塑像、纪念碑、名人手迹等，都会对大学生的爱国主义、人生价值、理想信念等方面有重要影响，有利于营造大学生思想政治理论课认同的氛围。

2. 学习生活条件对大学生思想政治理论课认同的影响

生活条件具体包括住宿餐饮场所、运动娱乐场地、心理咨询以及资助管理中心等与大学生饮食居住、休闲娱乐、调节身心等相关的环境因子。大学生的学习生活条件，是指依照大学生学习生活不同需要和场地实际用于支持师生学习生活用途而建设的不同类型的各种软硬件，是为大学生学习、生活提供人性化、个性化和专业化的条件。学习条件具体包括教学场所、实训基地、学生指导中心、学生个人学习场地等物质活动环境以及学习活动所必备的基本用具。学校的学习条件对大学生学习专业知识技能、培育综合素质能力及形成一定的道德品质品格内容，对大学生思想政治理论课认同的知识框架和情感结构等有一定影响。相关研究表明：学校环境条件与学生学习收获呈螺旋上升的正比关系，整合学校所提供的环境要素条件有利于达到自身素质能力提高的目标。窗明几净、布局合理的教学场所营造正向的学习氛围，功能齐全、现代化程度高的教学设备提供高效的学习载体，设施完善、专业性技术强的实训基地开拓有效的学习途径。高质量、高水平的学习物理环境能够促进大学生自觉主动地开展多维度、多渠道的理论学习，培养大学生实践能力、创新能力、组织能力等综合能力的全面发展，为大学生思想政治理论课认同创造更多可能。相比较于公共学习物理环境对思想政治理论课认同的间接作用，思想政治理论课教学场所和教学用具的质量、思想政治理论课专业教学环境等对大学生思想政治理论课认同的影响更为直接和明显，会直接影响课程的教学进程和效果，进而影响学生的价值认同和评价。

学校的生活物理环境条件不仅关系到大学生日常衣食住行，还关系到大学生身心发展的状况、学习稳定性和对生活的感悟，就一定意义而言与思想道德教育具有统一性。安静整洁、设施完善的寝室，食材新鲜、安全卫生的饮食及器材齐全、开放的体育馆有助于大学生体魄强健、头脑敏捷，保证其参与思想政治理论课的最佳身体状态；专业全面、细致深入的心理咨询室和严格公正、透明公开的资助管理服务中心，能够为大学生排忧解难、免除后患，保障其参与思想政治理论课的良好心理状态。生活环境在影响大学生身体心理状态的同时也影响其理解和领悟的能力。在青年大学生思想政治理论课认同的选择和形成阶段，校园生活中的认知和领悟也举足轻重。正如陶行知对生活重要影响的描述，即"没有生活做中心的教育是死教育，没有生活做中心的学校是死学校，没有生活做中心的书本就是死书本"①。风华正茂的青年大学生对生活有着各种好奇和热情，校园生活环境既是他们自身思想观念萌芽的场合，也是他们不断验证践行某种思想政治意识的重要场所。

二、校园文化对大学生思想政治理论课认同的影响

高校校园文化是学校精神文明建设的重要体现，是中国特色社会主义文化的重要组成部分。校园文化指在校园区域内，由学校广大师生员工在长期的教育教学、科学研究、社会服务、学习生活等活动中共同营造而用于陶冶情操、修养品性，寓教于乐、寓学于趣的校园精神文化和行为文化。校园文化是在学校创建和发展过程中形成的，对大学生思想意识、道德观念、行为方式和价值目标等具有感染、强化和导向功能的文化，对大学生思想政治理论课认同有重要影响。为此，中共中央办公厅、国务院办公厅印发的《关于进一步加强和改进新形势下高校宣传思想工作的意见》明确提出："推动文化传承创新，建设具有中国特色、体现时代要求的大学文化，培育和弘扬大学精神，把高校建设成为精神文明建设示范区和辐射源，继承和发扬中华优秀传统文化，促进社

---

① 陶行知：《中国教育改造》，东方出版社 1996 年版，第 150 页。

会主义先进文化建设，增强国家文化软实力。"①

1. 校园精神文化对大学生思想政治理论课认同的影响

校园精神文化是校园文化场域的核心所在，对校园行为文化起着强有力的引领示范作用。校园精神文化，是历史传统与国家意志、社会趋势、学人精神相互融合的结晶，是学校精神、师生追求、学术风气、教学氛围等多方面的折射。它不仅是一所学校整体风貌、水平、力量及特色的标志，也是广大师生精神面貌、信念、情操和价值的反映。一所学校的校园精神文化重在展现其科学的指导思想、先进的教育理念、鲜明的办学特色、厚重的历史积淀、持久的文化传承、统一的价值体系等，并以其强大的辐射率和影响力不断引导和规范大学生的价值取向及言行。

校园精神文化作为一所学校的一种无形资产和无形力量，是思想政治理论课认同的深层结构要素。校园精神文化所蕴含的科学指导思想和清晰教育理念，体现着国家意志、社会理想、个人规范，具有强大的指导性、稳定性和针对性。校园精神文化，不仅为学校课程的整体建设和规划指明科学方向，也给全校师生的价值导向和精神追求提供正确导向。校园精神文化所承载的厚重历史积淀和鲜明的办学特色，是一所学校经久不衰、历久弥新的支柱，也是一所学校办出特色、办出水平、办出活力的动因。学校历史底蕴和精神文明有利于增强大学生群体的文化自觉和文化自信，进一步深化对社会主义意识形态的理解和认同。让大学生在获取学校归属感和身份使命感的同时，催生专业好感和课程认同感，增强思想向心力和学习创造力。校园精神文化所呈现的是统一的价值体系和持久的文化传承。这是一所学校在长期的办学实践中积淀的富有典型意义的精神文化特征，凝结着校园群体共同的理想信念、思想观

---

① 《中共中央办公厅、国务院办公厅印发〈关于进一步加强和改进新形势下高校宣传思想工作的意见〉》，2015 年 1 月 19 日，见 http://www.moe.gov.cn/jyb_xwfb/s5147/201501/t20150120_183166.html。

念、生活理念，体现着广大师生追求真理的献身精神、实事求是的科学精神、勇于创新的开拓精神、善于合作的团队精神、关注社会的人文精神等。它所形成的优良校风校貌、师德师风、教风学风，成为提升高校思想政治教育质效的内驱力、培养良好自我行为规范的自制力，有利于师生在"润物无声"的涵育氛围中形成健全人格和坚定的社会主义理想信念。

2. 校园行为文化对大学生思想政治理论课认同的影响

校园行为文化属于校园文化中的动态文化，是大学文化底蕴与优良传统的精髓，是高校师生员工文化和精神的集中体现和动态折射。校园行为文化是校园文化的关键。校园文化建设的成效要通过学校全体师生员工共同遵循的行为方式来实现和检验。校园行为文化作为校园精神文化的外在形态，具体表现在校园师生在不同场域中的行为习惯和各种类型的团体活动等外在动态活动上的反应。它是学校行为主体自觉自发的行为，对大学生思想政治理论课认同影响更为主动、直接和随机。同时，学校对思想政治教育的重视程度，会具化为一种行为文化并形成一种感染氛围，耳濡目染地影响着大学生对思想政治教育价值的认识和判断，进而影响大学生对思想政治理论课的认同。

校园行为文化中对思想政治理论课认同影响较大的主要是管理服务行为文化、教学科研行为文化以及文体活动行为文化。管理服务行为文化代表着学校从建立到发展的进程中积淀的教育理念、管理风格和服务形态。科学规范的管理模式和以人为本的服务方式，在满足学生个性化发展需求基础上，潜移默化地引导学生提高对自我的自主控制和有效管理能力，提升对事物的综合分析和理性评判水平。

教学科研行为文化反映着学校开展教学和科学研究形成的环境、动态过程以及实际的成果。它体现学海无边、书囊无底的求学思想，会带动学生在探索中学习掌握新知识。它形成的良性的学术环境和严谨的治学秩序，会引领学生在教研中培养出科学的素养、正确的观念和坚定的品格。根据心理学家沙赫特的情绪产生机制理论，即个体对客观事物的认知有助于促进个体对该物体情绪体验的产生。文体活动行为文化作为校园行为文化中的独特风景线，不仅拓展思想政治理论课的教育途径，更为活跃思想政治理论课教育氛围增加节点。学校不仅可以通过开展各类文体活动将教学理念和教育意图转化渗透其中，在活动中提升大学生的思想道德素质和文化素养，弘扬师生的社会主义、爱国主义和集体主义精神；透过入脑入心入行的社会主义核心价值观培育活动，真正实现大学生对道德、情感和价值选择产生正确的认知。学校还可以通过开展有关思想政治教育的文体活动，使学生在"卓尔不群、和而不同"的文化活动和在"守望崇高、关注平凡"的文化实践中强化对思想政治理论课内容的认知、接纳和践行，加速思想政治理论课内容在学生心理认同过程的转化。

三、规章制度对大学生思想政治理论课认同的影响

学校规章制度是师生员工从事教育教学、科学研究、社会服务、对外交流和事务管理等行为的准则和规范的总称。它是学校管理者、教师、学生等围绕如何发挥制度育人功能、实现制度育人价值，沟通且博弈而形成的一种契约。规章制度是指引学校师生员工行为的标准和尺度，既通过对人的外在行为方式的规制实现理想德性的内化，又通过规范和限制保障理想德性的外化。以良好工作秩序、教学秩序和生活秩序为基础的规章制度是思想政治理论课的内在要求及其规范化发展的需要，也是增强思想政治理论课认同实效性的客观需要。学校各级各类规章制度以规范约束的方式渗透在思想政治教育的各个环节，但其中与思想政治理论课关系紧密且对大学生思想政治理论课的认同影响较大的分别是教学管理制度和学生管理制度。

1. 教学管理制度对大学生思想政治理论课认同的影响

教学管理制度涵盖教学事务、教学环节、教学资源和教师教学业务

等方面的规范管理，是一套具有普遍性、稳定性和强制性的规则体系。良好的教学管理制度能够保证教学活动按照预期的方向顺利、有序进行。它对思想政治理论课教学活动的价值，不仅表现在为教学行为划定边界和提供秩序保障，同时还表现为其构筑教学世界的公共理性与个人世界的社会品性。教学管理制度通过设计、制定和执行一系列教学规定，确定教师和学生在教学活动中行为的基本规范准则，该规范准则包括权利和义务的明晰，其中权利实质上是师生行为规则和活动空间，而义务则是教学活动各方在各环节行使权利的约束和责任。

教学制度实际上是师生认可的行为准则。它为思想政治理论课的教学行为划定了一条清晰的边界，在界限内行动将会得到许可、赞赏和鼓励；超越界限活动则会受到排斥、谴责、抵制甚至惩罚。教学管理制度告诫师生"可以做什么，不能做什么"，思想政治教育则重在告诉师生"应该做什么，不应该做什么"，"可以"正是"应该"的现行逻辑和条件，影响其价值判断和诉求。同时，教学管理制度作为一种规范性力量，为大学生思想政治理论课认同提供理性的公共空间。教学管理制度在建造公共秩序的同时，形成教学世界的公共理性。大学生在制度范围内自由地发展自身主体性，在公共生活中构筑交往理性并共享彼此观念，进而有助于大学生对思想政治理论课理性信息的提取。

2. 学生管理制度对大学生思想政治理论课认同的影响

学生管理制度是由学校针对在校大学生的学习、研究、生活、活动、奖惩等制定的，包括行为规范、奖惩机制和组织管理职能在内的各种条例、规定和办法等规范性文件的总称。它重在体现学生享受权利和履行义务的统一，为学生的成长成才提供保障支持和创设良好环境。学生行为规范管理与思想政治教育相互贯通、相互依赖、相互促进。学生管理制度既是推进大学生思想政治教育的一个重要因素，也是展现思想政治工作的标志性成果。

学生管理制度安排是管理学生内在精神与理念层面的表现形式。它有反向培育和形成校园特有的文化环境，并内化为学生群体价值诉求和行动取向等作用。学生管理制度凭借这种中介特性，对大学生思想政治教育产生直接而深远的影响。例如通过制定班级管理规章，让学生对标遵守班级各项规定，做到自觉维护班级纪律及课堂秩序，能够快速提高思想政治理论课课程成效。同时，通过班级公约，培养学生集体主义精神和集体荣誉感，并让学生将这样的满足情感连接扩展至在班级中开展思想政治理论课。又如学生违纪处分制度，通过对学生进行适当且生动的规范教育，培养学生的法治意识和法治素养，进而提升学生的社会鉴别力和政治认同度。公平公正公开的奖学金奖励制度和资助资金管理制度，有利于培养大学生诚实守信、责任担当的意识，激发莘莘学子勤奋学习、专心科研的热情，坚定优秀青年报效祖国、服务社会的决心，进而自觉提高思想觉悟和政治素养等。

四、人际关系对大学生思想政治理论课认同的影响

人的社会属性决定了任何一个人都存在于特定的人际关系中。思想政治工作从根本上说就是做人的工作。思想政治理论课根本任务是落实立德树人，其本质是一种提升人的思想道德素养的精神生产实践活动。人际关系始终贯穿于思想政治理论课教育教学整个过程和各个环节，因此正确处理大学生之间、师生之间等各种人际关系也是增强思想政治理论课认同的内在要求。校园人际关系主要包括师生关系、同学关系、领导与教职工、教师与学生、学生与学生的关系等，都会在一定范围或程度上对大学生思想政治理论课认同产生一定的影响。

1. 师生关系对大学生思想政治理论课认同的影响

师生关系是高等教育过程中最重要、最核心、最活跃的人际关系，是影响教育生命力的重要因素之一。师生关系普遍存在于大学生与不同课程教师之间。教学关系是师生间的基础性关系，教学关系的好坏优劣直接作用于大学生对该课程的接受程度和认同状况。大学生思想政治理

论课的师生关系作为师生关系的重要组成部分，是教师与学生以思想政治理论课为基础并在教育教学过程中通过知识传递、信息共享、相互认知和情感交流而建立起来的一种人际关系。这种师生关系是校园人际环境的核心。[1] 大学生思想政治理论课师生关系主要包括师生间的教学关系和情感关系。

亲其师，就会信其道。情感关系是师生间内在的心理特征关系。情感关系主要表现为对对方内在品质和素质的理解和评价。大学生对任课教师的认同情感，很大程度上代表着对该门课程的认同心理。具备高尚道德品质、高度敬业精神、独特人格魅力的教师能够陶冶学生的内心情感，升华学生的道德境界，感染学生的灵魂世界。通过实现彼此思想的交融和人格的影响，进而收获学生的尊重和肯定。学生一旦从情感上接受教师，就会产生情感驱动和形成一种精神力量，自然而然地对其所讲授课程产生兴趣甚至喜好。因此，不同的师生情感关系会对大学生思想政治理论课认同产生一定的影响。思想政治理论课是一门学科知识综合性很强的课程。具有扎实理论功底、丰富知识积累、高超教学艺术的思想政治理论课任课教师，能够迅速且长效地与学生建立良好的教学关系。学生在此良好的思想政治理论课教学关系基础上，依据认知结构和价值标准对思想政治理论课的授课内容进行反应、择取、整合和接受，进而影响到他们对课程的认同、对教学的评判和对教师的满意度。

2. 同学关系对大学生思想政治理论课认同的影响

同学关系主要是以学生组织、同寝室与同班级同学为主要交往对象的人际关系。学生组织主要是指学生会、社团联合会等以学生为主体的团体。大学生可以通过观察组织活动及文化，分析组织成员学生的品性及行为，受到组织成员学生关系非强迫性启发、引导和影响，自主地受到感染、熏陶，达到自我教育和相互教育的目的。

---

[1] 参见娄淑华等：《大学生思想政治理论课和谐师生关系的生成路径》，《西北师大学报（社会科学版）》2017年第4期。

　　同学关系是以专业学习为纽带，在成长共同体中以同学为主要交往对象而形成的大学生间的人际关系。由于大学生的受教育过程是在一种与他人共享的传统之关联中实现的。学生群体特有的思想观念、价值标准、行为规范都会对大学生产生压力，导致学生群体间产生认同与模仿他人或团体的态度行为。因此，同学对思想政治理论课接受的态度、行为等，都会对大学生接受思想政治理论课的主动性、态度、观念等产生重大影响。同学间良好的人际关系可以使大学生相互交流讨论、倾听补充、帮助激励，有利于学生保持奋发向上的姿态全身心投入学习，从而促进他们对思想政治理论课认同的共同生成和提升。反之，则不然。

　　寝室是大学生在学校的"家"，室友则是陪伴大学生学习生活的"家人"。大学生个体的思想、决策和行为常常会受到室友频繁和直接的影响。宿舍成员间的道德水准和价值取向等往往会对其产生相互作用和影响。室友对思想政治理论课是否认同以及能否践行，不仅是大学生对思想政治理论课的评价标准和参考，也指引其认同机制的生成和认同行为的实践。

　　班级同学关系贯穿在课程教育教学活动之中。思想政治理论课中不同的同学显露出的不同学识水平、学业态度和学习兴趣等，都会对大学生思想政治理论课认知和学习行为产生不同的影响。总之，当代大学生的自我认知能力、逻辑思维能力逐渐增强，希望获得更多自主权以独立自主地作出抉择，在同学关系内部的排斥和认同过程中实现自我认同，进而影响其对思想政治理论课的认同。

五、校园媒体对大学生思想政治理论课认同的影响

　　校园媒体是指在学校内部存在的大众传播媒体，其传播空间、传播内容以及传播受众都有特定的范围，一般是由学校宣传部等部门主办、面向校内广大师生员工，服务于学校发展和师生工作、学习的媒体，具有传播和教育双重性质，有助于引导学校舆论方向以及改善舆论环境。

今天，校园媒体的类型多种多样，几乎覆盖全部主流大众传媒类型，既有传统媒体，也包含随着互联网时代发展而诞生的新媒体。

1. 校园传统媒体对大学生思想政治理论课认同的影响

校园传统媒体主要以宣传栏、宣传横幅、校报、校园广播、校园电视等为主。相较于校园新媒体，传统媒体具有导向鲜明、公信力较强等独特优势，并以其传播媒介和受众的固定性、传播内容和过程的目的性、传播功能和效果的稳定性，对大学生思想政治教育产生可控的正向效应，进而影响大学生思想政治理论课认同。校园传统媒体以正面宣传为主，服从和服务于思想政治工作的大政方针、决策部署，对僵化落后的思想进行批判，对文明道德的行为加以赞赏，为思想政治教育营造高雅和谐的传播育人环境。

学校通过校园电视台等有效地传递党的理论和路线方针政策、党中央的决策部署，不断传递思想政治教育信息，补充思想政治理论课教学内容，有效促进广大学生接受思想政治理论课；通过校报传播学校的最新政策、热点新闻及有关高校、教育领域的相关资讯，加深学生对学校及教育系统整体状况和最新动态的掌握，并使学生积极参与学校各项工作和活动，接受实践教育；通过广播、宣传栏等途径传播国家经济、科技、文化、外交等各领域要闻，引导大学生正确认识国家的前途命运和自己的社会责任，使大学生时刻牢记历史使命，不断学习专业知识，强化政治修养，推进思想政治理论课认同，为我国的现代化建设作出应有的贡献。学校的传统媒体在大学生思想政治理论课认同的氛围营造等方面具有重要作用。

2. 校园新媒体对大学生思想政治理论课认同的影响

校园新媒体是随着网络技术、数字技术发展而兴起的一种大学校园传播形态，它主要包括学校官方网站、微信公众号、微博号、易班等。作为伴随新媒体成长起来的青年一代，绝大部分大学生都能熟悉掌握以数字化终端设备为载体的新媒体使用方法与技巧。校园新媒体不仅引导着大学生的思维方式和行为模式，也影响着高校思想政治理论课的开展方式和教育效果。

新媒体技术的迅速发展及大学生对新媒体的广泛使用，给高校思想政治理论课提供了崭新渠道。这种渠道丰富了大学生思想政治理论课的内容和载体，扩展了大学生思想政治理论课的受众对象，优化了大学生思想政治理论课传播方式和手段，使大学生思想政治理论课更具有深刻性、广泛性、渗透性和针对性。易班、慕课等网络教学平台为思想政治理论课提供线上、多元化的教学途径，能够为大学生提供随时、随地的思想政治教育，满足大学生差异化、个性化的学习需求，实现对思想政治理论课教学的有效补充，从教学手段和教学方式上增强思想政治理论课的趣味性和吸引力。① 师生可以借助微信、QQ 等即时通讯媒介提供的沟通和交流平台等进行轻松、愉悦便捷的交流，了解彼此的思想动态，或就某一热点话题进行平等交流，有利于进一步掌握当代大学生的思想现状，引导大学生树立正确的社会认知和道德观念，提高思想政治理论课质量和效果。校园官网、官方微信公众号等官方互联网宣传平台为学校宣传指导思想、办学理念、教学宗旨等价值理念，为大学生掌握校园概况、热点新闻、教师队伍、教学科研成果等提供更丰富多元的渠道、素材及表现形式，对学生内化学校倡导的价值理念，增强学生对母校的认同和自信，从而激发爱校热情和凝聚校园精神有其重要作用。

综上所述，学校的方方面面都与大学生思想政治理论课认同密切相关，都会对大学生是否认同思想政治理论课及其认同的范围与程度产生直接或间接的影响。我们要优化学校各方面育人因素，通过整合和协调形成合力，使之形成有利于促进和推动大学生对思想政治理论课的认同。

---

① 参见黎世红：《论高校思想政治理论课网络教学的功能定位》，《学校党建与思想教育》2019 年第 19 期。

第二节　家庭对大学生思想政治理论课
认同的影响分析

　　家庭是学生的第一学校，家长及长辈是大学生成长过程中的启蒙教师。家庭不仅是社会的细胞，而且还是每个人成长的场所，是对个体成长具有重要影响的亲情支持、物质基础、条件保障，是其成长必生都依赖的最为基础和重要的环境。英国教育家弗农（P. E. Vernon）于1969年正式提出家庭环境的概念，认为教育的家庭环境是指家庭为受教育者所创造的学习环境和提供的学习条件，如一定的学习场所、适当的图书设备、必要的生活保障等。无论家庭人口结构、经济收入、家庭人际关系与教养方式等都会对个人的成长和人生道路等产生最为直接、最为明显的极为深远的影响。家庭是每一个个体社会化过程中的第一个场所，而父母、长辈作为子女思想意识、言行举止形成的第一任启蒙教师，会直接或间接地将自己对世界、国家、社会、人生的认知与态度以不同的形式传授给下一代个体，用自己的亲身经历指导下一代个体的学习与生活及成长。

　　家庭对其成员具有重要的传导影响作用。家庭功能的发挥主要体现在家庭成员之间通过交往方式，尤其是父母长辈对孩子的思想政治观点及其形成具有重要的传承影响。袁贵礼等通过对北京、江苏、河北9所高校发出1800份调查问卷统计结果显示："大学生的政治态度受到家庭居住地环境、家庭经济收入水平和家长文化程度的重要影响，不同家庭背景的大学生在政治态度上表现出了较明显的差异。"① 另有学者对全国9省（自治区、直辖市）12所高校1088名大学生的调查显示："生

---

① 　袁贵礼等：《家庭因素对大学生政治态度的影响》，《中国高教研究》2006年第4期。

源地（城乡）对汉族大学生国家认同标准重要性影响具有统计的显著性。"[1] 近年来，党和国家领导人十分重视家庭教育问题的原因也在于此。习近平总书记在会见第一届全国文明家庭代表时的讲话中指出："无论时代如何变化，无论经济社会如何发展，对一个社会来说，家庭的生活依托都不可替代，家庭的社会功能都不可替代，家庭的文明作用都不可替代。无论过去、现在还是将来，绝大多数人都生活在家庭之中。我们要重视家庭文明建设，努力使千千万万个家庭成为国家发展、民族进步、社会和谐的重要基点，成为人们梦想启航的地方。"[2] 这无疑表明家庭对大学生思想政治理论课是否认同与认同的程度等具有重要影响。家庭作为培育大学生道德品质和影响学生综合素质形成的重要场域，既是社会的基本细胞，又是思想政治教育微观环境的重要基石。家庭影响，主要是指家庭成员尤其是父母及子女构成的家庭核心成员及其职业、收入、生活状况与亲属、家风等对大学生思想政治理论课认同的影响。

一、家庭资本对大学生思想政治理论课认同的影响

家庭条件及背景对大学生整体水平、综合素质以及在大学生教育代际传递过程中发挥着重要作用。家庭的经济条件和经济状况、社会地位、家庭成员的文化程度等都对大学生有重要影响。布尔迪厄用"场域"将不同的社会领域区分开来并根据资本运行的场域及资本在该领域的转换代价大小，将资本分为经济资本和社会资本等且影响各不相同。不同的家庭经济资本、社会资本会对大学生思想政治理论课认同产生不同的重要影响。

---

[1] 卢守亭：《大学生国家认同：现状、结构与族群差异——基于9省（市、自治区）12所高校的调查》，《中国青年研究》2014年第11期。

[2] 习近平：《在会见第一届全国文明家庭代表时的讲话》，人民出版社2017年版，第2页。

1. 家庭社会经济资本的影响

社会经济资本主要是指家庭社会地位和经济条件。通常来说，一个家庭的社会经济资本是它在社会中所处的生产关系状况和物质生活状况的总和，影响着其家庭总体的生存状况及生活水平，影响着家庭成员的价值观念和行为准则。家庭经济资本对大学生的主要作用机制在于父母可以充分利用家庭所拥有的资本力量直接确保子女接受教育的质量。家庭社会资本的主要作用机制在于父母根据社会资源和人际关系网等，帮助子女获得更加开阔的视野和领先的学习优势，同时使子女直接形成较为持久或固定的思想政治意识。

家庭社会经济资本作为其他资本的基础，一方面为大学生接受教育提供物质保障，另一方面间接影响大学生接受教育的层次和程度。各种研究表明，家庭经济状况对大学生在校期间学习成绩有显著正向影响。有关不同家庭、不同社会经济地位的学生所经历的大学生活与社会圈子的差异研究表明，社会经济地位较高的学生参与学生社团的时间、课外同教授交流的时间更多。家庭拥有较多资本的学生在学业挑战度、主动合作学习、师生互动等水平指标上的表现明显优于其他学生。从家庭的经济资本来看，富裕、较富裕家庭在几项指标上的得分均为最高，而家庭经济条件最差的学生在大多数指标上得分均为最低。从家庭社会经济资本对大学生学习成绩、理论课成绩、社会参与、学业挑战、主动合作学习等的影响调查研究发现，家庭经济社会资本量对大学生思想政治理论课认同有一定的影响。

家庭社会经济资本及家庭成员，尤其是长辈的思想政治意识和观念等都会对大学生的思想政治意识产生直接或间接的影响，进而影响大学生对思想政治理论课的认同。如非公有经济行业从业人士家庭尽管在改革开放的过程中得益于国家政策而迅速富了起来，但其对社会主义就是要消灭私有制的理论基础和终极目标始终抱有警惕或防范心理，甚至怀有深深的戒备。这也是为什么很多率先富起来的非公经济行业从业人士移民国外发达资本主义国家，或虽未移民国外但却早早地把子女送到国外发达资本主义国家学习的原因之一。即使是在国内，家庭社会经济地位较高者或者是机关事业单位的党员领导干部家庭或是垄断国有企业家庭等中的家长，内心深处对我国的思想政治意识的理解和看法也不尽一致，当然也会对其大学生子女产生一定影响。如高级党员领导干部家庭的子女在国外学习的也不少，必然也会不同程度地影响其对思想政治理论课的认同。

经济与政治的关系告诉我们，家庭社会经济地位越高的家庭，必然会谋求更好的政治地位或影响。如有报道显示，高净值人群家中孩子到发达资本主义国家留学较多，同时也难免反映出其对我国政治的不同看法。根据 2019 年 4 月 8 日建设银行与波士顿咨询公司联合发布的《中国私人银行报告　2019》统计的数据，截至 2018 年年末，中国个人可投资金融资产总额为 147 万亿元人民币，个人可投资金融资产 600 万元以上的高净值人士数量达到 167 万人，稳居全球第二。在这些高净值人群中，除了少部分是机关企事业单位的党员领导干部以外，不少人士本身就是非公有制经济行业从业人员。这些高净值人群的孩子出国留学较多。2016 年胡润百富的留学趋势报告显示："国内高净值人士群体里，占比例最高的 30.57% 选择让孩子在高中阶段出国，选择初中的占13.76% 的比例，选择让孩子在本科阶段出国的有 23.14%，而选择研究生阶段的只有 6.11%。"① 这些高净值人群中的孩子在发达资本主义国家学习和生活，肯定会对资本主义与社会主义政治制度的差异有更加深刻的认识，进而通过与非出国大学生的交流等而形成传递性影响。这种影响虽然不系统、不全面、不深入，但其是以亲情、血缘或友情为基础，因而其影响更深更大。有调查显示：家庭经济情况较好的大学生对政治制度了解程度较高，对执政党均表示较大的认同感，而对执政党了

---

① 佚名：《为何国内高净值人士群体多数会选择让孩子在高中时就出国？》，2018 年 9 月 19日，见 http://sc.sina.com.cn/szjy/dllx/2018-09-19/detail-ihkhfqns7514490.shtml。

解、入党意愿的选择比例随着家庭经济状况的提高而降低，越富裕家庭的大学生对执政党认同度、政治参与度越低。随着贫富差距扩大，家庭经济条件不够好的大学生更多地关注自身的合法权利和经济效益，对政治生活则显得淡漠，致使对政治制度认同不高。总之，相关事实和数据说明，家庭经济资本对大学生思想政治理论课的认同必然会产生一定的影响，需要引起我们的重视并采取有针对性的举措。

2. 家庭政治文化资本的影响

政治文化资本主要代表家庭的政治素养和文化程度。如果说社会经济资本是一个家庭生存发展的物质基础，那么政治文化资本就是它的精神内核。不同家庭政治文化资本的先天差异造成了一种政治文化再生产和复制现象，对大学生的政治观念、文化涵养、精神状态以及预期要求、成长都会产生广泛、持续、深远的影响。政治文化资本作为教育不平等和阶层再生产的一个重要机制，与大学生社会地位获得和社会不平等结构间关系将越来越密切，并受到社会各界越来越多的关注。

政治资本主要是指由政党和政权所提供的身份、权力、资源等。家庭政治资本代表家庭成员的政治面貌、政治观念和政治行为，它对大学生的政治认同、政治参与、政治判断及政治敏感等有强大威慑力和影响力，并由此作用于大学生对思想政治理论课的政治认同、理论认同和情感认同。有研究结果表明："父母政治面貌、政治观点的一致性，对大学生政治制度认同有显著的影响；大学生在家庭决策中作用的发挥，对他们的政治制度认同有显著的影响。"[1] 有学者通过对 Z 民族院校 23 个少数民族 384 名本科学生的调查发现："父亲的职业状况对少数民族大学生的国家认同有显著影响，其中公务员子女国家认同水平最高，商人及其他自由职业者子女的国家认同水平最低；家庭收入的差异对少数民

---

[1] 董海军：《家庭因素对大学生政治制度认同的影响研究》，《思想教育研究》2015 年第 7 期。

族大学生国家认同的影响差异显著。"① 同时，家庭政治资本越多，有可能会产生两种影响：一种是形成与思想政治理论课内容相同的思想政治意识；另一种是形成完全与执政党的性质和宗旨相矛盾和冲突思想政治意识；进而直接或间接地影响其家庭中的大学生。

党的十八大以来，因打"虎"、拍"蝇"或猎"狐"等被查处的高级党员领导干部的思想政治意识和行径，会直接或间接地对其大学生子女产生深远影响，进而会把这种影响扩散至其子女的同学中去，形成链式影响。总之，大量事实说明，拥有较多政治文化资本的父母会通过言传身教和家庭政治文化氛围等影响其子女的思想政治意识及观念，进而影响其子女对思想政治理论课的认同以及认同的范围和程度等。

二、家庭教养对大学生思想政治理论课认同的影响

家庭教养是由父母传达给子女的教养行为，即父母所表达出的一种与教养有关的情感、态度、信念等信息的综合体。家庭教养代表着父母为达到一定的教养目的，在某种家庭教养氛围下，在抚养子女过程中所表现出的行为倾向。家庭教养与学校教育密切相关，都是通过目标定向对个体实施的教育和影响活动。学校教育是通过现有经验、学识推广于人，注重知识的传授和技能的培训及党和国家思想政治意识观念的形成；家庭教养更倾向教化培育于人，关注与家庭繁荣发展密切相关的"三观"的形成、人品的修养和人格的完善。家庭教育与大学生思想政治教育有着千丝万缕的关系。家庭教育是生活化的道德教育，是立德树人的开端。同时，家庭教育又是涵养家庭伦理道德的源泉，是滋养爱国主义精神的土壤，是强化理想信念教育的根本、规范个人道德修养的关

---

① 赵锐等：《少数民族大学生国家认同现状及影响因素——基于Z民族院校的调查》，《中南民族大学学报（人文社会科学版）》2014年第4期。

键。当家庭教育与思想政治理论课的教育同向同行时则有利于促进大学生对思想政治理论课的认同，反之则不然，甚至背道而驰。

1. 家庭教养观念的影响

家庭教养观念，通俗来说就是家长希望把自己的孩子培养成什么样的人以及如何培养成这样的人的理念。家庭教育理念与家庭其他因素一起影响着青少年，尤其是大学生发展的方向，决定了大学生能否健康成长并成为对社会有用的人。家庭教养观念包括父母对人才的观念及标准、价值的取向及判断、对教育的认知及定位等。家庭教养的思想理念的正确、合理和科学与否，都直接影响着大学生思想意识、行为水平和质量，也影响着大学生思想政治教育活动的开展和成效。

在社会转型期，父母对子女的教养观念发生了根本性改变：子女不再是父母的私有财产，父母无力束缚子女的思想行为，也无权支配其前途命运。现代家庭的父母普遍具有较科学合理的教育意识，这对家庭教育而言无疑是件好事。但在社会变革进程中，家庭教养观念也不乏出现一些新特点和新问题，并对其子女的思想政治意识及其活动产生了重要影响，如部分家长由于片面夸大教育功用的"教育万能论"和主观窄化学习作用的"读书无用论"等错误教养观念，造成其大学生子女脱离客观实际，立足于极端立场认识和评价思想政治教育活动及思想政治理论课课程的学习。如受传统家庭教育"影子"的影响，有些家长把自己未实现的愿望、家族的荣誉和耻辱都寄托在孩子身上，形成"望子成龙、望女成凤"陈旧教养观念，他们过高的期待和过严的要求，可能导致大学生产生逆反心理并对思想政治理论课课程产生排斥情绪。又如受市场经济趋利性影响，一些父母以个人主义、实用主义和功利主义的视角评价思想政治教育活动，导致大学生对思想政治教育教学的狭隘解读，忽略了其潜在的价值和现实意义。还有在应试教育背景下，部分家长"重智轻德"、"重知识学习轻做人培养"，尤其是社会责任感和社会道德的错位教养观念，导致学生思想政治素质下降，道德素质滑坡，缺乏社会责任感和认同感。还有一些持有"金钱至上"、"金钱万能"教养观念的父母，他们往往只满足子女在物质方面的需求，而缺少对子女精神方面的关怀，以致出现了"我爸是李刚"、"有钱就是一切"等忽视社会道德规范和对大学生思想政治意识产生不良影响的诸多怪现象，进而影响大学生对思想政治理论课的认知和看法。

2. 家庭教养方式的影响

家庭教养方式是指父母在抚养、教导或训练子女的活动中通常实际采取的方法和形式，是父母各种教养行动做法的特征概括，具有相对稳定性的行为风格。家庭教养方式一直备受社会学家与心理学家的关注和重视。学术界从不同维度出发，就父母在家庭中对子女采用不同教养方式划分类别，其中获得较多认可且影响较深的是权威型、专制型、放纵任性型以及拒绝否定型等四种教养方式类型。不同类型教养方式会对子女的心理行为及其思想政治意识产生不同影响。

父母教养方式对大学生思想政治教育的作用，可以从其对大学生成就动机、自我效能、自尊及责任感、幸福程度及心理等影响方面反映出来。申艳婷通过采用交往焦虑量表、自尊量表、父母教养方式评价量表，调研发现父母教养方式与自尊正相关，自尊能直接预测社交焦虑的水平，且两者存在显著负相关。[①] 史琼通过调研得出结论：专制型父母和理解关爱型父母是大学生社会责任感的影响因素。父母的理解和关爱有利于大学生社会责任感的形成，父母消极的教养方式，特别是专制型父母不利于大学生社会责任感的形成。[②] 吴志斌等人采用统计软件分析和中介效应检验结果显示：关怀、自主性的父母教养方式与大学生自我价值感所有维度均呈正相关，冷漠拒绝的父母教养方式与大学生自我价

---

① 参见申艳婷：《父母教养方式与自尊视域下大学生社交焦虑探究》，《社会科学家》2018 年第 12 期。

② 参见史琼：《大学生社会责任感与心理健康、应对方式及父母教养方式的关系研究》，《中国全科医学》2018 年第 13 期。

值感所有维度均呈负相关，过度保护的父母教养方式与大学生除社会取向的道德自我价值感、个人取向的生理自我价值感外的各维度均呈负相关。[①] 李艳等人对 500 名在校大学生进行调查发现，父母亲情感温暖、积极应对方式及幸福感指数与大学生心理均呈正相关。[②] 随着互联网和新媒体的出现，学校与家庭的互动可以超越时空界限，可以进行跨越时空的交流。有学者根据调查惊讶地发现，在新媒体和自媒体日益发达的今天，学生在选择"您最喜欢的家庭教育载体是什么？"中，占比58.9%的学生选择了"言传身教"这种古老的方式，26.4%的学生选择了"与父母交谈"，而微信、QQ、脸书仅仅是交友的工具，分别占比6.2%、5.4%和3.1%。足见，学生喜欢平等式的交流，不大喜欢从上到下的说教，要想深入人心，必先打动人心。"扑下身子，方能推己及人"是新时代家庭教育对学校教育的深刻反思。

三、家庭结构对大学生思想政治理论课认同的影响

家庭人口结构主要指家庭成员构成及其形成的人口规模、结构以及相对稳定的关系模式。目前，国内外学者研究的理论依据主要是按照家庭成员的代际、亲缘关系的相对稳定的组合模式，大致将家庭人口结构分为核心家庭、主干家庭、联合家庭、复合家庭、单亲家庭及其他家庭。人口结构作为大学生家庭形态支撑性的存在，对于稳定家庭状态和完善家庭功能具有不可替代的重要作用。大学生家庭人口结构的变化也会对其思想情感、心理健康、学习行为和思想意识等起到促进或阻碍作用。自 1980 年 9 月在全国范围内实施独生子女政策以来，我国家庭结构趋于小型化，即由夫妻和其未婚子女所构建的家庭，其核心家庭成为

---

① 参见吴志斌等：《大学生自我价值感在父母教养方式与积极品质间的中介作用》，《中国学校卫生》2017 年第 1 期。
② 参见李艳等：《大学生心理资本与父母教养方式应对方式幸福感指数的相关性》，《中国学校卫生》2014 年第 1 期。

当代大学生家庭的主要人口结构形式。同时，随着当代人思想观念多元化的变化，家庭生活方式选择多样化的发展，我国离异家庭逐渐增多，单亲家庭的大学生所占比例逐年上升。基于此，家庭子女构成中是否独生子女、家庭父母构成角度的家庭完整程度等都会对子女的思想意识、思想政治理论课的认同等产生差异性影响。

1. 家庭结构的影响

传统的中国家庭主要以核心家庭、主干家庭、联合家庭的人口结构形态存在，然而在转型社会背景下，家庭人口结构发展明显转变。中国社会的复杂和急速变迁，使得家庭原有的以父子为轴心、以家族为本的稳定结构系统逐渐式微，单亲、重组、寄宿和留守等非常规、非完整家庭呈激增趋势。家庭完整程度对大学生心理健康和人际、人与社会的思想道德有着严重影响，不完整家庭所引起的大学生心理及思想问题近年来备受社会广泛关注。

费孝通先生曾提出双亲完整的家庭能够有效地发挥其抚育功能，表现出："一是孩子需要全盘的生活教育，二是这教育过程相当的长。"[1]费孝通还指出："单亲家庭不仅日常生活难以维持，而且男孩子不能在母亲那里获得它所需要的全部生活方式，女孩子单跟父亲一样得不到完全的教育，全盘的生活教育只能得之于全盘生活的社会单位。"[2] 单亲家庭打破了家庭系统运行稳定性及功能实现的完整度，损害了家庭应有的德育功效。国内外学者在不完整家庭子女教育等问题上大都持消极观点。从多数研究成果可以看出，学者研究重点大都集中在离婚、丧偶后果及其对子女的不良影响等方面。研究发现，从单亲家庭生活背景下走出来的大学生的人格教育，由于其特殊的成长经历和家庭环境而往往被忽视或者说不够理想。他们在认知、情感、人格等方面都与完整家庭的子女有很大差异。具体表现为相较于完整家庭，其幸福感更低、心理素

---

[1]　费孝通：《生育制度》，天津人民出版社 1981 年版，第 26 页。
[2]　费孝通：《生育制度》，天津人民出版社 1981 年版，第 26 页。

质更差、人际关系更有障碍、学习成绩不理想、更容易走向违法犯罪的深渊等。但有学者与单亲家庭大学生访谈发现，单亲家庭本身也有自己的独特优势，如一些优秀单亲家庭大学生有独立性强、成才意识更浓、人际协调能力更完善等积极表现。不仅如此，单亲家庭的生活及其世界观、人生观和价值观往往与特定的政治制度有着千丝万缕的关系和影响，因而家庭成员尤其是长辈的思想政治观念及意识等也会对大学生及思想政治理论课的认同产生影响。家庭环境与其他环境相比较的影响更具有广泛性、基础性、针对性、亲和性、权威性与持久性，而构成家庭环境的要素同时也是错综复杂、相互渗透的。因此，习近平总书记曾多次强调，要注重家庭建设，注重家庭、家教、家风，践行社会主义核心价值观必须从娃娃抓起。

2. 独生子女的影响

我国自 1980 年到 2015 年提倡"优生优育"的生育理念，实行"一对夫妇只生一个孩子"的生育政策，在此期间出生的独生子女不少。独生子女政策在很大程度上改变了中国传统的多子女的家庭结构，使得家庭规模更小、人口结构更简明。目前，有关独生子女与非独生子女大学生在思想政治教育方面优劣比较的研究尚未达成一致看法。但调查普遍发现，独生子女与非独生子女的思想政治教育的基本素质，即身体、心理健康状态上没有明显差异，在影响思想政治理论课接受及评价的智力发育、性格特点、社会情感、思维判断等方面存在不同程度的利弊。

在智力发育方面，相关学者通过全面调查和测定发现，由于独生子女的家长可将物质及智力投资集中到一个孩子身上，使其能够独享家庭的精神和物质资源支持。我国独生子女的智力发育速度和程度明显优于非独生子女，二者在智力上呈现"高度的显著性差异"，独生子女在智力上均具有较明显的优势。① 在社会情感方面，根据大学生社团人际交往圈调查得出："独生子女大学生更倾向于、更善于加入集体，并和成员建立良好关系，在处理师生关系、亲子关系这两大纵向关系方面，独生子女也要优于非独生子女。"② 就亲社会行为来讲，独生子女的亲社会行为要显著高于非独生子女，独生子女在公开的亲社会行为、利他的亲社会行为以及情绪的亲社会均高于非独生子女。③ 在性格特征方面，由于独生子女的父母采取过度干涉、过度保护、偏爱式的教养方式多于非独生子女的父母，使独生子女从小就生活在"中心化"观念的家庭环境中并逐渐养成以自我为中心、过分固执好强、过度依赖父母、缺乏社会责任感等不良性格特征。相较于独生子女，非独生子女对父母之爱的依赖索取心理和好胜心理程度较弱，因而更倾向于吸收教师的教学内容，更易于接受教师的教育批评。在思维判断方面，学者从定量角度探讨了独生子女与非独生子女大学生批判性思维能力的差异状况及其变化趋势，发现"由于独生子女大学生家长更注重培养孩子开拓进取、创新精神意识以及分辨是非善恶、抵制腐朽能力，独生子女大学生的批判性思维能力均显著高于非独生子女大学生的批判性思维能力，且在大学期间独生子女大学生的批判性思维能力增长幅度低于非独生子女的批判性思维能力增长幅度"④。这说明，是否独生子女大学生对我国的政治制度和思想政治理论课认同也会有一定的影响。

---

① 参见么加利：《历史与现状：我国独生子女的优势与劣势》，《教育学术月刊》2010 年第 3 期。
② 许传新：《人际交往圈：独生子女与非独生子女大学生的比较》，《青年探索》2006 年第 6 期。
③ 参见仇勇姜等：《"90 后"大学生的亲社会行为：现状、影响因素及辅导策略》，《现代教育管理》2015 年第 8 期。
④ 张青等：《独生子女与非独生子女大学生批判性思维能力的差异性分析》，《复旦教育论坛》2018 年第 4 期。

四、家庭所在地理位置与所属阶层的影响

从已有相关调查数据和事实看，大学生对思想政治理论课是否认同，以及认同的范围、程度与大学生家庭所处地理位置、所属社会阶层结构也有一定的关系。

根据大学生所处地理位置来看，来自发达地区或大中城市家庭的大学生，对思想政治理论课内容的认同往往要低于来自中西部欠发达地区或乡村家庭的大学生。由于来自发达地区或大中城市家庭的大学生家庭位于政治、经济、文化较为发达地区，因而对我国的经济、政治、文化、社会等有着更深的了解和认识，对国外发达资本主义国家各方面的情况了解也较多，对比不同社会制度各方面的优劣也会有较多的体会和感知。反之，来自中西部欠发达地区或乡村地区家庭的大学生，由于流动性差且对国内外各种经济、政治、文化、社会的了解和认识不多，因而更加容易接受和认同思想政治理论课。

从大学生家庭所属阶层结构来看，越是来自位于社会上层家庭的大学生，因为经常出国旅游、求学和各种见识比较广等，流动性相对于社会中低层家庭的大学生要高得多，因而对国外发达资本主义国家会有更多的了解和认识等，也就更容易受到与我国大学生思想政治理论课内容不尽相同的西方思想政治意识或观念的影响，从而对思想政治理论课的认同及其认同的范围或程度产生一定的影响。有研究显示："阶层分化对大学生分层起着根本性的决定作用。大学生来自不同地区、不同阶层的家庭，在其父母和家庭成员所属阶层的经济状况、社会需求及政治思想等直接或间接的长期作用和影响下，其素质传承、消费支出和思想政治意识等都具有其家庭成员所属阶层的鲜明特征。"① "大学生思想政治意识已深深地烙上了其家庭所属阶层的印记，呈现出明显的阶层意识。

---

① 汪勇：《阶层分化对大学生的影响及思想政治教育应对》，《贵州师范大学学报（社会科学版）》2010 年第 3 期。

不仅如此，来自不同阶层的矛盾和冲突也反映在不同阶层的大学生身上，使得分属不同阶层的大学生之间产生一定的隔绝、鄙弃，甚至矛盾和冲突，乃至敌视等。如不同阶层家庭，尤其是上层社会家庭与下层社会家庭的大学生往往自我评价较高，但彼此评价却较低，甚至出现巨大的差异。这反过来又在某种程度上使得大学生过早地固化了不同阶层的意识及其矛盾冲突。"①

---

① 汪勇：《阶层分化对大学生的影响及思想政治教育应对》，《贵州师范大学学报（社会科学版）》2010 年第 3 期。

第四章　互联网新媒体传媒与社会思潮的影响分析

以互联网为基础形成和发展起来的各种传播媒介，为世界范围内各种思想文化碰撞交流交融交锋等提供了便捷条件。世界范围内各种思想文化，尤其是并非完全一致，甚至相互矛盾和冲突的政治思想、政治观念和政治制度及各种意识形态或错误思潮等在各种互联网媒体平台上传播、碰撞、交流、冲突、融合等，都会给沉浸其中的大学生对思想政治理论课的认同带来一定的影响。对此，中宣部、教育部2015年7月27日印发《普通高校思想政治理论课建设体系创新计划》指出，"我们必须清醒地认识到，世界范围内各种思想文化交流交融交锋更加频繁，如何发挥正能量，增强对重大理论和现实问题的阐释力，在多元中确立主导，给思想政治理论课提出新的挑战。必须清醒地认识到社会思想意识更加多元多样多变，面对各种思潮和复杂的社会现象，如何运用马克思主义的立场观点方法在多样中求得共识，给思想政治理论课提出新的要求"[1]。随着互联网传播媒体技术的发展及其广泛运用，更是为各种与大学生思想政治理论课内容并不一致，甚至相互矛盾和冲突的各种社会思潮或意识形态传播并产生深刻影响提供了便利，进而影响着大学生对思想政治理论课的认同。

第一节　新媒体与社会思潮的传播影响分析

随着数字信息技术的飞速发展及其广泛运用，互联网与智能手机的结合及其普及运用，各种网站、论坛、彩信、飞信、播客、博客、微博、微信、APP客户端等新兴媒体日益多样便捷并成为人们学习、生活和工作必不可少的重要组成部分，人类社会也因此进入了新媒体时

---

[1] 《中央宣传部　教育部关于印发〈普通高校思想政治理论课建设体系创新计划〉的通知》，2015年7月30日，见 http://www.moe.gov.cn/srcsite/A13/moe_772/201508/t20150811_199379.html。

代。新媒体时代的到来不仅使人际交流的时空急剧缩小，而且使人们原有的认识世界、了解社会、洞悉生活等方式发生了剧变，同时还使传统社会里自上而下的信息传播方式发生了颠覆性变化，即转变为横向多向度的链式传播。在传统媒体世界里，普通民众往往只能是被动地接受各种信息，或在经过严格筛选、转发或播放的信息中找寻自己感兴趣或想了解的信息，获取信息的范围非常有限，对世界的了解和认知也非常有限。在新媒体时代的多媒体世界中，人人都是麦克风、人人都是传声筒。这就决定了各种信息的传播已经不是自上而下，而是横向的多向度传播且信息内容丰富多彩，而不仅仅是经过严格筛选发送的信息，甚至与思想政治理论课内容不尽一致或相矛盾和冲突的信息也随处可见且难以判断，因为其中可能还夹杂着各种并不真实的虚假信息、敌对的信息。作为一种全新的传播方式，新媒体不仅改变着人类的生产、生活方式，而且也成了大学生学习、生活、交友和了解社会、世界，以及了解两种不同社会制度的差异及其优劣等必不可少的重要技术手段，给大学生思想政治理论课讲"我真你假"、"我善你恶"、"我美你丑"、"我好你差"等的认同带来了一定的冲击和影响。大学生在使用各种新媒体有意无意地获取或被动接受推送的各种信息时，由于辨别真善美与假恶丑的知识、智力、水平等仍然存在一定的局限性，必然会在迎面扑来的各种良莠不齐的信息中，甚至毫无防备或没有警觉地悄然深受各种新媒体中传播的不良社会思潮或敌对意识形态的渗透和影响。

一、新媒体及其运用发展对社会生活的影响

"新媒体"一词的出现，最早可以追溯到 20 世纪 60 年代。1967 年美国哥伦比亚广播电网技术研究所所长 P·戈尔德马克（P·Goldmark）第一次提到了"New Media"，即"新媒体"一词，新媒体从此诞生并备受关注。1969 年美国传播政策总统特别委员会主席 E·罗斯托（E·Rostow）在向尼克松总统提交的报告中也多次提到了"新媒体"一词。

从此，"新媒体"在美国开始流行并扩展到全世界。新媒体是一种媒体形态，是指继报刊、广播、电视等传统媒体以后发展起来的新兴媒体形态，是新的技术支撑体系下出现的媒体形态，涵盖数字杂志、数字报纸、数字广播、手机短信、移动电视、网络、桌面视窗、数字电视、数字电影、触摸媒体、手机网络、网络媒体、手机媒体、数字电视、移动端媒体、数字报刊等所有数字化的媒体。新媒体亦是一个宽泛的概念，指利用数字和网络技术，通过互联网、宽带局域网、无线通信网等渠道，以及电脑、手机、数字电视机等终端，向用户提供信息和娱乐服务的传播形态。严格地说，新媒体应该称为数字化新媒体。相对于报刊、户外、广播、电视四大传统意义上的媒体，新媒体被形象地称为"第五媒体"。

新媒体区别于传统媒体的优势主要体现在：传播与更新速度快，信息量大，内容丰富，低成本全球传播，检索便捷，多媒体传播，超文本，互动性强等。新媒体具有传统媒体无法比拟的诸多特点：1. 信息的生产加工传播更加开放。新媒体语言发表门槛较低，可以匿名留言和表达意见，信息产生和加工、传播等更加自由、分散、真实，实现了信息的公开交流。同时，这也造成了信息的自由化，真实性降低，存在暴力现象，对信息安全产生危害。2. 信息传播渠道多元化。新媒体借助现代人必不可少的电脑、4G或5G手机等移动终端，在微博、微信和客户端等上实现信息的多手段传播，为人们及时接收各种信息提供了便利。3. 信息交互性强。新媒体的传播受众既是信息的传播者又是信息的接受者，或两者兼而有之，拥有更大的话语权，其言论甚至能影响某些事态的发展。4. 传播速度快。新媒体用户借助互联网高速传播功能，很容易将各种信息迅速公开发布传到世界各地，甚至可以使信息发布与事件的产生同步，凸显新闻的"新鲜"、"及时"、"同步"等而吸引人们的关注。5. 传播方式的扁平化发展。新媒体传播减少了信息传递的中间过程，实现信息从传播者到受众的直接传递功能，减少了各种中间环节及其对信息的干扰而影响信息的内容。

新媒体由于拥有传统媒体无法比拟的许多新特点，而对广大民众的生活和社交及思想观念等产生了非常重大的影响。它在满足人民生活水平和物质文明不断提高的同时，也缓解了由于快节奏学习和生产生活带来的压力，满足人们日常闲暇时间放松身心、休闲与娱乐的需要，更容易满足人们及时沟通互动和及时接收各种信息与反馈的需要，更容易满足用户个性化需求。具体表现为：1. 影响人际交往。新媒体已经成为人们交流沟通不可缺少的工具，并实现了人际互动且费用极低。新媒体在给人际交往带来极大便利的同时，也容易导致诸多问题。如人们被新媒体吸引而难以自拔，导致人际面对面的交流缺少和"手机控"等不良症状。2. 影响人们的兴趣爱好。新媒体的出现使人们的阅读方式发生了巨大变化，电子阅读逐渐取代纸质图书报刊阅读，且人们的阅读大多是"两微一端"（微博、微信、客户端）上具有全面丰富、新颖有趣的信息；新媒体上的新闻传播更富真实性、趣味性、丰富性与娱乐性，更能吸引受众。3. 影响人们的日常生活。媒体的运用催生了足不出户便可了解天下大事，并利用网购满足日常生活需要的"宅男"、"宅女"，造成了人们对直接人际交往不感兴趣和身心的变异与问题。总之，新媒体已经成为人们了解各种信息和扩大人际交往范围的主要手段和措施，并且已经成为人们学习、生活和工作必不可少的重要组成部分，进而对人们的学习和生产生活尤其是思想、意识、观念等产生了深刻影响。新媒体因不同于传统媒体的传播优势而成为现代各种信息传播不可或缺的重要媒体，同时也为各种社会思潮传播及其影响提供了便利条件。

二、大学生是掌握和运用新媒体的主要群体

随着新媒体技术的运用和发展，其高效便捷的功能使之日益成为普通广大民众学习、生产、生活不可或缺的重要内容。2022 年 2 月，中国互联网络信息中心（CNNIC）发布的第 49 次中国互联网络发展状况

统计报告显示，截至2021年12月，我国网民规模为10.32亿，较2020年12月增长4296万，互联网普及率达73.0%，较2020年12月提升2.6个百分点。①

截至2022年12月，我国手机网民规模达10.29亿，较2020年年底新增手机网民4298万，网民中使用手机上网的比例为99.7%。大学生都是手机网民。

截至2021年12月，20—29岁、30—39岁、40—49岁网民占比分别为17.3%、19.9%和18.4%，高于其他年龄段群体；50岁及以上网民群体占比由2020年12月的26.3%提升至26.8%，互联网进一步向中老年群体渗透。从这些年龄结构看，不会上网的学生所占比例很低。

截至2021年12月，我国手机网民规模为10.29亿，较2020年12月新增手机网民4298万，网民中使用手机上网的比例为99.7%。现在的大学生每人都有4G或5G手机，不少大学生还有笔记本电脑或IPad等平板电脑且都能联网。

从我国网民职业结构看，截至2020年3月，在我国网民群体中，学生最多，占比为26.9%。②

截至2020年3月，典型社交应用使用率最高的微信朋友圈、QQ空间、微博分别达到85.1%、47.6%、42.5%。③

微信朋友圈、QQ空间、微博这三种典型主流社交媒体应用使用的群体主要是青年群体，且大学生都在使用，是大学生获取信息、休闲娱乐、社会交往、发表个人观点言论的重要途径。手机新媒体在大学生中的影响力越来越大，不少大学生甚至对手机媒体产生了严重的依赖症

① 参见中国互联网络信息中心（CNNIC）：《第49次〈中国互联网络发展状况统计报告〉》，2022年2月25日，见http://www.cnnic.net.cn/n4/2022/0401/c88-1131.html。

② 参见《CNNIC发布第45次〈中国互联网络发展状况统计报告〉》，2020年4月28日，见http://www.gov.cn/xinwen/2020-04/28/content_5506903.htm。

③ 参见《CNNIC发布第45次〈中国互联网络发展状况统计报告〉》，2020年4月28日，见http://www.gov.cn/xinwen/2020-04/28/content_5506903.htm。

等。现在的大学生学习、生活、工作等都离不开手机及各种主流社交媒体运用程序。

从以上网民年龄结构和网民职业结构等数据看，由于媒体信息技术的发展运用，使得智能手机使用日益经济实惠，即使是家庭经济困难的社会成员也能够拥有和使用。拥有4G、5G智能手机已经成为大学生学习、生活的标配和必备用品。大学生几乎百分之百是手机网民和电脑网民。

手机和电脑已经不仅仅局限于大学生与家人、同学、朋友联系沟通的工具，同时也成了大学生运用各种新兴媒体进行学习和生活、了解各种信息的重要手段和途径。部分大学生如果没有携带手机就会出现紧张、焦虑等不良情绪，有的甚至患上"手机控"等症状，整天沉浸在手机中的各种信息里，甚至熬夜而不能自拔，导致白天上课时精神不振和"抬头率"低。这在一定层面上反映出大学生运用"两微一端"等新媒体时会受到各种传播信息的影响，包括社会思潮的不良影响等。在部分大学生关注官方主流媒体的微信公众号、微博，如《人民日报》、新华网、共产党员、共青团中央、学校官方、学校学院团学等网媒的同时，也有不少的大学生认为形象化、立体化的直观主题教育比传统的课堂、班会、报告会等更有影响力和感染力，不少大学生更则喜欢在手机网络平台上而非课堂上发表个人的言论和观点。这对新媒体环境下思想政治理论课如何获得大学生的认同提出了挑战和更高的要求。

总之，伴随着新媒体的迅猛发展及其广泛运用，人类的信息传播手段和交往方式发生了革命性变化。新媒体技术的运用发展及其带来的深刻变革和影响，意味着一个全新的时代——新媒体时代的到来。在新媒体时代，大学生是新媒体使用最活跃的群体。新媒体技术的运用，不但让信息沟通变得及时、直观、便捷和广泛，更从各方面深刻影响和改变着大学生的生活、学习和思想，使得主体意识不断增强的当代大学生变身为新媒体时代的狂热"粉丝"，对新媒体产生了极强的依赖性，并深受利用新媒体进行广泛传播的各种社会思潮的影响。

三、新媒体为社会思潮传播影响提供了便利

新媒体的开放性、互动性、共享性、独立性等特点使得各种信息的传播更加迅速、便捷、高效，同时也使得对其传播信息的管理和控制及治理的难度大大提升。新媒体传播的及时性、跨时空、双向互动等特点，为社会思潮的传播提供了各种便利。过去管理和控制传统媒体的理念、方式、方法等已经完全不能适用于新媒体。当下，新媒体几乎席卷人们的日常生活，从信息到教育再到购物等领域，电脑、手机，尤其是智能手机已经不再单纯地是一种技术工具。人们依赖手机来获取生活中的种种信息，形成了跨越地域和阶层的公共领域，彼此分享、共同工作，或是发起某种公共行动。经济结构和就业方式的多元化等带来的多元化社会思潮凭借新媒体的传播特性日益进入人们的日常生活、学习和工作领域。新媒体条件下社会思潮的传播具有一些过去所不能比拟的最新特点：1. 传播方式上的渠道多元，突破空间限制；迅捷及时，突破时间限制；互动性增强，突破人际限制。2. 传播内容上由宏观叙事向微观经验的话语转向。3. 传播趋势上借助具体突发事件，摒弃抽象概念叙事。①

新媒体传播特点为社会思潮迅速传播并产生影响提供了便捷条件，主要表现在以下几个方面。

1. 新媒体传播信息的及时性为社会思潮快速传播提供了可能。新媒体打破了传统媒体必须经过一定的信息选择、裁剪和加工等系列环节。过去的信息传播经历较长时间后才将相关信息传送给受众，即人们通过传统媒体收到的信息往往滞后于事发一段时间。新媒体却可以在事件发生的现场，同时将声音、图像、文字等在瞬间呈几何级数将有关信

---

① 参见吴海江等：《新媒体环境下高校社会思潮传播机理及其对策探究》，《思想理论教育导刊》2017 年第 6 期。

息传向世界各地，使人们能够及时、迅速了解和掌握相关信息。新媒体能够做到信息传播在瞬间完成，即从信息的产生传播到受众的时间急剧缩短，相比于传统媒体快得难以把控，为社会思潮的即时传播和影响提供了便利条件。

2. 新媒体信息传播的跨时空性为社会思潮扩大传播范围提供了可能。新媒体一改传统媒体传播的单向传播结构，呈多元网状裂变式传播。由于新媒体能够突破时空局限性，把掌握在某个受众的信息汇聚共享，不仅能够超越时间把若干年前不为人知的各种历史事件、信息全面深入地呈现给受众，而且能够把距离千万里之外发生的新闻真相、信息在短时间内展现给世人。这为与主流意识形态不尽一致的各种非主流意识形态、社会思潮，甚至相对立冲突的事件、真相、观点看法、思想等传播给受众，进而影响思想政治理论课的实效性。如历史虚无主义思潮就是假借还原历史真相等利用历史细节否定党史、新中国史和军史，影响大学生对思想政治理论课的认同。

3. 新媒体的双向互动性打破了传统媒体的单向传播模式而为社会思潮影响提供条件。在传统媒体中，传播者和受众往往地位不平等，信息受众往往只能是被动地接收各种主流媒体的信息，没有选择的余地，如果说有选择权的话，也只能是选择看或不看。传统媒体传播的信息都是经过精心过滤、选择加工处理过的，是以单向传输信息的形式传播。新媒体上传播的信息，不仅打破了单向传播，而且可以进行双向深入的互动和交流。受众既可以参与信息的生产，也可以参与信息的传播。新媒体信息的传播者和受众的地位平等，容易拉近信息传播者和信息接受者双方间的距离和亲近感，有利于信息的传播。作为与主流意识形态不尽一致的社会思潮，往往是通过非强制性的平等身份和角色传播信息，更容易获得受众的亲近和好感而产生影响。受到社会思潮影响的受众甚至还可以对各种信息作出积极或消极的评价并影响其再次传播。如对符合或代表自己利益的社会思想观念以点赞、点评、转载等途径使社会思潮的传播得以裂变式扩散。社会思潮可以通过全方位、宽领域和不同形式地辐射并影响不同受众的思想意识，从而形成一定的感召力和影响力，影响范围广泛并向纵深发展。

4. 新媒体具有的潜隐性特征为各种社会思潮的隐蔽传播提供了便利。新媒体传播的潜隐性给予信息传播的受众以丰富和创新信息内容的契机和空间，使得信息的传播更加随意自然。因为在虚拟网络空间中，受众之间不受制于信息的权威性，彼此之间平等，匿名性也使得一些网络较为活跃的传播者极有可能成为网络舆论领袖。他们通过利益代表、舆情传播和话语主导与网络民众、知识精英进行正面的交流，并结合网络传播信息的即时性、跨区域性和双向互动性等时代化特征，把深奥的理论形象化、具体化和通俗化，并使之能够被大众容易接受。社会思潮的"时代化与大众化是相辅相成的，时代化是大众化的前提，大众化是时代化的基础和具体表现，时代化和大众化相结合使得社会思潮的传播机制更为复杂"[①]。

5. 新媒体传播的信息量不受限制，满足了社会思潮主要传播群体的心理需要。在新媒体每天产生若干新信息的同时，社会思潮在新媒体上的传播也呈现出一些新变化和新趋势。社会思潮在网络上传播的受众对象主要是青年群体，作为网民的特殊青年群体的大学生，其世界观、人生观和价值观等"三观"尚未定型而仍处于一定的可塑期。大学生处于特殊的年龄段，对新媒体世界每天产生的诸多新奇事件和传播的各种前所未闻未听或与思想政治理论课不尽一致甚至相反的各种信息有着充分而强烈的好奇心理，因此容易被新兴网络媒体上与思想政治理论课课堂内容不尽一致的各种新思想、新理论、新观点等社会思潮或非主流意识形态宣传的思想观念所吸引并深受其影响。

6. 新媒体信息传播方式符合当代大学生对信息的获取习惯。与传

[①]　侯再宣等：《新媒体语境下社会思潮传播对大学生的影响与引领研究》，《齐齐哈尔大学学报（哲学社会科学版）》2015 年第 7 期。

统媒体相比，新媒体使得各种信息，包括社会思潮在内的信息传播时间、周期更短、更大众化。随着手机等移动终端为使用广泛的新媒体普及和发展运用提供了良好的平台与条件，作为手机网民的大学生更倾向于利用新媒体获取各种信息。因为，新媒体使大学生获取信息和知识的各种成本急剧降低，获取效率更高且呈零时差等特点。新兴媒体不但成了大学生思想文化交流的平台，而且也成了大学生生活的重要组成部分。生活于网络信息化时代的大学生，对新媒体的接触和使用占比很高。因此，新媒体为社会思潮的传播并影响大学生提供了重要渠道。

总之，新媒体信息传播特点为传统媒体所无法比拟，为各种社会思潮或非主流意识形态等的传播并对大学生的思想政治意识产生影响提供了便捷条件。

四、社会思潮的传播影响有其社会现实基础

"不是意识决定生活，而是生活决定意识。"[1] 社会思潮是重要的社会意识形式，是对社会存在的反映。社会思潮的滋生总有其特定的社会现实基础，是反映社会动态进程、时代精神变迁、社会矛盾显隐、社会主题转换及社会发展趋向的"感应器"。"人们在自己生活的社会生产中发生一定的、必然的、不以他们的意志为转移的关系，即同他们的物质生产力的一定发展阶段相适合的生产关系。这些生产关系的总和构成社会的经济结构，即有法律的和政治的上层建筑竖立其上并有一定的社会意识形式与之相适应的现实基础。"[2] 由于社会分化导致的不同社会阶层、群体在社会生产中的地位、作用、获益等不尽相同，从而逐渐形成了不同阶层、群体的思想政治意识。于是，代表不同社会阶层或群体的各种思想流派、学说观点纷纷出现，最终表现为各种社会思潮等意识形态的分化及其相互之间产生的矛盾与冲突，并在新兴媒体上扩散和产

---

① 《马克思恩格斯选集》第1卷，人民出版社1995年版，第73页。
② 《马克思恩格斯文集》第2卷，人民出版社2009年版，第591页。

生影响。

　　各种社会思潮的产生及其得以兴风作浪总有其特定的社会现实基础，尤其是在各种社会问题得不到社会主流意识形态有效合理的解释和解决时，社会思潮就会产生并产生广泛影响。在意识形态领域中，主流意识形态与非主流意识形态、社会思潮的斗争始终客观存在。在社会问题较少和较轻时，社会思潮或非主流意识形态的产生及其影响力就小；在社会问题较多而较重时，社会思潮或非主流意识形态的作用力就大。社会思潮或非主流意识形态与社会主流意识形态的关系呈此消彼长的关系，即社会思潮或非主流意识形态的影响越大就越说明主流意识形态对社会问题的解释无力。反之，当主流意识形态能够正确合理地解释客观社会现实问题并能够有效促进这些问题的解决时，社会思潮就难以产生且难以产生影响或影响就小。虽然因为社会思潮或非主流意识形态与主流意识形态始终不尽一致，甚至矛盾和冲突，难以在官方掌握或控制的主流报刊、电视、广播等传统媒体中传播和影响，但容易在深受大学生喜爱的新媒体上传播并产生深远影响。

　　社会意识是社会存在的反映。正视社会思潮的产生及其影响，一定要追根溯源，绝不能仅仅停留在意识形态斗争领域讨论或认识社会思潮或非主流意识形态，而是要把社会思潮放到特定的社会具体现实中去加以认识和分析，才能更加清楚地了解社会思潮产生的原因及其本质，进而才能科学地正确引导。改革开放40多年来，我国经济社会各方面均取得了巨大成就，由此备受世人关注和国人引以为豪。同时，不必讳疾忌医的是，由于社会转型期利益多元化、贫富差距拉大且日益悬殊、贪污腐败问题仍未得到根本杜绝、社会中各种不公现象、黑恶势力及其"保护伞"等曾经在过去一段时间严重存在，有的虽然得到了一定的解决，但仍并没有得到根本解决。这在某种程度上反映了主流意识形态的说服力不够，同时也为各种社会思潮的滋生和影响提供了多种口实而得以兴风作浪。诸多社会现实问题不仅为各种社会思潮产生并影响大众提供了口实、土壤和基础，同时也为青年大学生通过新媒体或切身感知体验、观察、了解到，为学生接受其影响提供了一定的条件。基于社会问题产生并影响大众和青年学生的社会思潮，不仅解构主流意识形态的说服力，而且对思想政治理论课认同产生一定的影响，需要引起高度注意。

五、利用新媒体传播产生影响的主要社会思潮

社会思潮反映社会现实，被称为社会气候的"晴雨表"。社会思潮是在一定时期反映一定社会阶级、阶层、群体的利益诉求，对社会发展的主张得到部分民众认同而广泛传播并对社会现实生活产生某种重要影响和作用的思想倾向、思想潮流。社会思潮一般具有鲜明的时代性、阶级性、多样性、差异性、流变性、先导性、促动性、群发性、显现性以及符号性等诸多特征。

改革开放后，单一的公有制转变为公有制为主体多种所有制经济并存、单一的按劳分配转变为按劳分配为主体的多种分配方式并存所带来的诸多问题引起了思想界和理论界的纷争。"随着经济基础的变更，全部庞大的上层建筑也或慢或快地发生变革。"① 针对进入 21 世纪以来国内滋生的各种社会思潮及其影响，诸多学者进行了深入的研究和探讨并提出了许多有见地的思考。萧功秦在《困境之礁上的思想水花——当代中国六大社会思潮析论》中认为，改革以来中国民间先后形成了六种具有代表性并具有较大影响力的社会思潮："一、1980 年代中期出现的自由主义启蒙思潮；二、1980 年代后期出现的新权威主义；三、1990 年代中期出现新左派；四、1990 年代后期崛起的新民族主义；五、本世纪初的文化保守主义；六、最近几年出现的民主社会主义。"② 马

---

① 《马克思恩格斯选集》第 2 卷，人民出版社 2012 年版，第 3 页。
② 萧功秦：《困境之礁上的思想水花——当代中国六大社会思潮析论》，《社会科学论坛》
2010 年第 8 期。

立诚 2012 年提出了当代中国八种社会思潮是："除了居于主导地位的中国特色社会主义思想即邓小平思想之外，还有老左派思潮、新左派思潮、自由主义思潮、民主社会主义思潮、民族主义思潮、新儒家思潮、民粹主义思潮。"① 有专家认为当代社会思潮只有两类：马克思主义与反或非马克思主义的思潮，其中包括新自由主义思潮、民主社会主义思潮、历史虚无主义思潮、否定改革思潮、中国威胁论、中国责任论、中国崩溃论、中国统治论、普世价值论、历史终结论、西方中心论等。人民论坛 2012 年问卷调查提出了中外十大思潮：民族主义新动向、创新马克思主义新动向、新自由主义新动向、拜物主义新动向、普世价值论新动向、极端主义新动向、新儒家新动向、民粹主义新动向、道德相对主义新动向、社会民主主义新动向。② 程恩富等人认为："当前中国有新自由主义、民主社会主义、新左派、折中马克思主义、传统马克思主义、复古主义和创新马克思主义等七大社会思潮。"③ 靳辉明认为："当前对我国影响最大的社会思潮主要是民主社会主义、新自由主义、历史虚无主义和普世价值，它们实质上都属于资产阶级自由化思潮的范畴等。"④ 从以上资料不难看出，改革开放以来因为各种生产关系和社会关系的多样化导致社会思潮或非主流意识形态复杂多样。但是，不管社会思潮和非主流意识形态有多少种类，我们都可以简单地根据其性质把社会思潮或非主流意识形态区分为主流意识形态思潮与非主流意识形态思潮、反主流意识形态社会思潮三大类。

就当前各种社会思潮而言，从内容上看，积极与消极相互激荡，既

---

① 马立诚：《当代中国八种社会思潮》，社会科学文献出版社 2012 年版，第 2 页。
② 参见人民论坛问卷调查中心：《2012 中外十大思潮：民族主义列首位》，2013 年 2 月 4 日，见 http://theory.people.com.cn/n/2013/0204/c112851-20428805-3.html。
③ 程恩富、侯为民：《当前中国七大社会思潮评析——重点阐明创新马克思主义观点》，《陕西师范大学学报（哲学社会科学版）》2013 年第 2 期。
④ 靳辉明：《关于当前影响我国的四种社会思潮的剖析和思考》，《重庆邮电大学学报（社会科学版）》2019 年第 2 期。

有进步向上的社会思潮又有反动落后的社会思潮，既有正确科学的社会思潮又有失偏颇错误的社会思潮，既有高尚文明的社会思潮又有低级庸俗的社会思潮；从性质上看，既有占统治地位的马克思主义意识形态，也有各种各样非马克思主义的社会思潮或意识形态，还有各种反马克思主义的错误思潮或意识形态；既有社会主义的主流思想意识形态，也有资本主义腐朽观念的意识形态，还有封建主义的思想意识形态残余。在当前的各种社会思潮中，尤其是新自由主义、民主社会主义、普世价值、"左"倾思想、公民社会、拜金主义、极端个人主义、享乐主义等社会思潮或主流意识形态，对社会政治生活影响极大。由于不同社会思潮的性质不同，对思想政治理论课的作用和影响各异，因而对其采取的对策也应有所区别。社会思潮对思想政治理论课认同带来了诸多挑战且危害巨大，如果放任自流，势必腐蚀人们的心灵，瓦解共同理想，妨害社会稳定和谐，不利于主流意识形态的建设，当然也不利于中国特色社会主义事业的健康发展。

第二节　新媒体环境下社会思潮的影响分析

在新媒体环境下，思想政治理论课主要是向大学生宣传主流意识形态，使其对中国特色社会主义经济、政治、文化、社会、生态文明等各个方面及其历史发展等有正确的认识并形成中国特色社会的道路自信、理论自信、制度自信和文化自信，抵御各种不良社会思潮的影响。但是，与主流意识形态不尽一致甚至相矛盾冲突和对立的社会思潮却借助各种新媒体大肆传播，并力图影响青年学生，影响大学生思想政治理论课认同，进而冲击主流意识形态的说服力。

一、新媒体已成为意识形态较量斗争的主战场

在过去，意识形态斗争的阵地主要是官方控制的传统媒体。今天，随着互联网信息技术的发展及其广泛运用，具有开放、自由、隐蔽等特点的新媒体则为意识形态斗争提供了崭新的平台、场域而成为意识形态斗争的主战场。由于新媒体信息传播具有快速、即时、交互和匿名等特点而成为人们获取信息、发表意见和体现主张的重要平台。新媒体将所有信息传播置于开放的时空中，超越时间、地域等限制，某种程度上削弱了传统政治权力和媒介对于话语生产、传播的审查，极大增强了新媒体受众主体的话语权。网络时代公众的政治认同危机主要表现在："民众的个体性得以张扬，权利意识空前强化；时空压缩，边界消融；公民记者，人人都有麦克风；官方舆论场、民间舆论场加上境外舆论场的互动中，民间舆论与境外舆论更容易产生共鸣，而使官方陷于孤立。"① 新媒体已经成为意识形态生长最为自由、形态最为众多的聚集地。它正取代地理空间和传统阵地，成为各种意识形态斗争的决胜地带。

网上意识形态斗争是一场"没有硝烟的战争"。如 2014 年某报编辑部发表的文章《老师，请不要这样讲中国——致高校哲学社会科学老师的一封公开信》提出了高校意识形态工作存在的问题后遭到一些网络意见领袖和部分网民的抨击与嘲讽。2015 年教育部部长在教育部学习贯彻《关于进一步加强和改进新形势下高校宣传思想工作的意见》精神座谈会上谈到"三个决不允许"和"一个绝不能"时遭到某些网民曲解和攻击。2015 年央视某著名主持人在饭桌上唱评《智取威虎山》中《我们是工农子弟兵》的选段时边唱边戏谑引起网络舆论一片哗然。等等。这些都是网络意识形态斗争的典型代表。诚如习近平总书记深刻指出的那样："互联网是一个社会信息大平台，亿万网民在上面获得信

---

① 张昆等：《网络时代的政治认同：进径与危机》，《兰州大学学报（社会科学版）》2017 年第 6 期。

息、交流信息,这会对他们的求知途径、思维方式、价值观念产生重要影响,特别是会对他们对国家、对社会、对工作、对人生的看法产生重要影响。"① 总之,随着互联网技术的运用和发展,网络新媒体已经成为意识形态斗争的新阵地和主战场,现实社会中的意识形态斗争开始转变成"网络意识形态斗争",势必会对大学生思想政治理论课认同产生一定的影响。

新媒体还在不断地进行融合、创新和发展。官办传统媒体与新兴媒体"无形"融合仍有待深入,传统媒体从思维到认识、从内容到渠道、从平台到经营,仍亟待实现与新媒体的"深度融合",需积极探索融合和可持续发展之路,最终形成立体多样、融合发展的现代传播体系。新媒体自身不会对人产生影响,而是其传播的信息才会对人的思想政治意识、观念等产生影响。因此,对新兴媒体的掌握和使用是一回事,但利用新兴媒体发布什么样的信息才至关重要。官方虽然也在互联网上建有各种自办网络媒体,但由于官方的微博、微信、客户端等媒体传播的所有信息等要经过严格的审查等管理和控制,传播的内容多是经过严格筛选的、单一正式的官方宣传、告知信息且不开放自由讨论等,具有非常高的同质性、滞后性和主导性等特点,即发布的信息不仅同质化程度高,文章呆板、数量少且政治性强,缺乏具体、生动、活泼等而影响力小,难以吸引网民的关注或关注率低。主流意识形态建设的网络平台仍存在明显的滞后性,主要体现在:"(1)服务主流意识形态建设的网站缺乏吸引力。网站内容同质现象严重,尤其是在具体内容建设、议程设置和构建框架方面缺乏新意,限制了主流意识形态话语权效能的发挥。(2)政务信息不够公开透明,网络官民沟通机制不健全,削弱了广大网民对主流意识形态的信任与认同。(3)网络意识形态话语传播模式创新不足,议题设置能力不强,大大降低了主流网站与受众的亲和度,

---

① 习近平:《在网络安全和信息化工作座谈会上的讲话》,《人民日报》2016年4月26日。

严重影响着我国网络主流意识形态话语权的吸引力。（4）网络思想政治教育实效性不强。一是话语内容过度政治化、理想化、空泛化，偏离了大众的生活世界；二是话语表达说教色彩过浓，简单僵硬，缺乏平等交流和自由对话的机制与氛围。"① 随着新媒体的发展和运用，官方主办的各种传统媒体和相关机构，如人民日报社、共青团中央等也顺应互联网发展潮流开启了微博、微信用户终端等发布各种信息，揭露各种问题，分析各种弊端，收到了一定的成效。但是，由于观念意识落后、内容和手法陈旧、缺乏交流和互动等而吸引力不够，影响不大。近年来，各种主流媒体也顺应新媒体的发展而不断地跟进和创新，却因固有的正式性、政治性、同质性等使得其传播仍然具有明显的局限性。

新兴的网络媒体从"边缘媒体"变身为舆论传播的主渠道，不仅带来了舆论场的历史性变革，也深刻改变着意识形态建设的格局。网络已成为意识形态领域渗透与反渗透的没有硝烟的战场，互联网已经成为舆论斗争的主战场。主流意识形态与非主流意识形态在网络新战场中的较量方式通常表现为控制与反控制的网络攻防战，网络话语权的争夺成为网络战的焦点之一，对网络主流意识形态话语权的掌控成为打赢这场争夺战的重要突破口。为此，我们必须"要把网上舆论工作作为宣传思想工作的重中之重来抓，尽快掌握这个舆论战场上的主动权，切实维护意识形态安全和政权安全"②。

二、大学生青年始终是各种意识形态争夺的对象

高校历来是各种思想、文化和社会思潮及意识形态的集散地，始终是思想文化交锋和意识形态、社会思潮最活跃、最敏感、最前沿阵地，

① 郑元景：《当代我国网络意识形态话语权的变迁与重构》，《社会科学辑刊》2015年第6期。
② 中共中央文献研究室编：《十八大以来重要文献选编》（上），中央文献出版社2014年版，第465页。

同时也是各种社会思潮、意识形态争夺抢占的码头。各种思想意识的生产和多元文化及社会思潮就在高校交织、交汇和碰撞。高校既生产思想意识，又消费思想意识；既生产社会舆论，又消费社会舆论。意识形态领域与社会思潮在表面比较平静的高校中进行的碰撞、交锋、斗争就从来没有停止过。各种社会思潮在高校里往往会借助课堂、会场、论坛、文化活动等进行潜移默化地影响，使高校青年师生在不知不觉中接受其隐含的价值观影响和渗透。

各种社会意识形态通过争夺高校的课堂、讲台、会场和校园氛围等争夺青年教师，争夺青年大学生。由于大学生在现在和未来的政治生活中有着极为重要的地位和不容忽视的作用，因此大学生的政治生活与一般意义上的社会生活和个人生活相比，显得尤为不同。大学生是我国青年群体中的精英与佼佼者，是国家未来发展的栋梁之材和中坚力量，在今后的社会发展和社会生活中扮演着重要的角色，是中国特色社会主义的建设者和接班人。如何消除各种不良社会思潮的影响，进而促进大学生对思想政治理论课的认同，确保其能够成为中国特色社会主义伟大事业的建设者和接班人，始终是新媒体时代不得不高度重视的重要问题。

大学生对主流意识形态的认同不仅对大学生自身能力与素质的培养具有重要作用，而且也体现着一个国家政权的稳定状况，代表着一个社会政治认同的未来趋势，对整个政治体系、国家发展、社会进步都有重要影响。纵观世界各国的社会动荡事件，其中不少就是由于人们的政治认同出现了问题引起的。其中，尤以青年群体（特别是大学生群体）的政治认同弱化带来的影响显得最为突出。大学生对本国的政治是否认同影响巨大。大学生对主流意识形态的认同，在整个社会意识形态认同体系中占有极其重要的地位。

高校成为意识形态斗争和争夺的主要阵地，最终目的就是争夺大学生。任何一种社会思潮都希望能够在实践中通过各种不同的方式影响大众、争取大众，以图得到大众的认可和支持而获得发展，进而实现其特定的利益和要求。简言之，凡是获得一定大众认可的社会思潮，总会在一定的历史条件下产生重要影响。如果我们把接受社会思潮影响的大学生看作是社会思潮的载体，那么这个载体的扩展有一个传递的过程，即社会思潮从部分知识分子传递到更多的青年，再到更广泛的群众。各种社会思潮影响和争夺的思想政治教育对象越多，则接受思想政治教育的对象就越少；各种非马克思主义社会思潮影响大众越深，则思想政治教育对受教育者的影响就越浅。当代中国主流意识形态与其他各种社会思潮对思想政治教育对象的影响和争夺是此消彼长的关系。

三、思想政治理论课与社会思潮的对立与斗争

思想政治理论课是思想政治教育的主阵地和主渠道，是由学校和教师通过课堂等对大学生施加有目的、有计划影响的课程，目的就是使大学生对中国特色社会主义形成认同，并不断增强"四个自信"，成为中国特色社会主义事业的接班人和建设者。然而，与思想政治理论课内容不尽一致甚至相冲突和矛盾的各种社会思潮与非主流意识形态，片面地利用改革开放后现实生活中产生或因为各种原因而未能得到及时有效解决的各种具体问题大做文章，在各种新媒体上有意地大肆渲染和传播，消解思想政治理论课的说服力。社会思潮与主流意识形态的矛盾与斗争，实际上就是社会思潮与思想政治理论课的矛盾和斗争。社会思潮影响与思想政治理论课争夺的对象主要是青年大学生，两者对大学生的影响呈此消彼长的关系。

从内容上讲，社会思潮与思想政治理论课传播的主流意识形态不尽一致，甚至相矛盾和冲突。如果思想政治理论课主要是引导大学生正确认识中国特色社会主义在中国的形成及其发展选择的历史必然，并不断增强和坚定对中国特色社会主义的道路、理论、制度和文化的"四个自信"，而社会思潮则通过新媒体传播各种与思想政治理论课内容不尽一致甚至相矛盾和冲突的观点，讲思想政治理论课不讲的内容，说思想

政治理论课不说的细节，谈思想政治理论课不谈的价值追求，甚至认为现在的中国并不是真正的社会主义，而是权贵资本主义、封建主义等。由于社会思潮宣传的内容与思想政治理论课完全不同，容易吸引正处于喜新好异阶段的青年大学生的眼球和关注并博得其好感，甚至还会引起诸多大学生的好奇心去探究思想政治理论课所不讲的内容及其道理与价值等，进而影响或削弱大学生对中国特色社会主义的认同及"四个自信"的增强。

从宣传手段和形式来看，思想政治理论课主要是通过课堂讲解和宣传中国特色社会主义主流意识形态，表现形式主要是理论讲授与宣传，多以正面教育、宣传为主，主要讲中国共产党领导的革命、建设和改革开放及形成的中国特色社会主义各方面所取得的伟大成就，都是满满的正能量，而对各种负能量的社会问题则讲得少或轻描淡写，或一笔带过或避而不谈等。社会思潮则主要利用新媒体给青年大学生摆思想政治理论课不讲的事实、讲思想政治理论课不说的道理，尤其是过多地突出各种现实问题和矛盾，过多地注重负面事实，甚至指责思想政治理论课的正面教育是洗脑、是愚民教育等。如果大学生对社会思潮指责的某些社会问题有过直接或间接的感知、体验或观察及了解，则容易受到社会思潮的蛊惑或影响。社会思潮也就容易因此而获得青年大学生的认可和好感，进而影响大学生对思想政治理论课的认同。虽然新媒体也被引入思想政治理论课课堂，成为网上思想政治理论课的新阵地，但毕竟由于各方面因素影响而与课上讲的内容和形式相一致，即着重于正面或积极的影响，而对问题与现实关注不够等，且使用有限，且同质性和政治性很强，从而对大学生思想政治理论课的认同有一定的积极促进作用。但相比新媒体上社会思潮丰富多彩的具体内容和直观具体的现实细节、详细生动的情节等相比，仍存在一定不足。同时网上思想政治理论课由于内容和形式均有严格的要求和限制而显得呆板与机械，甚至泛政治化而远不如社会思潮的生动具体、鲜活有趣等。因此，社会思潮利用新媒体对青年大学生思想政治理论课认同的影响更需要高度关注。

就属于主流意识形态的思想政治理论课、属于非主流意识形态的社会思潮两者与大学生的关系来看也存在着明显的差异。思想政治理论课由于是官方和正式的教育教学活动，宣传的是主流意识形态，往往更加正式、注重形式，往往是自上而下的理论讲授，容易形成机械、呆板的刻板效应；学生和老师往往地位并不平等，理论化和满堂灌的现象突出，理论实践环节乏力，与大学生的兴趣、需要等存在一定的距离，师生间的距离难以拉近，导致课堂教学效果不佳，难以引起大学生的共鸣，而日益受到社会思潮之具体、详细、生动特点的挑战等。社会思潮对大学生的影响则往往显得更加平等，便于交流和沟通且不受各种正式因素的影响，容易拉近与大学生间的距离和情感，也便于影响和感染等。

从社会思潮影响的时空等来看，人们随时随地都离不开新媒体及其传播的不良社会思潮、非主流意识形态等的影响。思想政治理论课课堂比较正式且时空有限，即主要是在课堂上，而新媒体传播的社会思潮影响却可不受任何时空条件的限制和影响。大学生手机网民在就餐、外出游玩、卫生间、等候、床上、课外等，可以说在任何时候、任何地点，只要能联网，都会受到新媒体上传播的各种社会思潮或非主流意识形态的影响并伴随大学生流动而对其产生深远的影响。

谁赢得青年，谁就赢得未来。由于青年大学生独特的地位和作用，始终是各种社会思潮和主流意识形态激烈争夺的对象。谁能够更好地充分利用各种有利条件和机会、内容与形式争夺并赢得青年，就会对未来社会的发展走向产生重要影响。虽然思想政治理论课和社会思潮都在为争夺青年大学生而各显神通，但两者并非势均力敌。谁获得青年大学生的认可，获得的认可度越高，谁就赢得青年，谁就掌握了青年大学生，谁就掌握了未来，就会赢得未来。反之，谁没有赢得青年大学生，谁就会失去青年大学生、失去未来。为了赢得青年大学生而在与各种社会思潮作斗争的过程中，思想政治理论课不能输，也输不起，必须充分调动各方面的积极主动性，采取各种切实有效的措施，改进思想政治理论课课堂教学内容和创新形式，提高思想政治理论课的针对性、现实性，提升说服力和影响力，不断增强大学生对思想政治理论课的认同。

四、网络空间环境对大学生思想政治意识的影响

大学生是网民的重要组成部分。他们通过手机、平板、电脑等各种终端连接和使用网络。网络已经成为大学生学习和生活必不可少的重要组成部分。手机、平板、电脑上的网络舆论环境及其治理状况必然会直接或间接地对大学生的生活、思想等产生影响，进而影响大学生的思想政治意识。很长一段时间以来，国家对网上传播的不良政治言论管控较为严格，但对各种远离政治的虚假广告和宣传、僵尸网页及各种不良信息网页重视不够或清除不力。非主流网络媒体网页上随处可见各种充斥着拜金主义、消费主义和各种不择手段地以赚钱为目的的插件和诈骗、传销、黄、赌、毒、不法广告及其各种不良信息的页面。一打开电脑、手机网页，显示屏往往就会被各种不良信息页面和不法广告、插件等霸占，网络黑市猖獗，网络诈骗、色情、赌博及侵犯公民个人信息等违法犯罪案件高发等情况突出，甚至一些主流媒体也参与其中传播各种不良信息和发布不实新闻等，影响极坏，对大学生的影响深远。如一些大学生因为身陷网络诈骗、网络犯罪、网络贷款、网络色情、网络赌博等，甚至付出沉重的生命代价。

据中央网信办披露的有关信息显示，互联网媒体上"一些网络信息服务提供者意图获得最大推送量和最高点击率，使违法和不良信息充斥用户界面，严重影响了网络信息内容生态秩序。有的传播政治有害信息，恶意篡改党史国史、诋毁英雄人物、抹黑国家形象；有的制造谣言，传播虚假信息，充当'标题党'，以谣获利、以假吸睛，扰乱正常社会秩序；有的肆意传播低俗色情信息，违背公序良俗，挑战道德底

线，损害广大青少年健康成长；有的利用手中掌握的大量自媒体账号恶意营销，大搞'黑公关'，敲诈勒索，侵害正常企业或个人的合法权益，挑战法律底线；有的肆意抄袭侵权，大肆洗稿圈粉，构建虚假流量，破坏正常的传播秩序。这些乱象得不到有效根治，就无法满足人民群众对严肃信息和客观报道的合理需求，同时也会影响法律法规的尊严，损害广大人民群众的利益，破坏良好网络生态"①。除此以外，还有各种不良"大V"打着爱国主义旗号肆意地为赚取流量和不停地"割韭菜"而信口雌黄，大搞各种低级红和高级黑，恶意制造和传播夸大我国在某些方面取得的成就以博取"爱国"网民的眼球等各种不实信息，给广大人民、党和国家等造成非常恶劣的影响。总之，互联网媒体上充斥的各种不良信息危害巨大且得不到有效治理，必然会对大学生思想政治理论课认同产生不良影响。

近年来，国家大力开展网络整治成效也在一定程度上说明网络治理存在的问题不少且影响不小。为了营建安全、清朗的网络空间，公安部部署全国公安机关开展为期一年的打击整治网络违法犯罪"净网2018"专项行动，集中清理违法犯罪信息传播源头，强化落实互联网企业安全管理义务，持续加大网络犯罪案件侦办力度，破获刑事案件2万余起，抓获犯罪嫌疑人3万余名；清理各类违法犯罪信息156万余条，关停违法违规网络账号5万余个，指导境内互联网企业过滤违法犯罪网页2.04亿余个，对百度音乐、新浪微博、搜狗图片、网易博客、360搜索等43家传播涉枪、假证、银行卡、假发票、网络招嫖等违法信息的网站栏目以及世纪互联、鹏博士宽带、杭州电信、郑州联通等119家IDC（互联网数据中心）进行挂牌督办整治；关停或暂停服务网站3400余家，对百度、新浪微博、优酷等违法信息突出的1000余家网站予以行政罚款处罚，依法约谈整改企业10400余家。同时开展电商、网络游

---

① 方禹：《营造清朗网络空间，建设良好网络生态》，2019年12月21日，见http://www.cac.gov.cn/2019-12/21/c_1578463644413880.htm。

戏、网络直播、网络短视频等服务专项检查，关停网店 32 万余家，关停违法网络账号、通讯码号、支付账号等 14 万余个，关停违法主播账号 1000 余个和违法直播间 67 万余个，依法打击传播淫秽色情、血腥暴力等违法 APP 共计 5400 余款。针对网络黑灰产业为网络诈骗、色情、赌博等突出犯罪输血供电、形成网络犯罪利益链条的情况，公安机关还着力打击上游犯罪，加大力度对提供信息支撑、技术支撑和工具支撑的侵犯公民个人信息犯罪、黑客攻击破坏犯罪和非法销售"黑卡"犯罪进行严厉打击，抓获犯罪嫌疑人 8000 余名，其中涉电信服务商、互联网企业、银行等行业内部人员 300 余名，黑客 1200 余名，缴获"黑卡" 270 余万张。针对网络淫秽色情犯罪、网络赌博乱象、网络"套路贷"等人民群众深恶痛绝的违法犯罪，公安机关坚持主动出击、快速处置、重拳打击，抓获涉案人员 7000 余名，打掉赌球团伙 250 余个，取得阶段性突出成效。① 近年来公安部门连续多年开展的各种"净网"整治取得突出成就的诸多数据表明各种网络违法犯罪活动等十分猖獗且对大学生、对大学生的思想政治理论课认同也有着直接或间接的深刻影响。

营造清朗网络空间，建设良好网络生态，为促进大学生思想政治理论课营造良好的网络环境具有积极作用。习近平总书记指出："网络空间是亿万民众共同的精神家园。网络空间天朗气清、生态良好，符合人民利益。网络空间乌烟瘴气、生态恶化，不符合人民利益。我们要本着对社会负责、对人民负责的态度，依法加强网络空间治理，加强网络内容建设，做强网上正面宣传，培育积极健康、向上向善的网络文化，用社会主义核心价值观和人类优秀文明成果滋养人心、滋养社会，做到正能量充沛、主旋律高昂，为广大网民特别是青少年营造一个风清气正的网络空间。"② 党的十九大报告也指出："加强互联网内容建设，建立网

---

① 参见张岗：《"净网 2018"专项行动取得阶段性进展　公安部公布 10 起打击整治网络典型》，2018 年 9 月 7 日，见 http://www.sohu.com/a/252486226_420076。
② 《习近平谈治国理政》第二卷，外文出版社 2017 年版，第 336—337 页。

络综合治理体系，营造清朗的网络空间。"① 不仅如此，国家互联网信息办公室于 2019 年 12 月 20 日发布的第 5 号令《网络信息内容生态治理规定》自 2020 年 3 月 1 日起施行。这是我国在网络信息内容管理方面的一部重要立法，系统回应了当前网络信息内容服务市场所面临的问题，全面规定了网络信息内容生产者、网络信息内容服务平台、网络信息内容服务使用者以及网络行业组织等主体应当遵守的管理要求。这些论述、报告、规定等为营造清朗网络空间指明了方向，但仍然需要作出巨大努力贯彻落实到位，为促进大学生对思想政治理论课的认同营造良好的网络空间环境。

第三节　社会思潮利用新媒体的影响分析

新媒体隐匿、快速、便捷的传播特点为各种社会思潮广泛传播和影响提供了非常廉价和便捷的条件，进而对高校大学生思想政治理论课认同产生影响。这种影响主要是对大学生思想政治理论课教学内容、教学形式、教学方式等的影响，进而影响思想政治理论课的说服力，从而影响大学生对思想政治理论课的认同。

一、社会思潮对思想政治理论课的双重影响

网络信息技术开启了虚拟化生存时代，日常生活日益虚拟化。技术的划时代变革让信息传播打破了国家和媒体的界限，将一切置于一个四通八达的舆论平台上，舆论环境的深刻改变，既可以产生"四两拨千斤"的神奇效果，也可能造成"一颗老鼠屎坏了一锅汤"的不良影响。

---

① 习近平：《决胜全面建成小康社会　夺取新时代中国特色社会主义伟大胜利——在中国共产党第十九次全国代表大会上的报告》，人民出版社 2017 年版，第 42 页。

唯物辩证法基本原理告诉我们，任何事物都有两面性，没有绝对的好，也没有绝对的坏，抑或两者兼而有之，只不过是孰优孰劣各自所占的比重及影响不一而已。社会思潮对大学生的影响不仅有消极影响，也有积极影响。随着新媒体技术的发展和运用，大学生获取信息的能力和水平也在不断提高。具有一定主体能动性的大学生会通过网络获取媒体上传播的思想政治理论课上不讲的相关信息、对诸多鲜为人知的各种事实会有所了解，进而会进行比较分析并得出自己更加理性的思考和认识，形成自己的结论和判断。

在本书调研组回收的660份有效调查问卷统计中（下文不作特别说明均为该调查的统计结果），当在问及"你认为当代社会思潮会对大学生产生哪些有利影响？"（多项选择）时，不少被调查者认为当代社会思潮对大学生有积极影响，如理性思考、勇于创新、积极进取等，见表4-1。

表4-1　你认为当代社会思潮会对大学生产生哪些有利影响？

选项	理性思考	勇于创新	积极进取	重视道德	团结互助
次数	521	456	389	377	301
百分比	78.9%	69.1%	58.9%	57.1%	45.6%

在问及"你认为当代西方社会思潮会对学生产生哪些正面影响？"时的结果，如表4-2所示。

表4-2　你认为当代西方社会思潮会对学生产生哪些正面影响？

选项	注重开放创新学技术	注重追求人权、自由、平等、民主	更加关注国家命运、国际动态	提高审美水平及个人修养	注重管理知识、经济知识	其他
次数	470	462	365	313	278	56
百分比	71.2%	70.0%	55.3%	47.4%	42.1%	8.5%

关于"你认为当代西方社会思潮对大学生会产生哪些负面影响?"的调查结果，如表4-3所示。

表4-3　你认为当代西方社会思潮对大学生会产生哪些负面影响?

选项	功利化追求愈烈	拜金主义至上	享乐主义成风	攀比之风盛行	个人主义盛行	道德之风败坏	性解放	其他
次数	482	465	455	414	381	261	215	45
百分比	73.0%	70.5%	68.8%	62.7%	57.7%	39.5%	32.6%	6.8%

从被调查者认为当代西方社会思潮会对大学生的双重影响来看，与现实生活中普通民众的实际生活较为一致，如不少大学生功利化追求的趋向明显，拜金主义至上、享乐主义问题突出等。但在问及"您对社会思潮的认知有多少呢?"时的结果如表4-4所示，绝大多数大学生对社会思潮的了解和认知非常有限，这就需要思想政治理论课有所作为。

表4-4　您对社会思潮的认知有多少呢?

选项	熟悉	知道某些思潮的某些方面	听说过一点点而已	还是一点都不清楚
次数	23	338	258	41
百分比	3.5%	51.2%	39.1%	6.2%

当问及"你认为我国的社会思潮呈现怎样的特点?"时的回答，如表4-5所示。

表4-5　你认为我国的社会思潮呈现怎样的特点?

选项	传播方式更加多样化	与社会现实联系更加紧密	各种社会思潮相互影响相互融合	各种社会思潮交流交锋更强烈	由部分群体逐渐大众化	各种社会思潮发展更加迅速
次数	391	327	297	218	196	172
百分比	59.2%	49.5%	45.0%	33.0%	29.7%	26.1%

以上调查数据说明，当前我国社会思潮对思想政治理论课具有双重影响的诸多特点与现实社会的发展高度相关，即社会思潮的不良影响与通过思想政治理论课进行主流意识形态教育相比，具有诸多突出特点，尤其是传播方式更加多样化、与社会现实联系更加紧密、社会思潮间相互影响和融合等需要思想政治理论课予以引导。

二、社会思潮影响思想政治理论课认同的主体

社会思潮影响思想政治理论课认同的主体，主要是指社会思潮通过哪些主体影响大学生对思想政治理论课的认同。在一定层面上讲，受到社会思潮的影响后又影响大学生对思想政治理论课认同的主体较为广泛，可以是家庭成员、老师、同学、朋友、熟悉的人等。有调查显示，在问及"对你的思想影响最大的人谁？"时，32.38%的大学生认为是家人及亲属，25.35%的大学生认为是平时交往的朋友，26.42%的大学生认为是社会先进人物，16.05%的大学生认为是学校老师。再进一步问及"学校中对你思想影响最大的人是谁？"时，35.19%的大学生表示是思想政治理论课教师，27.35%的大学生表示是学生管理工作者，18.78%的大学生表示是校园同学，18.68%的大学生表示是专业课教师。在问及"对你的思想影响最大的方式是什么？"时，选择人际交往的占比为25.04%，选择家庭教育的占比为30.03%，选择网络媒体的占15.06%，选择学校教育的占15.19%，选择社会主题教育的为14.14%。[①] 同时，能够利用新媒体传播某种社会思潮而影响大学生的群体则同样较为广泛，他们可能是亲友、网友、朋友圈或大学生根本不认识的人。这些人与教师完全不一样，职业多样、角色不同，在社会阶层的地位和切身感知体验不同，因而他们利用新媒体传播其所见所闻所思所想及各种社会思潮的方式也不同。如果思想政治理论课不能正确有

---

① 参见王云涛：《当代社会思潮与大学生思想政治教育——基于河南部分高校的问卷报告》，《思想教育研究》2014年第5期。

效应对，社会思潮就会通过与大学生密切相关的各种主体对青年大学生的心灵和健康成长产生一定的影响，起着侵蚀作用，造成他们在心理、思想、意识和价值取向等各个方面与思想政治理论课不尽一致的混乱，甚至会滋生出逆反心理、浮躁情绪、颓废心态、过激行为，不利于或阻碍对思想政治理论课的认同。一些青年大学生深受社会思潮影响后，更容易迷糊而失去正常的理智与平和的心态，偏离社会发展大势，甚至走上极端，成为影响社会稳定与发展的潜在不安定因素。

三、社会思潮影响思想政治理论课认同的内容

各种社会思潮以主流意识形态存在的不足和现实问题为基础，直接或间接地影响着大学生对思想政治理论课内容的认同。为了把大学生培养成坚定的社会主义建设者和接班人，思想政治理论课教学内容大都是已经形成的定论，都是党的理论、路线、方针和政策，中国共产党领导广大人民在经济、政治、文化、社会、生态等各方面建设所形成的理论成果，都是以正面教育为主，都是满满的正能量，都是科学而正确的理论。思想政治理论课教学内容反映了党和国家的政治主张及利益诉求，主要着重当代中国化马克思主义的科学性、合理性、人民性、正确性等理论的阐释、宣传和教育，着重于改革开放以来执政党和政府所取得的各种辉煌成就，着重于未来的社会共同理想等思想政治课的理论教育。这些理论往往着重于党和国家及民族的整体、宏观利益而往往离具体的大学生日常生活感知及其生存和发展实际较远。同时，思想政治理论课主要是讲党和国家发展的历史必然选择、成就和合法性等，对社会主义革命、建设和改革开放过程中存在的某些错误或不足、问题、弯路、曲折等，如"大跃进"、"文化大革命"、贪污腐败、贫富差距扩大、诸多重大民生问题等轻描淡写或一笔带过，或视而不见，避而不谈，甚至不准谈、不准说、不准讲等。这恰恰为各种社会思潮的滋生、传播和产生不良影响等提供了据以兴风作浪的基础和口实。社会思潮就是利用这些

被掩饰、被遮蔽的问题或不良事实等大做文章，甚至不切实际地夸大问题或扭曲事实，唯恐不能吸引青年大学生的注意。大学生在生活、学习和工作中，因为生存、发展等不得不面对切切实实客观存在的各种社会问题，并有一定的切身感知和体验。社会思潮正是充分利用各种社会现实中的问题而兴风作浪，容易获得学生的共鸣。千百次苦口婆心的正面宣传和教育累积的效果可能瞬间就因大学生在现实社会中切身感知体验的不良遭遇或某一社会问题、社会思潮传播的不良信息等所颠覆。由于各种社会思潮均有一定的理论基础和直面某些现实问题，对部分民众的政治思想及其意识直接或间接地产生了一定的影响，在某种程度上传导给大学生，进而给思想政治理论课内容的认同带来了不得不面对的不良影响。

"我们不是从人们所说的、所设想的、所想象的东西出发，也不是从口头说的、思考出来的、设想出来的、想象出来的人出发，去理解有血有肉的人。我们的出发点是从事实际活动的人，而且从他们的现实生活过程中还可以描绘出这一生活过程在意识形态上的反射和反响的发展。"① 随着我国改革开放过程中经济、政治、文化、社会、生态等各方面的发展并取得各种成就的同时，也滋生出不少问题。当思想政治理论课不能勇于面对这些问题并难以提出有效化解问题的对策和方案时，各种社会思潮就会应运而生，针锋相对，兴风作浪，进而冲抵思想政治理论课的说服力和影响力。各种社会思潮往往是针锋相对地以思想政治理论课不讲或避而不谈或刻意回避的各种现实问题为基础，从不同方面蚕食和消解思想政治理论课的内容。如，普世价值思潮否定社会主义核心价值观，公民社会思潮、自由主义思潮等否定党和政府对社会的管理与控制，历史虚无主义否定党史、新中国史、军史等。普世价值社会思潮认为，基于人性有其共同性，因而整个世界或全球应该有某种共同普

---

① 《马克思恩格斯文集》第 1 卷，人民出版社 2009 年版，第 525 页。

遍适用的价值，以"普世标准"掩盖多元标准，将价值性知识包装为真理性知识；普世价值意欲动摇党执政的思想理论基础，认为有普遍适用、永恒存在的价值，认为民主、自由、平等、公平、正义、人权具有普遍适用性，把"普世价值"说成是超越时空、超越国家、超越阶级的人类共同价值，认为我们应该拥抱"普世价值"并按照"普世价值"去发展才有前途。公民社会思潮则认为，个人权利与自由是国家存在的基础并超越阶级和党派，国家、社会组织等都是个人的派生物，国家和组织的形成是个人有条件转让权利的结果，在个人权利被侵犯时必须抗争；认为"公民社会"独立于国家，且意欲瓦解执政党的社会基础。自由主义思潮认为，只要不妨碍别人的自由就有权做自己想做的事情，如反对激进，主张渐进；反对人治、专制、集权，主张民主，分权制衡；反对特殊化，主张全球化和普世价值；肯定、尊重和保护个人的价值、权利和尊严和利益。新自由主义则宣扬"私有产权神圣不可侵犯"、"私有制优越论"，强调"自由化"、"私有化"和"市场化"，主张以私有制为基础的市场经济模式，否定公有制、否定社会主义、否定国家干预，极力主张国企私有化、国有资产私有化；推崇"市场万能"，反对政府干预，强调国家对经济运行和经济活动的调控与干预越少越好，意欲改变我国基本经济制度。历史虚无主义思潮则通过否定、歪曲或者"还原"某些具体历史事件或人物，其政治观点意欲否定党史、新中国史和军史等。从这些社会思潮传播的与思想政治理论课不尽一致甚至相矛盾和冲突的内容与目的来看，恰恰是思想政治理论课不讲或反对的，必然会在一定范围或程度上影响大学生对思想政治理论课的看法或接受。

四、社会思潮影响思想政治理论课的渠道与形式

思想政治理论课课堂渠道、形式比较单一，影响有限，而社会思潮对大学生思想政治理论课的影响渠道和形式则非常具体而多样。思想政

治理论课中师生的地位难以平等，谈论的话语和主题多是严肃的政治话语，师生间因为政治性话题的敏感而难以有效进行掏心的亲切交流和讨论，对一些有争论的政治问题更是刻意回避或避而不谈，缺少内心深处的情感沟通和交流等。社会思潮对大学生的影响并不是强制的，大多可以通过家人、同学、朋友等进行讨论、交流、谈话或其他各种形式对青年大学生产生影响，与思想政治理论课的形式较为单一形成鲜明对比。据 660 份有效调查问卷统计显示，当问及"你接触和了解社会思潮的方式和渠道有哪些？"的调查结果，如表 4-6 所示。

表 4-6　你接触和了解社会思潮的方式和渠道有哪些？

选项	课堂教学和学术讲座	报刊书籍	与老师家长朋友同学间的交流	微信、微博、客户端等网络新媒体	影视文学娱乐活动
次数	482	403	276	523	308
百分比	73.0%	61.1%	41.8%	79.2%	46.7%

从表 4-6 的统计结果来看，被调查对象对社会思潮的了解最主要的渠道是新媒体，其次才是课堂教学和学术讲座和报刊书籍，影视文学和娱乐活动及通过与老师、家长、朋友、同学间的交流等来接触和了解各种社会思潮的方式也不可忽视。这说明，今天社会思潮对不同社会群体的影响是广泛的，人们接受社会思潮影响的形式和渠道也是多种多样的。在问及"你认为社会思潮交融交锋的阵地主要在哪里？"时的选择及其所占比例，如表 4-7 所示。

表 4-7　你认为社会思潮交融交锋的阵地主要在哪里？

选项	网络新媒体	协会论坛	学术论坛	学校课堂	日常交往场所
次数	476	451	415	162	110
百分比	72.1%	68.3%	62.9%	24.5%	16.7%

从表4-7可以清晰看出，网络新媒体是社会思潮交融交锋的主阵地，其次是协会论坛、学术论坛，学校课堂的影响则相对较小。青年大学生接受新媒体上各种社会思潮的影响却主要是在课堂之外，即使是在思想政治理论课课堂上，青年大学生也往往会利用手中的4G、5G智能手机不分场合和时间全天候地随时通过新媒体了解各种新闻趣事及其感兴趣的各种时讯信息和传播的社会思潮，并受其直接或间接、隐性或显性的影响。思想政治理论课课堂渠道主要是自上而下的正式渠道，即主要是通过课堂、主流报刊和电视新闻媒介等进行宣传和教育，渠道单一，而社会思潮不仅会通过各种新媒体渠道，而且更为主要的是通过各种新媒体平台横向传播，通过日常生活、学习、工作、活动等对大学生产生影响。

总之，具有一定生命力、感染力和影响力的社会思潮对大学生的影响，实际上也在考验思想政治理论课的教育途径、方法、形式的恰当性。思想政治理论课如何排除各种腐朽、堕落、消极、颓废社会思潮的不良影响，并采取大众所喜闻乐见的途径为大学生认可、接受已成为高校思想政治理论课不得不面对的重大课题。

五、社会思潮影响思想政治理论课的时间空间

思想政治理论课无论是时间还是空间都有其特定的局限性。从时间上来说，思想政治理论课每周也就不到10个学时，而社会思潮利用新媒体传播对青年大学生的影响却可以全天候进行，没有时间限制。从空间上来讲，主要是在学校每周固定的具体的教室里，而社会思潮利用新媒体传播的影响却是可以随着大学生到处移动的终端，与大学生每时每刻相伴随，在任何地点都可以为大学生了解并施加影响，没有空间限制。社会思潮或非主流意识形态对思想政治理论课的影响，突破了思想政治理论课时间空间的限制，即不再局限于课堂和校园，而是全天候全方位地覆盖到了大学生日常学习、生活、工作及其活动的所有时间和空

间，即大学生这个接受主体可以全天候 24 小时在有限的课堂外的家庭、校外、交友活动中随时随地受到社会思潮的影响。现实社会中的各种问题为社会思潮所利用，其通过新媒体对大学生产生的影响已经远远超过了思想政治理论课堂的时空限制。这就要求思想政治理论课，对各种社会思潮和非主流意识形态所产生的不良影响及其危害，要有针对性地给予科学、正确、合理的阐释与批判，才能更好地提升认同。

第五章　党风政风社风家风及法治状况的影响分析

马克思曾说过："全部社会生活在本质上是实践的。凡是把理论引向神秘主义的神秘东西，都能在人的实践中以及对这种实践的理解中得到合理的解决。"① 大学生思想政治理论课及其认同作为大学生学习和生活的主要内容，在本质上也是实践的，不是接受实践的印证，就是要受到实践的责难。党风、政风、社风、家风是政党、政府、社会和家庭在工作、生活中的一贯表现，是社会生活实践的重要组成部分，必然会对其中的大学生产生一定的影响。思想政治理论课是党的思想政治理论课，是阐述党的政治主张及其治国理政思想的特殊课程，必然会受到法治状况和党风政风社风家风影响，进而影响大学生的思想政治理论课认同。

第一节　法治中国建设状况的影响分析

依法治国是人类文明历史的经验总结和现代化强国建设的发展趋势。法治本身就是运用法律通过惩处违法犯罪的"假恶丑"而保护弱者以弘扬"真善美"。全面推进依法治国、建设法治中国是思想政治理论课的重要内容。推进全面依法治国和建设法治中国的现实状况会与思想政治理论课中的相关内容相一致或相矛盾，进而影响大学生对法治建设等相关内容的认同。现实生活中，全面依法治国的推进和建设法治中国富有成效则有助于促进大学生对全面依法治国和法治中国建设的认同；反之，则不然。在全面依法治国和推进法治中国建设的过程中，由于我国的人治传统和各种不良现实因素的影响等，使得现实社会中存在或出现各种与依法治国和建设法治中国不尽一致的立法不科学、执法不严格、司法不公正、部分党员领导干部不守法等诸多与全面依法治国和

---

① 《马克思恩格斯选集》第 1 卷，人民出版社 2012 年版，第 135—136 页。

建设法治中国目标不尽一致的不良现象或问题。身处社会中的大学生总会在不同范围内、不同程度上感知体验全面依法治国和法治中国建设状况。如果思想政治理论课一旦忽视或无视或回避法治中国建设中的问题，或与法治精神相去甚远，或者无视社会现实中违法犯罪的"假恶丑"，而只讲"真善美"，就会与培养大学生尊法、学法、守法、护法等相矛盾或冲突，就会影响大学生对思想政治理论课的认同。

一、建设法治中国是大学生思想政治理论课的重要内容

法律是治国之重器，良法是善治之前提。法治是现代文明的制度基石，法治兴则国家兴，法治衰则国家乱。法律面前要人人平等就是老百姓说的"一碗水要端平"。公平正义是法治的生命线。法治不仅要求完备的法律体系、完善的执法机制、普遍的法律遵守，更要法律能够主持和维护公平正义。党的十九大报告指出："党的领导是人民当家作主和依法治国的根本保证，人民当家作主是社会主义民主政治的本质特征，依法治国是党领导人民治理国家的基本方式，三者统一于我国社会主义民主政治伟大实践。"① 建设法治国家的理论与精神同建设社会主义法治中国是大学生思想政治理论课中的重要组成部分。大学生思想政治理论课"思想品德与法治"中专门讲述全面依法治国、建设法治国家和习近平法治思想等反映了社会主义生产关系的本质要求，为实现社会人际平等、自由等奠定了坚实基础、开辟了广阔空间，实现了对历史上各种类型法律制度的超越。坚持党的领导，不是一句空洞的口号，必须具体体现在党领导立法、保证执法、支持司法、带头守法上。坚持法律面前人人平等，尊重和维护法律权威，依法行使法律权利与履行法律义务等。全面依法治国和建设法治中国，离不开每个公民的参与和推动。

全面依法治国和建设法治中国也是大学生思想政治理论课"毛泽

---

① 习近平:《决胜全面建成小康社会 夺取新时代中国特色社会主义伟大胜利——在中国共产党第十九次全国代表大会上的报告》，人民出版社 2017 年版，第 36 页。

东思想和中国特色社会主义理论体系概论"中民主法治部分章节的重要内容。我国"发展社会主义民主政治"要"走中国特色社会政治发展道路，必须坚持党的领导、人民当家作主、依法治国有机统一"①。其中"全面依法治国"内容强调，坚持人民在全面依法治国中的主体地位，坚持法治为了人民、依靠人民、造福人民、保护人民。保证人民在党的领导下，依照法律规定，通过各种途径和形式管理国家事务，管理经济和文化事业，管理社会事务，把体现人民利益、反映人民愿望、维护人民权益、增进人民福祉落实到依法治国全过程，使法律及其实施充分体现人民意志，充分调动人民群众投身依法治国实践的积极性和主动性，使全体人民都成为社会主义法治的忠实崇尚者、自觉遵守者、坚定捍卫者。坚持法律面前人人平等。在立法、执法、司法、守法各个方面体现人人平等，任何组织和个人都必须尊重宪法法律权威，都必须在宪法法律范围内活动，都必须依照宪法法律行使权力或权利、履行职责或义务，都不得有超越宪法法律的特权，任何人违反宪法法律都要受到追究等。

全面推进依法治国、建设法治中国也是大学生中正在开设的"习近平新时代中国特色社会主义思想概论"课程的重要组成部分。在全面依法治国、建设法治中国的进程中，大学生肩负着重要责任，大学生要担当民族复兴大任，不仅要加强思想道德修养，而且要努力提高法治素养。这就需要进一步学习马克思主义法学理论，深刻理解社会主义法律的本质特征和运行机制，整体把握中国特色社会主义法律体系、法治体系和法治道路的精髓，培养法治思维，尊重和维护法律权威，依法行使权利与履行义务，以实际行动带动全社会崇德向善，努力做尊法、学法、守法、用法的模范。

从以上大学生思想政治理论课课程教材相关内容来看，全面依法治

---

① 参见本书编写组：《毛泽东思想和中国特色社会主义理论体系概论》，高等教育出版社2018年版，第215页。

国和建设法治中国等相关内容占据了不少的比重且有明确的内容。党的十八大以来，党和国家推进全面依法治国和建设法治中国取得了巨大成就的同时，由于传统法治精神缺乏和两千多年根深蒂固人治思想的影响及现实中各种没有受到有效约束或监督不到位的权力作祟等，使得现实生活中常常出现诸多与法治精神背道而驰且令人担惊受怕的各种法治问题。如 2022 年初引发国际社会高度关注的徐州封县铁链女事件和后来唐山发生的"打人事件"等恶劣违法事件令人深感不安，其引发的各种舆论必然会对大学生产生一定的影响。大学生是否对思想政治理论课中法治内容认同，在很大程度上需要从现实生活中的切身感知体验和形成重大网络舆论或备受高度关注的各种违法犯罪事件的多少及其恶劣程度和影响等来作进一步确认。如果大学生生活的现实中代表公平正义的法治精神处处得到彰显，则大学生对思想政治理论课上讲授的法治内容就会予以认同，反之则不然。

二、法治建设问题对大学生思想政治理论课认同的影响

大学生是生活在现实中的大学生，必然会在其生活和成长的过程中通过诸多切身感知体验对我国法治状况进行再认识。法治建设涉及千家万户，是广大国民在日常生活中经常不得不面对的问题。不少大学生在日常的生活、学习和工作中就会遇到各种各样的法治问题。如果国家法治状况良好，大学生则容易认同思想政治理论课中的法治内容。如果国家法治状况不好，则难以认同思想政治理论课中的相关内容。如果大学生及其家人在生活中因为遭遇执法不公或法治精神不彰等各种法治问题，就会影响到大学生对思想政治理论课法治内容的认同。高度的民主政治是社会主义政治文明的实质。但由于我国社会民主传统缺乏，法律权威不够，因此权大于法、以权代法、以言代法的案例屡见不鲜。这与建设社会主义法治国家、依法行政的要求严重背离。虽然大学生思想政治理论课对我国法治有非常清晰而明确的阐述，表明了建设社会主义法

治国家的内容、目标和要求等，但由于历史上根深蒂固的人治思想和权力高度集中而得不到有效约束，以及追求不良政绩等导致一些党组织、政府部门和党员领导干部等违法犯罪的情况在一定范围内和一定程度上客观存在，与法治中国、法治政府建设不尽一致等，如党的十八大以来查处各种党员领导干部违法犯罪的数量惊人等，必然会在某种范围内或程度上影响到大学生对法治中国建设等相关思想政治理论课内容的认同。

各级党委、政府和党员领导干部一旦违法犯罪没有受到及时查处，就会对大学生思想政治理论课中的民主法治相关内容的认同产生影响。尽管任何组织或者个人都不得有超越宪法和法律的特权，但现实中部分党员领导干部超越宪法和法律的特权思想和特权现象在一定程度上存在且影响极坏。改革开放以来很长一段时间，党员领导干部超越宪法和法律规定而利用特权违法犯罪现象突出且影响极坏。党的十八大以来惩贪反腐结果就说明了此前该问题的严重和影响极坏。"党的十八大以来，共立案审查省军级以上党员干部及其他中管干部 440 人，其中十八届中央委员、候补委员 43 人，中央纪委委员 9 人；厅局级干部 8900 余人，县处级干部 6.3 万人；处分基层党员干部 27.8 万人；追回外逃人员 3453 名，'百名红通人员'48 人落网。"[1] 这些被查处的诸多党员领导干部家中就有不少大学生，包括与之密切相关的其他大学生更是不少。这些大学生的法治意识或法治思想在其父母被查处前后会受到多大的影响也无从得知。如果说党的十八大以前，大学生主要是通过切身感知或非官方报道了解党员领导干部的贪污腐败问题，那么党的十八大以来公开的反腐败报道则会直接为大学生所知悉并产生深远影响。这是改革开放 40 多年来惩贪反腐成效最为突出的时期，同时也反映了此前很长一段时期党员领导干部的违法犯罪问题比较突出，甚至形成诸多不良风气并对大学生思想政治理论课认同产生了消极影响。惩贪反腐取得的显著

---

① 朱基钗等：《五年反腐成绩单：查处省军级以上党员干部及其他中管干部 440 人》，2017 年 10 月 19 日，见 http://www.xinhuanet.com/politics/19cpcnc/2017-10/19/c_1121825888.htm。

成就对大学生思想政治理论课而言，一方面会产生积极影响，使大学生相信和认同中国共产党惩治贪污腐败的决心和勇气，是全心全意为人民服务的政党、值得信赖和认同的执政党。另一方面，也会产生消极影响，即在思想政治理论课中反复强调的中国共产党及其政府是全心全意为人民服务的政党和政府竟然会有这么多的高级党员领导干部走上了贪污腐败、违法犯罪的歧途，进而影响大学生对党和政府的信任及其"四个自信"。

法治不彰导致黑恶势力猖獗，就会牵扯并影响到若干大学生，进而对大学生思想政治理论课的不良影响也难以估计。2018 年 1 月，中共中央、国务院发出《关于开展扫黑除恶专项斗争的通知》，决定在全国开展扫黑除恶专项斗争。2018 年 2 月 2 日，最高人民法院、最高人民检察院、公安部、司法部四部门联合发布《关于依法严厉打击黑恶势力违法犯罪的通告》，扫黑除恶的横幅和标语甚至挂进了幼儿园等引起社会的关注。2019 年获死刑后又"王者归来"的孙小果案更是影响极大。[1] 中央专门为昆明恶霸孙小果一案成立督导组并点名要办成铁案等，央视报道受到全国人民的关注程度史无前例。虽然，孙小果案及其相关公务人员已经被严肃查处，但其恶劣影响却难以完全消除。扫黑除恶的突出成就说明，被扫的"黑"和被除的"恶"已经存在很长时间且造成了诸多不良的影响，发生在 2022 年上半年的唐山打人事件及其黑恶势力的保护伞等更是令人害怕且对社会产生的各种不良影响甚深，对大学生思想政治理论课认同也会产生难以言说的不良影响。

国家在快速发展过程中出现的诸多与全面依法治国和法治中国、法治政府建设背道而驰的问题，肯定会涉及不少大学生，进而影响其对思想政治理论课相关内容的认同。如类似秦岭别墅拆除案在全国各地一定范围内不同程度客观存在，对大学生思想政治理论课的认同影响不小。

---

[1]　参见余辉：《首次披露：20 年前被严批为"狂妄自大"的孙小虹，涉孙小果案!》，《北青报》2019 年 12 月 14 日。

因为秦岭北麓西安段共有 1194 栋违建别墅被列为查处整治对象，涉及官员千余人。[①]"秦岭违建别墅拆除"备受社会关注并产生诸多不良影响。这些千余官员家庭中有多少大学生且对大学生到底产生了多少影响难以得知。全国各地其他类似的违建、拆迁案件和现象更是难以估算并涉及不少大学生。这些案件中，地方政府及其不少领导干部与商人违法合谋私利的犯罪行为，不仅对社会的影响巨大，同时也会影响到不少家庭中若干大学生，进而对大学生思想政治理论课相关内容认同产生不小影响。

总之，大学生不仅是生活在校园中、课堂里的大学生，同时也是生活在社会现实中的有自己思想意识的独立主体。大学生不仅会根据思想政治理论课内容来了解和认识社会，了解和认识中国特色社会主义，同时大学生也会通过自己在社会现实中的切身感受和获取的各种信息等来理解、再认识和对待思想政治理论课中的相关重要内容。不仅如此，大学生思想政治理论课认同不仅要高度重视其在校内的认同，而且还要高度重视其在校外或进入社会后的认同。这就需要我们在大力推进全面依法治国和建设法治中国、法治政府的过程中作出更多更大的努力，使大学生深深地感受法治中国的全面依法治国并成为尊法、守法、护法的使者，进而推动法治中国的建设。

第二节　党风政风社风家风及其影响分析

"人们的观念、观点和概念，一句话，人们的意识，随着人们的生活条件、人们的社会关系、人们的社会存在的改变而改变，这难道需要

---

① 参见佚名：《秦岭别墅 6 次批示拆不动，他们的胆儿真肥》，《中国新闻周刊》2019 年 1 月 19 日。

经过深思才能了解吗?"① 人的思想政治意识往往是由社会存在所决定并随着其发展变化而不断发展变化。一定时期内流行于特定群体的时尚风气本身就是社会存在的某种反映,必然会对生活于其中的人们的思想政治意识有着不可忽视的潜在的重要影响。"人创造环境,同样,环境也创造人。"② 人能够创造环境,同时人无论何时何地又都处在一定的环境中,离不开环境并受环境的影响。风气本身也是环境的一个重要组成部分。人和环境、风气相互作用,不可分离。特定社会环境中形成的独特风气会在不知不觉中直接或间接、显性或隐性地影响着人的思想政治意识。人们的正确思想政治意识或错误思想政治意识的养成及其发展,都与其所处的环境及其风气密切相关。风尚习气是人所生存发展的社会环境的重要组成部分,对人产生间接和隐性影响。"人的本质不是单个人所固有的抽象物,在其现实性上,它是一切社会关系的总和。"③大学生的本质也是各种社会关系的总和,这些社会关系如何又往往会受到各种党风、政风、社风、家见等风尚习气的影响。某个时期特定环境中的党风、政风、社风、家风是相互有别且又相互联系,有着不同地位和作用并对其中的社会成员包括大学生等的学习、生活、工作、思想政治意识等产生深刻影响。

一、党风政风社风家风与大学生

风气,即风尚习气,主要是指社会或某个组织、群体等在一定时期一定范围内竞相仿效和传播流行的观念、爱好、习惯、传统和行为。风气有好与坏之分,或有积极与消极之别。风气本身就是环境、氛围的重要组成部分及其反映,对人的影响不可忽略。健康积极向上的风气对生活于其中的群体或个体具有正向的环境熏陶作用,而不好或消极堕落的

---

① 《马克思恩格斯选集》第 1 卷,人民出版社 2012 年版,第 419—420 页。
② 《马克思恩格斯选集》第 1 卷,人民出版社 2012 年版,第 172—173 页。
③ 《马克思恩格斯选集》第 1 卷,人民出版社 2012 年版,第 139 页。

风气则不利于生活在其中的群体形成良好的思想道德素质，甚至造成不良影响，形成恶性循环。风气的影响是间接、隐性、潜在、无意识的，但其作用却不可低估，甚至比直接、显性、有意识的教育更为有效。这也正是"环境决定论"所特别强调或看重的主要原因。

党风政风社风家风是在政党组织、政府机关、社会现实和家庭中广泛盛行传播，从而形成的较为稳定的风尚习气。良好的党风政风社风家风有利于政党、政府、社会、家庭及其成员思想政治意识的健康发展，反之则不然，甚至相反。党风政风社风家风之间的辩证关系决定于政党、政府、社会、家风四者间的关系。根据我国政党、政府机关、社会、家庭四者相互间的地位、作用不同及其相互关系，决定了形成的党风政风社风家风相互有别且各自的地位与作用也不完全相同。就党风、政风、社风、家风四者的关系来看，前者对后者的影响大，后者对前者的影响小。其中党风影响最大，这是由政党的地位和作用所决定的，其次是政风，然后是社风和家风。当然，家风和社会风气也会在一定程度上影响政风，进而影响党风。我国的大学生都是生活在特定的政党组织、政府机关、社会和家庭之中，必然会受到生活于其中的党风、政风、社风和家风的影响。

（一）党风与大学生

"党风"一词经历了漫长的形成与发展过程。恩格斯最早在党的建设中使用"作风"一词。十月革命后，列宁也多次使用"作风"一词，主要是批评严重脱离群众的官僚主义作风。在党的历史上，毛泽东最早提出"党风"这个科学概念并形成了一套党风建设理论。毛泽东在《整顿党的作风》中就把作风由党员个人的形象扩展为党组织的整体形象，把作风由一般的工作作风推及到政治、思想、组织、生活等各个方面。在党的七大上，毛泽东对中国共产党的党风内容作了高度概括，这就是："以马克思列宁主义的理论思想武装起来的中国共产党，在中国人民中产生了新的工作作风，这主要的就是理论和实践相结合的作风，和人民群众紧密地联系在一起的作风以及自我批评的作风。"① 因此，党风主要是指一个政党的作风，即某个政党通过一定数量的组织或成员的活动，所表现出来的相对稳定并具有一定倾向性和影响的行为方式、思想作风、工作作风和生活作风的总称。党风既是党组织及整个党的风貌和形象，又体现在每一个具体的党员的生活、工作、思想、政治、行为等各个方面之中，且两者相互作用和影响。

中国共产党是执政党，其他民主党派是参政党。党的十九大报告指出，"明确中国特色社会主义最本质的特征是中国共产党领导，中国特色社会主义制度的最大优势是中国共产党领导，党是最高政治领导力量，提出新时代党的建设总要求，突出政治建设在党的建设中的重要地位"②。"党政军民学，东西南北中，党是领导一切的。"③ 由于中国共产党是执政党和领导党，对其他民主党派影响巨大。中国共产党的党风，主要是指中国共产党组织自身内部形成的风尚和习气，主要表现为中国共产党各级组织及其党员领导干部在日常的生活、学习和工作中表现出来的一贯的风尚习气。中国共产党的党风对其他民主党派和社会风气有着决定性的影响和作用。这是由中国共产党的地位和作用所决定的。党风有好有坏。好的党风，如实事求是、理论联系实际的作风、密切联系群众的作风、批评与自我批评的作风、谦虚谨慎与艰苦奋斗的作风、民主集中制的作风等。但在不同时期因为各种不良传统和国内外不良因素的影响等，党内也会形成一些背离或表现出与党的性质和宗旨不尽一致的不良风气，如"浮夸风"、"报喜不报忧"、"左"倾和形式主义、官僚主义、本本主义、拜金主义、个人主义、享乐主义、奢靡之

---

① 《毛泽东选集》第三卷，人民出版社 1991 年版，第 1093—1094 页。
② 习近平：《决胜全面建成小康社会　夺取新时代中国特色社会主义伟大胜利——在中国共产党第十九次全国代表大会上的报告》，人民出版社 2017 年版，第 19—20 页。
③ 习近平：《决胜全面建成小康社会　夺取新时代中国特色社会主义伟大胜利——在中国共产党第十九次全国代表大会上的报告》，人民出版社 2017 年版，第 20 页。

风、独断专横、个人崇拜等等。党风好则政风就好、社会风气就好、家风也会好。党风不好则政风、社风、家风难好。

党风不仅包括各级党政机关和社会组织中的各级党组织及其党员领导干部中盛行的风尚和习气，也包括高校内部的各级党组织及其党员领导干部和学生党组织及其学生党员领导干部群体中形成的风尚习气。不少大学生本身就是各级党组织的成员，按照规定也要过组织生活，有些大学生则是生长在党员领导干部家庭中的子女等。因此，党在不同区域或不同单位中形成的党风都会直接或间接地对学生党组织和团学组织及党员大学生等产生一定的影响，进而影响非党员大学生，即影响党员大学生和非党员大学生对思想政治理论课所讲的中国共产党是全心全意为人民谋利益和为中华民族谋复兴的无产阶级政党及其相关内容的认同。好的党风有利于促进大学生增强对党的信任，感党恩听党话跟党走，有利于促进大学生对思想政治理论课的认同。反之，不好的党风不仅不利于增强大学生对党的信任，即一方面容易导致大学生对党的排斥或反感；另一方面则容易导致大学生形成投机心理或出于功利入党等不良现象，影响党组织的健康发展，进而影响大学生内心深处对思想政治理论课的认同。为此，党的十九大报告强调：要"持之以恒正风肃纪。我们党来自人民、植根人民、服务人民，一旦脱离群众，就会失去生命力。加强作风建设，必须紧紧围绕保持党同人民群众的血肉联系，增强群众观念和群众感情，不断厚植党执政的群众基础。凡是群众反映强烈的问题都要严肃认真对待，凡是损害群众利益的行为都要坚决纠正。坚持以上率下，巩固拓展落实中央八项规定精神成果，继续整治'四风'问题，坚决反对特权思想和特权现象"①。

---

① 习近平：《决胜全面建成小康社会　夺取新时代中国特色社会主义伟大胜利——在中国共产党第十九次全国代表大会上的报告》，人民出版社 2017 年版，第 66 页。

（二）政风与大学生

由于党风和各种因素的影响等，在中国共产党领导下的各级各类政府机关组织及其成员中也会在一定时期内形成并表现出较为稳定的风气，即政风。政风，就是各级政府机关、管理部门及其组织成员在日常工作、生活和学习中表现出来的风尚习气。政风也是一种非常重要的行政环境，对生活或工作于其中的人员（包括大学生）会产生重要影响。一个地方、一个部门、一个单位的政风如何，会对社会有很强的示范性和导向作用。政风好，就能促进政治风尚的改善和社会风气的好转，并会通过各种方式影响大学生的思想政治意识。相反，政风不好，就可能会影响社会风气使社风变坏，使党和政府的形象受到损害，也会影响到大学生的思想政治意识。

在我国，高校虽然不同于政府部门，但同样是比照机关政府架构和运行模式设置和运行的教育机构，不仅有着严格的行政级别及其待遇，同样也有很多类似的运行方式。尽管关于学校"去行政化"等已经喊了很多年，但由于特殊的国情和制度及体制机制等，使得学校的机关、职能部门难以"去行政化"而会在各种行政工作及其生活中表现出与政府机关相似的政风。政府机关影响学校行政管理的作风，进而影响生活学习于学校中的大学生，影响大学生对思想政治理论课相关内容的认同。因为大学生不仅生活在一定的类政府机关环境中，而且不少大学生的父母本身就是政府机关的公务人员，或其家庭成员及其生活总离不开要通过各种特定政府机关及其相关工作人员办理各种相关事宜等，因而会对政府的作风有一定的感知或了解、认识，进而会影响其对人民政府的认知，影响其对思想政治理论课中所讲的"人民政府为人民"及其相关内容的认同。好的政风有利于形成好的社风和家风，有利于促进大学生对思想政治理论课相关内容的认同，反之则不然。一旦大学生了解和认识的政府机关作风与思想政治理论课所讲的内容并不完全相符，必然会直接或间接地影响其对思想政治理论课的认同。

学生组织也基本上是按照行政化开展相关活动，当然也会受到不良政风的影响而影响大学生的思想政治意识，进而影响大学生干部或影响普通大学生对思想政治理论课相关内容的认同。如 2018 年 7 月 19 日，中山大学学生会官方微信公众号发布《中山大学学生会 2018—2019 学年度干部任命公告》公布 200 多名学生干部的任免公告引起广泛争议。这则公告饱受争议与批评的原因主要有两点：一是对学生干部的职级称谓，即大部分学生干部的头衔说明都会加上一个与行政职级相似的称谓。整篇公告看下来几乎全是"副部级"以上干部，不仔细看还以为是官员任免公告。二是行文术语极为官僚化，全文与政府机关的官员任免公告并无差异，甚至有副主任主持常务工作、专职委员定为副部级、副部长享受正部长级配置等与官场生态颇为类似的表述。① 类似的情况在网络新媒体上也多有报道。这表明学生会组织及大学生等已经在某种范围内或某种程度上深受不良政风的影响，进而会影响大学生对思想政治理论课中相关内容的认同。

（三）社风与大学生

社风是社会风气的简称，亦可称为民风，是社会经济、政治、文化和道德等状况的综合反映，同时也反映一个民族的价值观念、风俗习惯与精神面貌。宋朝的范成大《吴船录》卷下曰："土人云：江上社前后，辄大风数日，谓之社风。"从微观角度看，社风实际上是社会群体中人际关系形成的一种氛围，是影响群体意识、群体凝聚力和群体工作效率的一个重要因素。社会风气表现在社会生活的各个方面，渗透在人们的言论和活动中，对人们的思想、心理和情感常发挥潜移默化的影响作用。如何处理个人与他人、个人与群体及国家的关系，是社会风气好

---

① 参见陈鹏等：《高校学生干部，"过官瘾"还是服务学生》，《光明日报》2019 年 7 月 31 日。

坏最重要的指标。社会风气的好与坏是推动或阻碍社会前进的巨大力量，因为它会直接或间接地影响到大学生的身心健康、社会安危、国家存亡与民族兴衰。如大学生生活的社会中是奉行诚实劳动为本，还是以坑蒙拐骗为荣；是踏实进取还是投机取巧；是积极进取还是佛系躺平……都会影响到存在于其中的每一个人，包括所有的大学生。形成良好的社会风气，对于振奋民族精神、培养积极乐观、勤劳朴实、道德高尚的现代市民和社会安定及大学生具有重要意义。

大学生来自社会，在学习期间也与社会有着各种密切的往来、对社会有一定的了解，实习实践或就业都是要回归社会。今天的大学校园虽然独立于社会，但却是社会中的学校，既然是社会中的学校，就不得不以社会的需要和发展为导向设置专业和相应的课程，与社会有着各种密不可分的联系。学习于校园中的大学生也生活在社会之中，必然会受到各种社会风气的影响。大学生的就业、生活、工作、学习等更多地依赖于社会，其生存和发展也会以社会的需要和发展为导向，必然也会深受社会风气的影响并以社会的需要作为学习和生活追求的取向。社会风气对大学生的影响非常重要。社会风气好，说明党风、政风好，说明党和政府对社会治理有成效，就有利于大学生对思想政治理论课的认同；社会风气不好，说明党风政风不佳，说明党和政府对社会的治理不好，就不利于大学生对思想政治理论课的认同。为此，党的十九大报告提出："要以培养担当民族复兴大任的时代新人为着眼点，强化教育引导、实践养成、制度保障，发挥社会主义核心价值观对国民教育、精神文明创建、精神文化产品创作生产传播的引领作用，把社会主义核心价值观融入社会发展各方面，转化为人们的情感认同和行为习惯。"[1] "深入实施公民道德建设工程，推进社会公德、职业道德、家庭美德、个人品德建设，激励人们向上向善、孝老爱亲，忠于祖国、忠于人民。加强和改进

___

[1] 习近平：《决胜全面建成小康社会 夺取新时代中国特色社会主义伟大胜利——在中国共产党第十九次全国代表大会上的报告》，人民出版社 2017 年版，第 42 页。

思想政治工作，深化群众性精神文明创建活动。弘扬科学精神，普及科学知识，开展移风易俗、弘扬时代新风行动，抵制腐朽落后文化侵蚀。推进诚信建设和志愿服务制度化，强化社会责任意识、规则意识、奉献意识。"① 这些重要论述，既反映了社会风气存在的问题，也对净化社会风气提出了要求。无论是社会风气存在的问题，还是社会风气的改善等，都会对大学生产生一定的影响。社会风气是整个社会环境的折射。培养大学生形成良好的身心健康、人际融洽、心理和谐，积极向上和努力成为社会主义现代化强国的建设者和接班人，就必须优化整个社会环境及其氛围。

（四）家风与大学生

"家风"又称门风，是一个家族世代相传形成和沿袭表现出来的风尚习气、生活作风，体现家族成员精神风貌、道德品质、审美格调和整体气质的家族文化风格。家风对家族的传承、民族的发展有重要影响。家风是家庭为后人树立的价值准则。家风是建立在中华文化之根上的集体认同，是每个个体成长的精神足印。家风对社会风气有重要影响。尊老孝老爱幼的家风让邻里争相效仿，会形成敬老爱老之风；慈善助人的善举家风会在社会各界爱心人士中广泛弘扬，会形成崇德向善之风；返乡祭祖的民间家风文化活动凝聚着中华儿女的心，从而会形成寻根感恩之家风。良好家风会对大学生良好思想品德的形成产生好的影响，有利于大学生的健康成长和对思想政治理论课的认同；不好的家风则不利于大学生思想品德的形成及其健康成长和对思想政治理论课的认同。

不少大学生生长于党员领导干部家中。党员领导干部的家风不仅对社会风气的好坏有着重要影响，而且也对其大学生子女影响不小。党的十八大以来，习近平总书记高度重视家风建设，特别是高级党员领导干

---

① 习近平：《决胜全面建成小康社会　夺取新时代中国特色社会主义伟大胜利——在中国共产党第十九次全国代表大会上的报告》，人民出版社 2017 年版，第 43 页。

部的家风建设，充分说明家风对子女（其中不乏大学生）的健康成长
有重要影响。党员领导干部的家风，不是个人小事、家庭私事，而是领
导干部的作风、党风、政风在家庭中的重要表现。领导干部的家风好，
子女的作风才能好，清正廉洁的社会风气才能在党的建设中久久为功、
扎实推进。"天下之本在国，国之本在家。"（《孟子·离娄上》）社会风
气是党员领导干部家风的某种集中表现。千千万万个党员领导干部家庭
的家风好、子女教育得好，社会风气就会好。因此，习近平在不同的重
要场合讲话中多次强调："领导干部的家风，不仅关系自己的家庭，而
且关系党风政风。各级领导干部特别是高级干部要继承和弘扬中华优秀
传统文化，继承和弘扬革命前辈的红色家风，向焦裕禄、谷文昌、杨善
洲等同志学习，做家风建设的表率，把修身、齐家落到实处。各级领导
干部要保持高尚道德情操和健康生活情趣，严格要求亲属子女，过好亲
情关，教育他们树立遵纪守法、艰苦朴素、自食其力的良好观念，明白
见利忘义、贪赃枉法都是不道德的事情，要为全社会做表率。"①"每一
位领导干部都要把家风建设摆在重要位置，廉洁修身、廉洁齐家，在管
好自己的同时，严格要求配偶、子女和身边工作人员。"② 2016 年 12 月
26 日至 27 日，习近平总书记在主持中共中央政治局召开民主生活会发
表重要讲话中指出："中央政治局的同志要抵制特权思想，不搞特殊
化，加强对亲属子女和身边工作人员的教育管理。"③"各级领导干部是
人民公仆，没有搞特殊化的权利，要带头执行廉洁自律准则，自觉同特
权思想和特权现象作斗争，注重家庭、家教、家风，教育管理好亲属和
身边工作人员。"④ 习近平总书记关于党员领导干部家风的重要论述，

① 《习近平谈治国理政》第二卷，外文出版社 2017 年版，第 356 页。
② 习近平：《在第十八届中央纪律检查委员会第六次全体会议上的讲话》，人民出版社 2016
年版，第 12 页。
③ 《习近平谈治国理政》第二卷，外文出版社 2017 年版，第 191 页。
④ 《中国共产党第十八届中央委员会第六次全会会议公报》，人民出版社 2016 年版，第
15 页。

不仅说明了党员领导干部家风建设对其子女影响非同小可，而且对党风、政风和社会风气也有着非常重要的示范效应和重要影响。因此，要增强大学生对思想政治理论课的认同，需要我们对大学生的家风建设作出相应的努力。

（五）党风政风社风家风相互作用与大学生

风成于上，俗成于下。党风、政风、社风、家风相互间虽相互独立，但却又相互影响、相辅相成。社会风气由社会各种因素综合而成。党风政风起到了重要的导向或决定作用。如果说，党风政风就是官风，则社会风气和家风就是民风。官风和民风的关系是：官风决定民风，民风反映官风。民风是官风的"晴雨表"和"显示屏"。官风怎么样，会通过民风反映出来。大学生是生活在一定的党风政风社风家风中的大学生，其思想政治意识如何，必然会在一定程度上受到党风政风社风家风的直接或间接影响。

在我国，中国共产党是领导党和执政党。党风影响非同小可。在党风政风社风家风中，党风是影响政风、社风和家风的根本性因素，党风影响政风，党风和政风影响社会风气和家风，家风和社风反过来也会对政风和党风产生一定影响。党风的好与坏不仅直接或间接地反映党组织及其成员作风的好与坏，而且还对政府的作风及社会风气等产生相应的影响，即党风好，则政风好，党风好、政风好则社会风气就好。党风政风社风都好，则对家风就会有积极影响。党风不好、政风不好则社会风气就不好。反过来，家风不好，尤其是党员领导干部特别是高级党员领导干部的家风不好，则社风难好、政风难好。当然，社会风气反过来又会对政风和党风产生影响，即社会风气好，有利于促进政风和党风的好转。

无论是从革命时期到社会主义革命和建设时期，还是从改革开放以来到中国特色社会主义进入新时代，只要党风纯正，政风就会清廉且风清气正，则社会风气就会很好，家风也好，社会健康和谐有序，有利于大学生对思想政治理论课相关内容的认同。反之，如果党风不纯，则政风不好，社会风气也不好，家风难好，大学生对思想政治理论课的相关内容就难以认同。党员领导干部的家风，尤其是高级党员领导干部的家风对党风、政风、社风等的影响不可低估，进而会严重影响大学生对思想政治理论课相关内容的认同。社会风气的好与坏与大学生是否认同思想政治理论课相关内容，根本上取决于党风建设状况，重点在于党员干部的示范性影响。这也是党的十八大以来，党中央和国务院狠抓形式主义、官僚主义、享乐主义和奢靡之风等"四风"问题和全面从严治党，全面开展惩贪反腐，"打虎"、"拍蝇"、"猎狐"坚持常抓不懈的真正原因所在。如果各级党员干部讲党性、重品行、作表率，模范遵守党纪国法、严于律己，一级抓一级，一级带一级，在全党和全社会就会形成健康向上、文明和谐的良好风尚。只有狠抓党风政风，形成清正廉洁的党风政风引领整个社会风气的改善，才能让社风民风更加纯朴友善，才能形成整个社会风气的良性大循环，进而促进大学生对思想政治理论课相关内容的认同。

二、党风政风社风家风对大学生思想政治理论课认同的影响

大学生对思想政治理论课认同与否，以及认同的范围、程度与党风政风社风家风等影响密切相关。党风政风社风家风直接或间接、有意或无意、隐性或显性地影响着大学生对思想政治理论课相关内容的认同。但是，这并不是说，党风政风社风家风的影响都一样或同等。在不同的时间节点或场合，党风政风社风家风对大学生思想政治理论课认同的影响都可能至关重要，也可能是次要的，也可能是决定性的，也可能并不明显或突出。党风政风社风家风对大学生思想政治理论课认同的影响具有不确定性，但仍值得高度关注和重视。

（一）党风对大学生思想政治理论课认同影响很大

思想政治理论课是党的思想政治理论课，主要服务于党的需要，就是培育感党恩听党话跟党走的社会主义建设者和接班人。中国共产党作为领导党和执政党，是伟大光荣正确的执政党和领导党，有着科学的理论武装，是全心全意为人民服务的政党，始终牢记初心、不忘使命，以实现中华民族的伟大复兴为己任，团结带领中国广大人民历经革命、建设、改革开放等并取得了重要而突出的理论创新和实践成就等。这在大学生思想政治理论课中占据着重要的地位和作用。党风就是执政党及其成员在现实生活中的一贯表现，其好与坏对大学生是否认同执政党的领导地位和执政地位，对是否感党恩听党话跟党走和是否增强中国特色社会主义道路自信、理论自信、制度自信、文化自信等产生重要影响。这就是说，大学生对思想政治理论课是否认同与执政党及其各级组织和每一个党员领导干部在日常的工作、生活、学习中表现出来的一贯作风密切相关。"办好中国的事情，关键在党，关键在党要管党、从严治党。"① 同理，办好思想政治理论课，增强大学生对思想政治理论课的认同，关键也在党，关键在党是否全面从严管党治党并形成良好的党风和政风。

在一个党风不正、政风不纯和"四风问题"突出或贪污腐败盛行的环境下，难以想象大学生会认同党的思想政治理论课中有关党的性质、宗旨和全心全意为人民服务的情怀的阐述、会认同中国共产党把马克思主义中国化形成中国化马克思主义创新理论的科学性和正确性及其指导实践取得的伟大成就等相关内容。今天的思想政治理论课由于改革开放和网络、新媒体技术的发展与运用，与过去相比已经不可同日而语，需要以更加宽广的眼光和视野再认识和增强大学生对思想政治理论

---

① 中共中央文献研究室编：《习近平关于全面从严治党论述摘编》，中央文献出版社2016年版，第14页。

课的认同，绝不能仅仅是就思想政治理论课认同而论思想政治理论课认同，即思想政治理论课认同除了受学生、老师、校园环境等学校内部因素的影响而外，还有学校外部广大而烦杂多样的社会影响因素，尤其是党风政风的影响甚深。现实生活中，不管党员领导干部是廉洁奉公还是大搞"四风"都会通过一定的途径或方式等传导或影响到部分大学生，这些问题就会通过各种渠道、形式为大学生（其中就有不少大学生是各级各类党员领导干部家庭的子女或与党组织或党员领导干部等有过交往或办理过相关党务工作手续等事宜的大学生）所知悉和了解，就会影响其对思想政治理论课中有关"中国共产党是全心全意为人民服务的无产阶级政党"的认同，就会影响其对党的认同，就会影响其是否听党话感党恩跟党走，等等。习近平总书记自党的十八大以来，在不同的重要场合均强调要坚决反对和克服各种特权思想、特权现象，并以壮士断腕的决心和勇气"打虎"、"拍蝇"、"猎狐"，取得了我党历史上，尤其是改革开放以来的突出成效，为坚定广大人民对中国特色社会主义道路自信、理论自信、制度自信和文化自信，及增强大局意识、核心意识、看齐意识和政治意识奠定了重要的基础，营造了有利于增强大学生对思想政治理论课相关内容的认同环境。

（二）政风对大学生思想政治理论课认同影响不小

在思想政治理论课中，政府机关是全心全意为人民服务的人民政府，为治理社会、促进经济社会的发展做了很多工作并取得了突出的成就。"政风"是政府在现实生活中的一贯表现，是中国共产党党风在政府部门的反映。政府机关是中国共产党领导下的政府机关。如果说中国共产党负责领导和决策，则政府机关部门主要是执行。政风是各级党委领导下的各级政府组织及其成员在行政工作活动，以及日常生活中表现出来且相对稳定并具有一定倾向性和影响的行为方式，是政府部门及其成员思想作风、工作作风和生活作风的总称。政风既作为政府公职人员个人思想、行为的风格而存在，又体现为整个政府部门的风貌和形象，具体表现于政府部门及其成员的生活、工作、思想、政治等各个方面。政府机关及其具体的工作人员在现实中一贯表现，是否真正践履了为人民服务的宗旨，是否从群众中来到群众中去，是否廉洁高效，是否便民利民，是否为人民服务，管理或执法是否合理合法等，都会与大学生思想政治理论课中的内容相一致或冲突矛盾而产生不同的影响。因为，大学生中就有不少来自各级各类政府机关工作人员的家庭或曾经到各级政府机关等办理相关行政事宜手续等，必然会在某种范围内或某种程度上感知、体验政务工作的各种风气。在我国，由于中国共产党是领导党和执政党，各级各类政府部门是在党的领导下开展相关的政府工作，因此党风对政风具有某种决定性影响，而政风又具有与党风高度的相似性。如果政风与思想政治理论课中的相关内容相一致，则容易增强大学生对思想政治理论课的认同，反之则不然。

（三）社风对大学生思想政治理论课认同有重要影响

社会建设是中国特色社会主义的重要组成部分，是中国特色社会主义经济、政治、文化、社会、生态文明"五位一体"中的重要组成部分。社会建设、社会主义核心价值观和社会治理始终是大学生思想政治理论课中重点讲述的内容和部分。社会治理是国家治理的重要组成部分，社会主义核心价值观是大学生思想政治理论课的重要内容。社会治理得如何总要通过一定的社会风气表现出来。"怀特和利普特（1960）经过对社会气氛的多年研究后认为，促进和维持良好社会气氛须满足六个心理条件，分别为：敞开思想去接受别人的影响；对自己在群体中的作用具有充分的信心；对任务和人际情境的客观性质抱现实主义态度；从地位观念中解脱出来；合理的权利和机会的平等；对别人的态度和行为抱着友善和良好的愿望。"① 这对树立良好的社会风气大有裨益。社会风气是整个社会环境的折射。要使人们身心健康、人际融洽、心理和谐，必须优化整个社会环境。这也正是大力弘扬、培育和践行社会主义核心价值观的重要意义之所在，即通过培育和践行社会主义核心价值观，使大学生不仅在思想政治理论课中看到社会和谐有序，而且能够在社会现实生活中切实感受到社会的公平正义、民主法治等社会主义核心价值观的存在并积极参与培育和践行，进而推动社会健康持续有序发展。

（四）家风对大学生思想政治理论课认同的影响不可低估

婚姻、爱情、家庭等始终是大学生思想政治理论课内容的重要组成部分。大学生总是生活和成长在特定家庭中的大学生，必然会遇到婚姻、爱情和家庭、社会交往等问题，也必然会深受家风的影响。家风与思想政治理论课有着一定的密切关系，尤其是家风与大学生的思想品德的形成更是密不可分。家庭及其成员是生活在中国共产党领导下的政府机关治理的现实社会中，其思想政治意识必然会在一定程度上反映出特定的党风政风社风并形成特有的家风。家风中必然包含有特定的思想政治意识，这些思想政治意识有的与大学生思想政治理论课内容是相同或相一致的，有的并不必然一致，甚至相左，这就会对大学生是否认同思想政治理论课的相关内容产生这样或那样的直接或间接的影响。家庭是学生生存和发展的重要基础，大学生的思想政治意识必然会通过其家庭成员与党政机关及其成员的接触或交往中感知或了解各种风气问题，从而对思想政治理论课讲授的内容产生不同的看法和理解。如在现实生活中，家庭遭遇不良境况的大学生和在改革开放中获得较大益处的党员领导干部家庭中的大学生，必然会通过不同的家庭成员的受损或受益等不

---

① 俞国良：《简明社会心理学》，开明出版社 2012 年版，第 179 页。

同遭遇产生不同的看法，进而会影响其对思想政治理论课相关内容的认识和理解，进而影响其对思想政治理论课相关内容的认同。

三、党风政风社风家风对大学生思想政治理论课要素的影响分析

党风政风社风家风的好与坏对大学生思想政治理论课相关内容的认同有着重要影响，主要是通过对思想政治理论课的主体、内容、环境等要素产生影响，进而影响大学生对思想政治理论课相关内容的认同。

（一）党风政风社风家风通过不同主体对大学生产生影响

党风政风社风家风是党政机关、社会、家庭及其成员在现实社会生活中表现出来的较为稳定的风尚或习气。这些风尚或习气总要通过各种群体多样的言行表现出来，进而对生活或学习在特定党风政风社风家风中的大学生及其思想政治意识产生直接或间接、显性或隐性的影响。党风政风社风家风作为一种风尚或习气，并非极少数人的作用就能形成，而是要通过形形色色、多种多样，数量达到一定规模的主体言行表现出来。这些群体又遍布社会的各个角落并同大学生有着各种可能的联系，可能是党员领导干部和行政管理人员、家人，可能是朋友，可能是熟人或陌生人等。他们的一言一行会在跟大学生交互的过程中对大学生产生影响，进而会影响大学生对思想政治理论课相关内容的认同与否。简言之，党风政风社风家风影响大学生思想政治理论课认同的主体十分广泛，除了老师、学校的管理干部而外，还可能是父母和社会上各种熟悉或认识的人，甚至还可能是同辈群体或各种陌生人等，也可能来自新媒体互联网上产生影响或引起网络舆情的各种领导干部或明星人物，等等。相比较而言，能够直接影响大学生对思想政治理论课认同的主体主要是教师或学校的各种管理员工和后勤服务人员等。

随着改革开放的深入，大学生的活动、交往能力不断增强，与学校

211

外界的党政机关或社会的联系也日益紧密，了解校外社会的渠道也越来越多、了解的程度也越来越深。同时，大学生掌握和运用互联网络媒体技术的能力和水平也在日益提高，捕捉信息的能力也在不断增强，加之信息传播量增加、传播速度加快等使得大学生对各种群体的言行反映出来的党风政风社风等的了解日益广泛和深刻。大学生与社会人际交往的扩大和加深及运用新媒体获取信息的水平的提升，使得各种党风政风社风家风状况必然会为其所知悉和了解，从而受其影响。总之，积极健康的风气或消极堕落的不良风气都会以这样或那样的方式和内容，通过亲属、同学、老师、朋友等不同的群体传递性地影响大学生，包括各种各样的新媒体上的网友或群友等，都会对大学生的思想观念、行为方式、文化生活、心理健康等产生影响，进而影响大学生对思想政治理论课相关内容的认同并影响其认同的范围和程度。

（二）党风政风社风家风会影响思想政治理论课的相关内容

良好的党风政风社风家风与思想政治理论课相关内容相一致，不良党风政风社风家风则与思想政治理论课相关内容相矛盾和冲突。党风政风社风家风与思想政治理论课内容相去甚远，就会增加大学生思想政治理论课认同的难度。不良党风政风社风家风中的不良现象或负面信息会给正确舆论导向造成一定程度的冲击，使思想政治理论课认同面临更加复杂的环境，给思想政治理论课带来新挑战，增加大学生思想政治理论课认同的难度，从而影响着大学生思想政治理论课实效性的提高，甚至在一定程度上动摇大学生对马克思主义的信仰、对执政党的信任、对社会主义道路的信念。

如果一方面课堂上讲执政党是为人民服务的党、政府是为人民服务的政府、党风廉政建设成效突出等；但另一方面现实中各种"四风"问题突出，课堂上的理论与社会中的现实发生矛盾或冲突，课堂理论经不起社会实践的检验，大学生就会根据自己的了解和感知作出自己的独立判断，从而会影响其对思想政治理论课中相关内容的认同。孔子曰："其身正，不令而行；其身不正，虽令不从。"（《论语·子路》）社会上的"四风"问题突出，一旦在现实中得不到有效遏制而泛滥，必定会对生长在其中的大学生产生不良影响。社会风气和家风不正，同样也会对大学生思想政治理论课中有关社会治理、职业道德、家庭美德等内容的认同产生诸多不良影响。如因疫情影响或公务员的各种非法或灰色收入远高于其合法收入，使得不少大学生在就业选择时首选当公务员而导致公务员报考异常火爆。不少公务员家庭的大学生毕业后也想进入公务员队伍，甚至不少硕士、博士毕业生也首选当公务员等。深究考公务员热的主要原因：在不良风气影响下大学生认为公务员能够利用各种权力和机会获得各种灰色收入或非法收入。对于生长在公务员家庭且耳濡目染公务员诸多益处等的大学生，必然会影响到其对思想政治理论课有关党政机关、领导干部、治国理政等相关内容的认同。

如果党风政风与思想政治理论课教材或课堂上讲授的内容相同，则大学生容易认同思想政治理论课且认同范围广、认同程度高。反之，如果党风政风与思想政治理论课教材或课堂上讲授的内容不一致，甚至相矛盾和冲突，则大学生难以认同思想政治理论课，且认同范围窄、认同程度低。尤其是身在公务员家庭中的大学生更能够通过自己的切身感知体验了解思想政治理论课内容与现实的距离，进而影响其对思想政治理论课的认同，从而也会影响到其同学或其他大学生对思想政治理论课的认同。如果社会现实中广泛存在的各种不良风气得不到有效治理，就会与思想政治理论课教材或课堂上讲授的内容相去甚远，甚至相互矛盾和冲突，大学生就会对思想政治理论课相关内容产生怀疑，甚至产生逆反心理，从而降低和削弱大学生思想政治理论课的认同及其认同效果。

（三）党风政风社风家风会影响思想政治理论课的环境

大学生思想政治理论课是在一定环境中开展的教学活动，而这些环境又不可避免地会受到党风政风社风家风的影响。换而言之，党风政风社风家风本身也是思想政治理论课环境的重要组成部分。大学生对思想政治理论课相关内容认同与否，必然会受到其感知体验的党风政风社风家风等社会环境的影响。如果社会上各种不良风气问题突出，就会形成不利于大学生对思想政治理论课认同的外部环境，难以有效佐证和助推大学生对思想政治理论课上所讲相关内容的认同，就会使身处各种不良风气问题环境中的大学生难以相信思想政治理论课课堂上所讲的相关内容，影响大学生正确的政治判断和政治认知，甚至影响到政治情感和政治态度，使大学生思想政治理论课认同遭受冲击和影响。

各种不同形式、程度的不良风气问题容易造成社会矛盾和社会问题，进而影响大学生思想政治理论课认同。尽管党的十八大以来，全面从严治党使得党风政风，甚至包括社风和家风等都发生了很大变化，思想政治理论课环境也不断得到优化而有利于思想政治理论课。但诸多不良风气及其问题并非一朝一夕形成，难以在短时间内得到彻底解决，各种党风政风社风家风问题仍会通过网络、报刊、电视、亲人、朋友等各种媒介直接或间接地对大学生思想政治理论课环境产生各种不良影响，从而消解大学生对思想政治理论课的认同。这就需要我们坚持不懈地整治党风政风社风家风，营造有利于思想政治理论课的社会环境，才能够有利于促进大学生对思想政治理论课的认同。

第六章　扩大对外开放交流的影响分析

随着改革和对外开放的不断深入推进，我国与其他国家特别是发达资本主义国家的交往交流变得日益紧密和频繁。我国经济社会的发展与发达资本主义国家发展之间的相互依存度也在不断加深和增强。国家与国家之间不断形成了你中有我、我中有你的相互依存或命运共同体。我国对外开放带来的国际交流及其加强是改革开放深入推进的必然结果和重要内容。国际交流加强是"走出去"和"引进来"的双向互动。"走出去"不仅仅是国人走出去看看外面的世界是不是很精彩，如出国学习、投资、经商、务工、旅游、移民等，同时还会对国外的相关思想、政治、制度、文化等有所了解并把其所见所闻所思所想及其感知体验等带回国内与国人（当然也包括大学生等）交流分享而产生一定的影响。"引进来"主要是通过各种方式吸引出国留学人员归国服务或引进国外各种高端人才到国内工作，或吸引外国人到中国留学或吸引外国资本到投资、经商、办企业等。"走出去"和"引起来"等的不断深入推进使得国际交往也在不断加强。这不仅使本国民众了解了其他国家的国情及其各方面的情况与发展，同时会通过切身感知体验和与外国人的接触、交流及各种网络信息等对中国特色社会主义与资本主义两种不同社会制度的各方面进行比较、学习、批判、摒弃和借鉴。无论是"走出去"还是"引进来"，国际交往的加强或扩大都加强了国人对世界尤其是对发达资本主义国家的不断深入了解，同时通过这种了解对不同社会制度、政治和社会管理等各方面孰优孰劣进行一定的比较、分析及思考，得出自己的结论或判断并形成一定的思想政治意识，进而对大学生思想政治理论课认同产生重要影响。

第一节　改革开放与国际交往扩大及其影响

对外开放，使得我国与国际的交往不断扩大。国际交往又使得我国国民与其他国家的国民通过水陆空等各种途径往来更加快速、便捷、高效、频繁、紧密等。互联网新媒体技术的高速发展和普及运用，也使得不同国家官方和民间采取不同的形式开展不同内容的交流、交融加深且直接接触的交往也日益宽广、快捷、加深。"地球村"说明世界各国因为交通设施的改进和互联网技术的发展及运用而使得相互之间的距离不再遥远。人类命运共同体说明社会主义国家与资本主义国家、"远隔重洋"的东方国家与西方国家间的相互依存程度在提升，空间距离也日益缩短，相互之间的了解也在日益增多。"地球村"里不同社会制度国家间的各种交往加强、扩大和人类命运共同体说明社会主义与资本主义必将长期共存和共同发展已经是不争的事实。这都会对我国大学生思想政治理论课相关内容的认同等带来一定深远和长久的影响。

一、中国改革开放的脚步不断加快

党的十一届三中全会拉开了我国改革开放的大门之后，与世界各国的交往，特别是与发达资本主义国家之间的各方面交往，使得 40 多年来我国经济、政治、文化、社会、生态等各方面的实际情况均发生了显著而巨大的变化，并取得了令世界为之瞩目的突出成就。改革开放的事实说明，"只有社会主义才能救中国，只有改革开放才能发展中国、发展社会主义、发展马克思主义"①。这是我国 40 多年改革开放实践经验的总结，仍将继续指导我国改革开放的实践与理论的发展。人类社会发展进入 21 世纪，经济全球化趋势日益突出，不同国家间的相互依存度日益提高，国际社会发展的步伐也在不断加快。尽管地区冲突和局部战争仍时有发生，世界并不太平与和谐，但和平与发展仍然是国际社会发展的共识。整个世界仍然沿着不断加快开放和往来的方向发展。绝大多数国家对外开放的程度也在不断提高。在不断开放和相互依存的情况

---

① 《胡锦涛文选》第三卷，人民出版社 2016 年版，第 97 页。

下，不同国家受益或受损的情况及其主观感知并不完全一致。原有的世界大国不断走向衰落，而一些发展中国家的国际地位和影响力却在不断上升。国际社会中不同国家的地位发生了一些微妙而突出的变化和影响。如中国 2010 年成为世界第二大经济体，2012 年中国倡导"一带一路"战略对沿线国家影响不小。习近平总书记提出"构建人类命运共同体"的思想理念被联合国采纳作为处理国际关系的重要理念等，对整个世界和国际社会的发展与各方面的合作均产生了重要影响。

2016 年 11 月 9 日，唐纳德·特朗普获胜当选美国第 45 任总统，随后在全世界范围内掀起了贸易保护主义。2018 年，特朗普为了保护美国的利益而与中国打起了贸易战。尽管如此，中国仍然坚持继续推进深化改革开放的战略。2017 年党的十九大报告指出："我们党深刻认识到，实现中华民族伟大复兴，必须合乎时代潮流、顺应人民意愿，勇于改革开放，让党和人民事业始终充满奋勇前进的强大动力。我们党团结带领人民进行改革开放新的伟大革命，破除阻碍国家和民族发展的一切思想和体制障碍，开辟了中国特色社会主义道路，使中国大踏步赶上时代。"[1] "中国特色社会主义是改革开放以来党的全部理论和实践的主题，是党和人民历尽千辛万苦、付出巨大代价取得的根本成就。"[2] "开放带来进步，封闭必然落后。中国开放的大门不会关闭，只会越开越大。"[3] "综合研判世界发展大势，经济全球化是不可逆转的时代潮流。正是基于这样的判断，我在中共十九大报告中强调，中国坚持对外开放的基本国策，坚持打开国门搞建设。我要明确告诉大家，中国开放的大

---

[1] 习近平：《决胜全面建成小康社会　夺取新时代中国特色社会主义伟大胜利——在中国共产党第十九次全国代表大会上的报告》，人民出版社 2017 年版，第 14 页。

[2] 习近平：《决胜全面建成小康社会　夺取新时代中国特色社会主义伟大胜利——在中国共产党第十九次全国代表大会上的报告》，人民出版社 2017 年版，第 16 页。

[3] 习近平：《决胜全面建成小康社会　夺取新时代中国特色社会主义伟大胜利——在中国共产党第十九次全国代表大会上的报告》，人民出版社 2017 年版，第 34—35 页。

门不会关闭，只会越开越大！"① 党的十九大报告就中国如何对待改革开放作出了明确的回答，即继续深化改革开放不停步。

2018 年 4 月 10 日，国家主席习近平在海南出席博鳌亚洲论坛并发表题为《开放共创繁荣、创新引领未来》的主旨演讲，向参会的各国人员及全世界宣称："中国将坚持改革开放不动摇，继续推出扩大开放新的重大举措，同亚洲和世界各国一道，共创亚洲和世界的美好未来。"② "实践证明，过去 40 年中国经济发展是在开放条件下取得的，未来中国经济实现高质量发展也必须在更加开放条件下进行。中国开放的大门不会关闭，只会越开越大。这是中国基于发展需要作出的战略抉择，同时也是在以实际行动推动经济全球化造福世界各国人民。"③ 总之，无论是改革开放 40 多年的发展，还是党的十九大报告和习近平总书记在 2018 年博鳌亚洲论坛年会上发表的重要讲话，都在重申和表明中国将继续深化改革开放伟大战略。中国共产党和中国人民不仅继续坚持改革开放，而且改革开放的脚步将会不断加快。改革开放带来国际交往的不断加强和扩大的同时，也带来不同国家官方和民间、不同的民族文化和思想观念意识形态、不同层次和不同职业的世界各国人民在经济、政治、文化、社会等各个方面进行更加深入的交流、碰撞、批判、借鉴和吸收，进而对我国民众，包括大学生的政治思想、政治意识等产生日益深远的影响。

二、改革开放带来国际交往不断加强

伴随改革开放带来国际交往的不断加强和扩大，我国广大民众出国

① 《习近平谈治国理政》第三卷，外文出版社 2020 年版，第 194 页。
② 《习近平出席博鳌亚洲论坛 2018 年年会开幕式并发表主旨演讲，强调顺应时代潮流　坚持开放共赢　宣布中国扩大开放新的重大举措》，《人民日报》2018 年 4 月 11 日。
③ 《习近平出席博鳌亚洲论坛 2018 年年会开幕式并发表主旨演讲，强调顺应时代潮流　坚持开放共赢　宣布中国扩大开放新的重大举措》，《人民日报》2018 年 4 月 11 日。

留学、工作、经商、投资、办厂等人数急剧增长。这些人可能是大学生，也可能是大学生的家人或亲属或其熟悉的人。他们在出国期间或出国回来后与其接触的大学生进行各种形式的交流时，会把在国外的见闻及其感知体验等告知给大学生，或者通过互联网新媒体等各种形式让与其有接触或交往的大学生知悉并相互产生一定的影响，进而会对大学生的思想政治意识及其思想政治理论课相关内容的认同产生直接或间接的深刻影响。

（一）我国留学人数增加且同辈群体影响突出

随着改革开放的深入发展，我国民众家庭经济实力得到显著提升，对高质量教育的需求日益增强，送子女到国外名校留学的数量增长强劲。改革开放 40 多年来，我国到美、英、法、加等发达资本主义国家留学的数量增长迅速，并呈现出多元化、大众化和低龄化等诸多鲜明特征。到资本主义发达国家留学的学生大多属于社会中上层家庭的子女。他们在留学过程中既不会学习思想政治理论课，也就谈不上有什么认同。同时，他们也会通过在国外留学经历获得的实际感知体验必然会对其留学前接受的关于两种不同社会制度的政治思想、观念、理论、制度差异及其实践教育等产生一定的影响。他们出国前学习和接受的思想政治理论课的主要内容就是围绕马克思主义是普遍真理、社会主义就是好、中国共产党就是能，以及资本主义必然灭亡和社会主义必然胜利、社会主义优于资本主义等而展开的教育。但实际上，他们在资本主义国家留学的实际而具体生动的学习、生活中获得别样的实际感知体验可能并非完全如思想政治理论课所讲的那样。

近年来的相关调查数据和统计也在说明我国出国留学人数增多并呈现出向低学段发展的诸多特点。随着我国留学人数不断增加的同时，截至 2020 年新冠肺炎疫情发生前，我国各大城市有关旅游机构在暑假期间组织中小学生到美国等发达资本主义国家参观其世界著名高校的

"名校游"活动也日益频繁、蔚为壮观。每名学生花费 2 万—3 万元用 10—15 天时间到美国各高校游玩参观当地的一些名校，对许多经济条件较好的家庭而言变得日益平常，有此家长将其视为孩子以后出国留学所做的准备。对此，我国教育部等 11 部门就曾于 2016 年 12 月 19 日印发《关于推进中小学生研学旅行的意见》（以下简称《意见》）要求："各地将研学旅行摆在更加重要的位置，推动研学旅行健康快速发展。"① 该意见对推动我国中小学生游学发展具有重要影响。根据《2018 年中国游学产业发展现状及发展趋势分析》相关研究数据显示："留学和游学相辅相成，要留学先游学，出国留学热度不减（出国留学人数逐年增加，保持 10% 左右增速），也带动游学产业的发展。"② 根据《2017 国际游学白皮书》相关调查数据表明："参加海外游学的学生中有 83.3% 是正在申请留学或者计划留学的，留学和游学的目的地国家二者重合度较高，留学人群年轻化或低年龄化趋势明显。"③ 根据《2017 中国留学白皮书》，"本科阶段留学生的占比仍旧是最高，但是相对于 2016 年有所下降。而在留学群体中，就读于高中及以下的留学群体占据全部人群的 30%，较之 2016 年增加了 5 个百分点。这也就意味着留学偏向有年轻化和低龄化"④。大量资料和数据说明，随着改革开放带来国际交往的加强和国人家庭经济收入的不断提高，大量学生外出留学和游学已成不争的事实并产生重要影响。以留学为例，出国留学已经成为中国中高收入家庭孩子接受高质量教育的一个重要选择。留学不仅仅只是学习专业技能和知识，同时会受到留学国家的政治、文化、思想、

① 《教育部等 11 部门关于推进中小学生研学旅行的意见》，2016 年 12 月 2 日，见 http://www.moe.gov.cn/srcsite/A06/s3325/201612/t20161219_292354.html。

② 佚名：《2018 年中国游学产业发展现状及发展趋势分析》，2018 年 6 月 27 日，见 http://www.chyxx.com/industry/201806/653484.html。

③ 佚名：《2017 年我国出国留学人数逐年增长》，2018 年 9 月 6 日，见 http://data.chinabaogao.com/wenti/2018/096363T22018.html。

④ 佚名：《〈2017 中国留学白皮书〉出炉 大数据解析留学趋势》2017 年 6 月 6 日，见 https://www.idp.cn/haiwairexun/102875.html。

价值、观念等各方面的影响，进而对我国思想政治理论课有关社会主义与资本主义两种完全不同的社会制度各方面孰优孰劣等的认知和思想政治理论课的认同产生一定影响。

另据《2017 中国留学白皮书》相关数据显示，我国大中小学生无论是游学还是留学人数等都呈明显上升趋势。据有关报道，2020 年因新冠肺炎疫情影响，我国在英国留学的小留学生人数就有 1.5 万人[①]，加上在美国等其他资本主义发达国家留学的小留学生，我国出国留学的小留学生人数应该不少。根据《2017 年出国留学发展状况调查报告》相关统计显示："在世界范围内，跨国学生流动日益频繁，留学生人数不断攀升……中国学生已经成为国际学生流动中的主力，中国也已成为世界上第一大留学生输出国。2014 年度中国出国留学人员为 45.98 万人，较 2013 年增加了 4.59 万人，增长约 11%。从 1978 年至今，累计出国留学总人数达到了 351.84 万人。近十年来，中国出国留学人数翻了两番，出国留学的人群日益壮大，并且保持了一定程度的增长速度，但近两年来增长趋势放缓。其中，中国出国留学读本科以下人数猛增。据中国教育在线组织的《低龄留学调查问卷》调查结果，也印证了留学生低龄化趋势，超过三分之二的被调查者在高中及高中以下阶段就已经有了出国留学的意向。在拥有出国留学意向的学生中，初中以下阶段学生占比 22.58%，初中阶段学生占比 32.26%，高中阶段学生占比 22.58%。"[②] 从年龄阶段看，本科阶段是主力，研究生已经达到平台期，高中阶段是增长点。从留学目的国来看，赴美留学人数仍将是未来在中国留学生群体中占比最大的，但是中国留学生的去向也会越来越多元化。从留学生的生源结构和质量上来讲，出国留学已经不再是精英阶

---

① 参见佚名：《1.5 万中国未成年留学生被困英国，背后的现象更值得深思》，2022 年 8 月 22 日，见 https://www.aaaquan.com/post/5219.html。

② 佚名：《2017 年出国留学发展状况调查报告》，2017 年 11 月 26 日，见 http://www.wenshu-bang.com/diaochabaogao/22303.html。

层的特权，越来越多的普通家庭学生也可以走出国门，出国留学将逐步常态化、平民化。

从学生外出留学的国内高校来看，越是名气很好的高校，其学生外出留学的人数越多、比例越高。有调查结果显示，部属高校中六成以上学生出国深造的比例超过 10%，其中 1/5 的院校出国深造比例在 20% 以上，见表 6-1。

表 6-1　出国深造比例前 10 院校①

学校	对外经济贸易大学	复旦大学	中国科学技术大学	北京大学	中国人民大学	上海交通大学	上海外国语大学	清华大学	北京外国语大学	浙江大学
出国比例	36.53%	33.60%	31.90%	31.86%	31.81%	29.30%	28.60%	27.50%	27.08%	25.21%

表 6-1 所示，出国深造比例排名前十的高校有 1/4 的学生选择了赴海外继续学业。这十所高校都是国内顶尖院校，其中六所一流大学建设高校，三所一流学科建设高校。从学校类型看七所是综合性大学，三所是语言类院校；就地理位置而言，除浙江大学外，都位于北京、上海。

我国自费外出留学人数增长快速。《2019 年出国留学行业发展现状分析》有关调查数据显示："目前中国已经成长为全球第一大国际生源国。根据教育部数据，从 1978 年到 2018 年年底，各类出国留学人员累计达 585.71 万人。2018 年度我国出国留学人员总数达 66.21 万人。2018 年度与 2017 年度的统计数据相比较，出国留学人数增加了 5.37 万人，同比增长 8.83%。目前自费留学成为留学主体。2018 年在我国出国留学人数 66.21 万人中，国家公派 3.02 万人，单位公派 3.56 万人，

① 参见佚名：《英国留学：中国大学出国留学比例 TOP 排行榜，清华北大跌出前三》，2017 年 11 月 14 日，见 https://www.sohu.com/a/204283255_589943。

自费留学 59.63 万人。其中，自费留学人数占比最多，占总留学人数的 90%。"① 据新东方发布的《2019 中国留学白皮书》数据来看，"目前各阶段意向留学人群趋势平稳，仍主要集中于本科在读人群，该人群占比由 2015 年的 58% 上升至 2019 年的 61%"②。以上数据反映了我国学生外出留学诸多变化且值得深思。

无论是留学还是游学的大中小学生，出国后就不可能再学习国内的思想政治理论课，加之由于学习、生活于发达资本主义国家并对这些国家的政治思想、政治制度等有一定的了解或认识并深受其影响，进而对我国的政治思想、政治制度和思想政治理论课内容的认同就会产生直接或间接、显性或隐性的影响。这种影响又会通过其同学或各种同龄群体的交往或网络等渠道，对其他没有出国游学或留学的大中小学生产生类似的影响。国内组织低学段的游学、参观不仅会对学生关于社会主义与资本主义的制度差别及其优劣等的宣传和教育产生一定的影响，而且也会通过传播影响其他人，影响到大学生对思想政治理论课的认同。

（二）出入境旅游人数增长对不少大学生有影响

随着开放不断扩大，我国出入境旅游人数增长明显。既有不少大学生或其家人出国旅游，这也成为许多家庭生活的常态，也有不少外国人入境旅游。出入境旅游会带来不同社会制度、文化、思想观念等各方面的碰撞、交流及各种影响。如我国出国旅游的民众不仅有不少是大学生，还有大学生的家人。他们出国旅游会获得与国内完全不同的见闻，看到了不一样的世界而开阔了眼界，回国后又会通过各种途径和形式告知其他大学生而影响到其他大学生对国外的了解和认知，进而影响其对

---

① 佚名：《2019 年出国留学行业发展现状分析》，2019 年 6 月 25 日，见 http://sh.yuloo. com/cglx/zatan/201653.shtml。

② 佚名：《〈2019 中国留学白皮书〉发布：5 年数据积累展示留学群体面貌》，2019 年 5 月 7 日，见 https://edu.163.com/19/0507/15/EEJ8SVPQ002998UE.html。

思想政治理论课相关内容的认同。根据国家旅游数据中心相关统计数据显示："2017 年国内入出境旅游总人数 2.7 亿人次，同比增长 3.7%，其中入境旅游人数同比增长 0.8%，中国公民出境旅游人数同比增长 7.0%。"① 2018 年 3 月 1 日中国旅游研究院、携程旅游集团联合发布《中国游客中国名片，消费升级品质旅游——2017 年中国出境旅游大数据报告》数据显示："2017 年中国公民出境旅游突破 1.3 亿人次，保持世界第一大出境旅游客源国地位。出境旅游呈现'消费升级、品质旅游'的特征与趋势。出国目的也从观光购物转向享受海外优质生活环境和服务。"② 国人出境旅游人数增长快速，并在国外的旅游中获得完全不同于国内的宣传、报道和教育等感知体验并对一定的大学生思想政治意识产生重要影响。

从国人出境旅游目的地国来看，主要是资本主义国家。从出国游群体的来源地看，大多是我国发达地区或率先富起来的群体。不仅如此，国人出国旅游的同时还因为质量、品牌等的影响而狂购国外商品的现象突出。出国旅游及其消费增长等，使不少国人（不少本身就是大学生）对资本主义国家尤其是发达资本主义国家的文化、思想等诸多情况有了更多的了解，并会对两种完全不同社会制度的国家在各个方面进行比较，进而对不同社会制度国家的经济、政治、文化和社会及生态的优劣等有一定的了解和认识并形成自己的判断，尤其是不少大学生到资本主义国家旅游，必然会在旅游过程中受到其各种文化和政治的影响，进而影响其对思想政治理论课相关内容的认同。

（三）出国开店经商投资办厂等对大学生的影响

随着我国改革开放的不断加深，国人到国外开店、经商的国人或家

---

① 国家旅游数据中心：《2017 中国出境旅游人数同比增长 7% 入境游同比增 0.8%》，2018 年 2 月 6 日，见 http：//www.traveldaily.cn/article/120193。

② 佚名：《中国旅游研究院、携程发布〈2017 出境旅游大数据报告〉》，2018 年 3 月 1 日，见 https：//baijiahao.baidu.com/s？id=1593705862773203628。

庭日益增多且遍布世界各地，尤其是到发达资本主义国家开店经商的人数不断增多。不少大学生家人或亲戚、熟人出国开店、经验交流、投资办厂等都会给大学生带来一定的影响。不同国家开店经商的制度规定及其生存或发展的环境和氛围各不相同，这些不同必然会带来孰优孰劣的比较，进而对大学生如何认识资本主义国家的实际情况与思想政治理论课内容存在的差异产生一定的影响。根据我国商务部对外投资和经济合作司发布2016年度中国对外直接投资统计公报显示，2016年中国对外直接投资主要特点有："一是对外投资流量蝉联全球第二，占比首次超过一成，连续两年实现双向直接投资项下资本净输出；二是存量全球排名前进2位跃居第六，年末境外企业资产总额超过5万亿美元；三是对外投资并购活跃，数量金额创历史之最；四是国家地区高度集中，对美欧投资快速增长；五是投资覆盖国民经济各行业，租赁和商务服务业、制造业、信息传输软件和信息服务业等领域的投资快速增长；六是近六成投资形成境外企业股权，债务工具规模创历史极值；七是八成以上非金融类投资来自地方企业，上海、广东和天津位列前三；八是境外企业对东道国税收和就业贡献明显，对外投资双赢效果显著。"① 国人到境外投资增长说明国外有良好的投资环境和收益条件。国人到国外经商、办厂、管理、工作等不仅获得了更好的收益，而且还会有不一样的感知体验并对其大学生子女成长及其思想政治意识等产生重要影响，进而会影响其子女和其他大学生对思想政治理论课相关内容的认同。

以中国人到国外从事餐饮业为例，中国餐馆一直是海外华人最主要的谋生行业之一。从大城市到小城镇，随处可见中国餐馆。国人之所以能够背井离乡，漂洋过海，在异国土地上开起了一家又一家中餐馆，说明在国外能够有更好的谋生和发展环境。在美国，中餐已融入美国主流社会，华人用中餐馆养活了自己，也用中餐养活了美国人。目前中餐已

---

① 商务部对外投资和经济合作司：《2016年度中国对外直接投资统计公报》2017年9月30日，见 http://hzs.mofcom.gov.cn/article/date/201803/20180302722851.shtml。

成为美国大众的家常便饭，中餐馆已不仅仅是华人在海外的谋生之所，更是传播中华文化的驿站。国人不仅在美国开餐馆，而且还开设各种教育培训机构、信息中介、旅馆、小商铺，尤其在唐人街更是如此。出国投资办厂、开店经商人士大多经济条件较好，其中也有不少子女是大学生。他们跟随父母或家人到国外生活和学习并通过耳濡目染等对资本主义国家有较为深入的了解并进行比较，进而影响其对我国思想政治理论课相关内容的认同。

(四) 出国务工人数不断增加并对大学生产生影响

不少大学生的家人或亲戚或熟人等出国务工并会给大学生带来一定影响。随着国际交往扩大，我国民众出国务工人数不断增加。根据商务部对外投资和经济合作司提供的数据显示："2016 年，中国派往境外的出国务工人员为 49.4 万，到年底还留在国外的各类出国务工者为 100 万左右。中国累计派出的出国劳务人员已有 850 万。然而，上述的各项数据只是通过合法渠道的人员统计。实际上，通过蛇头、黑中介等方式出国务工的'黑劳工'更是难以计数。世界银行在一份报告中就提到，中国的海外务工人数可能将近 1000 万。联合国近日公布一份调查报告显示，2016 年中国外派劳工对国内的汇款总额达 610 亿美元（约人民币 4000 亿元），居全球第二。"① 根据商务部公布的《2016 年我国对外劳务合作业务简明统计》数据显示："2016 年，我国对外劳务合作派出各类劳务人员 49.4 万人，较上年减少 3.6 万人；其中承包工程项下派出 23 万人，劳务合作项下派出 26.4 万人。12 月派出各类劳务人员 6 万人，较上年增加 0.2 万人。年末在外各类劳务人员 96.9 万人，较上年

---

① Tobker：《中国海外"打工仔"一年寄回国 4000 亿　排名全球第二》，2017 年 7 月 5 日，见 https://www.gqb.gov.cn/news/2017/0629/42962.shtml。

减少 5.8 万人。"① 根据行业报告统计显示："2017 年我国对外劳务合作业务总体保持稳定发展态势，派遣人数和年末在外人数均呈现恢复增长态势。"② 另有数据统计显示，中国人出国务工更多选择日、韩、新加坡以及北美发达地区，主要工种有建筑工、厨师、缝纫工、焊工、服务员、销售员等。2016 年，世界银行发布的《全球移民和汇款概括》报告称："当前全球海外务工人数超过 2 亿，他们在 2016 年寄回各自祖国的汇款一共为 4450 亿美元。排在前 10 名的汇出国为沙特阿拉伯、阿联酋、科威特、卡塔尔、美国、俄罗斯、德国、法国、英国和意大利，从这 10 国汇出的外汇约占总数的一半。而最主要的汇入国为印度、中国和菲律宾。中国是菲律宾的 2 倍以上，而印度首次超过中国，成为全球外派劳工汇款的最大接收国。"③ 报告显示中国的汇款主要来自美国、日本、韩国、新加坡和加拿大。外出务工者家庭中就有不少大学生的学习和生活等得益于其家人出国务工的收入。尽管不少国人背井离乡出国务工，但能够带来更多或更好的收入，必然会对其家中或相关家庭的大学生有一定的影响。

当诸多国人不惜背井离乡，到资本主义国家务工谋生，无论是生活还是思想政治意识都必然会受到诸多不良影响，进而影响到思想政治理论课相关内容的认同。据《中国人在美国都做什么工作？大数据告诉你真相！》报告显示："移民美国的中国人主要有以下 10 类：1. 为了子女接受教育举家移民（27%）；2. 在国内世俗偏见容不下的人（15%）；3. 国内底层的劳动人民（12%）；4. 在美国有生意的人（10%）；5. 土豪，财力足够雄厚（7%）；6. 美国留学生（7%）；7. 想生 2 个以上孩

---

① 商务部对外投资和经济合作司：《2016 年我国对外劳务合作业务简明统计》，2017 年 1 月 19 日，见 http://www.mofcom.gov.cn/article/tongjiziliao/dgzz/201701/20170102504425.shtml。
② 文月：《2017 年中国对外劳务合作发展述评》，《国际工程与劳务》2018 年第 3 期。
③ Tobker：《中国海外"打工仔"一年寄回国 4000 亿　排名全球第二》，2017 年 7 月 5 日，见 http://www.dzchr.com/index.php? m=&c=news&a=news_show&id=2815。

子的人（7%）；8. 国内刚毕业的大学生（6%）；9. 残障人士或者家属（3%）；10. 其他类型（1%）。"① 华人在美国从事的职业可谓多种多样。"在美的华裔移民中，有80.4%都集中在私人企业，属打工族。统计数据显示，在美国的华裔移民中有13.2%的美国华人在政府机构或是由政府支付薪水的机构就业，6.1%的美国华人自己开业当老板，但二者比例皆低于美国平均水平……而华裔第二代自己开业当老板的比例更低，仅为2.5%。据了解，华裔移民在美国从事的工作，排在第一位的工作是担任餐馆厨师。从事这一职业的男性占来自大陆男性劳动力大军的13.4%，甚至高于后两项人数的总和。其次是计算机软件开发等相关领域，就业人数占到8.2%。排在第三位的是管理人员，就业人员占5.1%……事实上，尽管新一代亚裔以及更多的华人在科技业占据多数，但仍然难以在职场上谋得高位……华人移民外表光鲜亮丽，但有很多中国人到美国后只能从事很低端的工作。还有不少国人在美国从事美甲、中餐馆、物流、房产经纪、医生等。"② 到国外务工的国人或多或少、直接间接地与国内不少大学生有着各种各样的关系，或者是大学生的家人，或者是亲戚、熟人等，他们不惜背井离乡、忍辱负重，到资本主义国家务工谋生和发展，必然会在生活和思想上直接或间接地通过各种方式或渠道受到不同程度的影响，进而影响到与之相关的大学生对资本主义国家和我国政治、经济、社会等的不同了解和看法，进而会在一定程度上对大学生思想政治理论课认同产生直接或间接、显性或隐性的影响。

（五）国人移民发达国家给大学生带来的影响

随着我国改革开放的推进，不少国人率先富起来后移民发达资本主

---

① 佚名：《中国人在美国都做什么工作？大数据告诉你真相!》，2017 年 12 月 10 日，见 http://www.sohu.com/a/209455030_100929。

② 佚名：《中国人在美国都做什么工作？大数据告诉你真相!》，2017 年 12 月 10 日，见 http://www.sohu.com/a/209455030_100929。

义国家，并给大学生思想政治理论课相关内容的认同带来深远影响。胡润研究院发布的《2017 中国投资移民白皮书》数据显示：美国已连续三年成为最适合中国高净值人群投资移民的国家，加拿大超越英国排第二位，澳大利亚维持第四。马耳他、安提瓜和多米尼克首次进入前十。美国以 9 分的高分连续 30 年卫冕第一。从单项得分上，美国在教育、投资目的地、移民政策适用性、海外置业、护照免签以及华人适应性指标上均排名第一。从胡润发布的数据来看，46.5%的受访中国高净值人群正在考虑移民，9%已移民或在申请中。超过一半的高净值人群表示希望子女早日融入海外生活（56%），三成以上的高净值人群认为旅游亲身经历国外文化（32%）、个人或家人身体健康需要（31%）是他们考虑海外移民的最重要推动因素。[1] 这些家庭移民的目的就是为了孩子，其中不乏大学生。国人移民发达国家，必然会对与其相关的大学生的思想政治意识乃至思想政治理论课认同产生一定的影响。

三、国外见闻和经历的交流等带来的影响

随着改革开放的深入，国人出国留学、旅游、投资办厂、经商开店、务工、移民等日益便利和常态化。出国，不仅使国人耳闻目睹其他国家各方面的情况，而且也会在与其他国家人民交往过程中对这些国家有更多的认识和了解，开阔了国际视野，增长了国际见识。有的国人，甚至因为旅游、工作、经费、投资办厂等跑遍了全世界发达资本主义国家和其他一些国家，对国外不同国家各方面的情况有了全面的深入了解。这些人可能是大学生，也可能是大学生的家庭成员，或者是大学生认识或熟悉了解的人。不少大学生会通过他们的亲身经历、体会等对资本主义国家有所了解或认识并不断深入。不少优秀学子到发达资本主义国家留学，不少国人愿意到资本主义发达国家旅游、经商、办厂、务工

---

① 参见胡润：《2017 中国投资移民白皮书》，2017 年 12 月 15 日，见 https://www. sohu.com/a/210634395_ 679112。

等，也跟这些国家的政治制度等有一定的关系。大学生会通过国人对资本主义国家与我国及其他社会主义国家的经济、政治、文化和社会等方面存在的不同有了更多的感知、切身体验和比较，并对其原有的思想政治意识产生一定的影响，进而会通过各种途径和渠道等影响到其他大学生，影响到其他大学生对思想政治理论课相关内容的认同。

不同社会制度在各方面的优劣比较会给大学生思想政治理论课认同带来一定的影响。由于社会制度的不同和意识形态的差异，为了不断坚定国人对马克思主义的信仰、对中国特色社会主义的认同、对中国共产党的信任，从而感党恩听党话跟党走，坚持中国特色社会主义道路等，思想政治理论课始终坚持和强调正面教育为主，即主要是对党的英明伟大和正确、党的理论创新的科学性、中国特色社会主义取得的各种成就和未来设定的各种美好前景等对学生进行积极、正面的灌输或教育，对曾经走过的曲折、弯路与不足等则往往轻描淡写或一笔带过。不仅如此，思想政治理论课还通过对资本主义国家消极、负面状况等也进行了无情的批判，阐述资本主义是腐朽堕落和必然衰亡的，而社会主义具有无比的优越性并必然取代资本主义等，使国人更多地接受中国特色社会主义在各方面优于资本主义的教育。但是，当国人一旦通过出国学习、旅游、工作、经商、办企业等切身经历、体验和感知发达资本主义国家也存在许多值得借鉴之处，加之很长一段时间以来国内在各个方面形成的崇洋媚外心理作祟等，会使得国人和部分大学生对此前所接受的思想政治教育和宣传产生怀疑，进而又通过各种形式和途径等影响其他大学生对思想政治理论课相关内容的认同。

有出国经历的大学生会将中国特色社会主义与第三世界国家或发达资本主义国家在各方面进行比较，孰优孰劣会在其切身经历和感知体会中形成一定的判断。如果其学习的思想政治理论课内容与其对其他资本主义国家的了解相一致，则容易形成认同。如果不尽一致，甚至相互冲突和矛盾，他们就会产生怀疑、反感、排斥，甚至抵触思想政治理论课的相关内容。总之，有出国经历或通过网络传播获取相关信息等都会使不少大学生不再偏听偏信，甚至会通过交流等获得与思想政治理论课不尽一致的认识或观点、看法或结论。国内不少高校、父母都以其学生或子女有能力和有机会到发达资本主义国家留学、拿到"绿卡"、生活、移民等为荣。一些民众也会引以为豪地把其国外学习与生活的情况等通过日常聊天等方式和途径告知与其相关的大学生，进而会直接或间接地影响到与其相关的大学生及其对思想政治理论课相关内容的认同。

不少国人以到过资本主义国家旅游、工作、留学、培训、访学等为荣，甚至把平时省吃俭用留下来的积蓄和借款等在国外抢购各种名表、名包、名牌服装等奢侈品牌商品，回国后又通过各种途径和形式对熟悉的人滔滔不绝地谈及自己出国的见闻及其国外的各种经历感受等，这必然会影响到不少相关的大学生。不仅如此，国内部分原"985"或"211"高校也以教师是否到过国外访学并达到一定的时间作为其职称晋升的必备条件，以学生到国外留学或访谈或进行学术交流等作为人才培养质量评判的重要指标等，这都会对大学生的思想政治意识等产生一定的影响。另外，国内不少大学生也会通过各种途径和形式与在国外或回国的家人、同学、朋友、熟人等有所接触或交流并了解到国外可能与思想政治理论课课堂上所讲内容并非完全一致，甚至相矛盾和冲突的相关内容等，进而影响其对思想政治理论课的相关内容的看法。现实中，也有一些同学甚至通过"翻墙"软件浏览国外的网站，甚至浏览境外网站上的不良信息等并深受其不良影响，进而影响其思想政治意识，进而影响到其对思想政治理论课相关内容的理解。

人们在国际交往不断加强和扩大的进程中会自觉不自觉地超越已有的局限，用超越国界的眼光来审视和对待日常生活与非日常生活中的各种思想政治意识、思想观念、制度与文化等问题。不同社会制度、思想、文化、民众间的交往越来越常态化，甚至成为人们日常生活的重要组成部分。耳听为虚，眼见为实。人们通过交往获得了与思想政治理论课不同的各种见闻，通过切身体验感受到了不同思想、社会制度的差异。相对于传统的宣传、报道及教育而言，人们会通过国际交往的不断扩大及其感知体验等对不同社会制度有更为全面、理智、清醒的认识和了解。在百年未有之大变局背景下，社会主义与资本主义两种意识形态、社会制度各有优劣且将会长期并存，合作与斗争也将会长期存在并产生影响。任何意识形态都不可能单靠宣传、报道和教育就会获得大众的接受或认同，都会通过日常工作、学习、生活和具体实践、比较等深入民众内心深处，影响其他广大民众（包括大学生）对不同政治制度及思想意识形态的理解和接受，进而影响大学生对思想政治理论课相关内容的认同。

"人民立场是中国共产党的根本政治立场，是马克思主义政党区别于其他政党的显著标志。"[①] 人民的立场要求思想政治理论课要以最广大人民的根本利益为立足点和出发点，实事求是、科学且客观地引导大学生正确认识不同社会制度的优劣及其长期共存并在竞争与合作中更好地借鉴世界优秀文明成果，才能增强大学生对思想政治理论课的认同，进而推动中国特色社会主义的健康发展。否则，不利于大学生对思想政治理论课相关内容的认同。

第二节 国际交往扩大影响大学生
思想政治理论课认同

由于改革开放带来国际交往的不断扩大，不少国人日益频繁地走出国门开阔了视野，同时不少外来文化、商品纷纷涌入国内，加之网络和新媒体技术的发展和普及运用等，使得国外的制度、文化涌入国内民众

---

① 《习近平谈治国理政》第二卷，外文出版社 2017 年版，第 40 页。

的日常社会生活或在互联网上传播等，与国内的制度、文化进行交流交融、碰撞交锋等并成为常态。社会主义先进制度、文化与国外制度、文化，特别是资本主义的制度、文化之间的交流、交融或碰撞、冲突等日益明显并对大学生思想政治理论课相关内容的认同产生一定的影响。

一、资本主义国家制度、文化进入的影响

改革开放前很长一段时间，甚至直至当下仍然不同程度存在：由于社会制度、文化和意识形态等的差异等使得大学生思想政治理论课的主要内容是对资本主义各方面存在的问题等进行无情的揭露和批判，反复强调其腐朽和堕落以致最终不得灭亡的必然性；同时，阐释、述说社会主义是对资本主义的超越并具有无比的优越性，取代资本主义是历史必然等，进而坚定对马克思主义的信仰、对中国共产党的信任和走中国特色社会主义道路的信心等。但是，随着我国改革开放在深度和广度上不断推进，加之以互联网为载体的新媒体功能日益强大，使大学生从日常生活和在互联网媒体上获取各种信息（包括各种不良信息）的渠道和方式越来越多样化和更加快捷、便利。各种日常社会生活中涉及或与国外制度、文化等接触，或价廉物美的各种智能手机、笔记本、平板电脑等移动终端的推广普及使用等，都使大学生可以随时随地轻松地获取自己想要知道的各种信息，哪怕是禁止的各种网络信息等都可能为学生所浏览和获取。大学生在享受新媒体带来获取各种信息更加快捷便利之余，也会受到各种国外制度、文化特别是西方政治思想、社会思潮和非主流意识形态社会思潮的影响。一些与大学生思想政治理论课内容及其价值观背道而驰的"普世价值"、自由主义、极端个人主义、利己主义、拜金主义、享乐主义等西方腐朽的价值观也乘虚而入对大学生的思想政治意识产生一定的影响。

随着改革开放和国际交往的不断扩大和深入，与我国文化有着本质区别的各种外国的制度、文化，尤其是资本主义的制度、文化会以各种

方式进入并产生影响，与中国特色社会主义文化在各个方面、在不同程度上产生碰撞和冲突，并对大学生思想政治理论课讲述的相关内容带来冲击和影响。今天，我们可以随时在不少大街小巷看到除了引进的各种国外电影大片之外，还在各种商业街能够看到来自国外发达资本主义国家的各式各样名称的高档或奢侈商品、商标、图案等商品文化。这些外来文化直接或间接地蕴含着与我国文化完全不同的价值观念，对崇尚独立、自由、个性、快乐的年轻大学生有着隐性的影响且日益突出，如过洋节等，即往往在不经意间把其蕴含的价值通过潜移默化的方式传导给大学生，进而影响着大学生对思想政治理论课相关内容的不同理解和认识。

第一，西方影视剧文化给大学生价值观带来的影响不可低估。价值是文化的核心。一定的文化总蕴藏着特定的价值诉求，尤其是影视剧文化更是如此。国家统计局的有关统计数据显示："美国是全球文化输出中心，是全球最大的文化产品出口国。美国拥有完整的、基于全球化的文化产品创作、生产、分发的产业链条。美国 2014 年文化产品出口达194 亿美元，是进口额的两倍多，其中以电影出口为主。2016 年美国电影海外票房 183 亿美元，是国内票房的 1.6 倍。总体看美国电影海外票房增速显著高于其国内，同时其他各种类型文化产品，包括影视剧、音乐、游戏等都形成了全球化的分发网络，奠定了其全球文化输出中心的地位。""在电影之后，电视剧也已经成为美国文化出海重要组成部分。"[1] 电影频道权威发布的《2017 中国电影年度大数据》显示：2017年全国电影总票房 559.11 亿元。其中，国产片 301.04 亿元，占比53.84%；进口片 258.07 亿元，占比 46.16%。票房过亿的影片有 92

---

[1] 佚名：《2017 年美国影视剧行业电影视听产品进出口情况及海外用户规模分析（图）》，2017 年 10 月 10 日，见 https://market.chinabaogao.com/chuanmei/10202a91H017.html。

部，创历年之最，其中国产片 51 部，进口片 41 部。[①] 电影作为文化的重要组成部分，蕴含着特定的价值观。进口影视蕴含的价值观必然与我国社会主义核心价值观有着显著不同。不少大学生在观看美国等资本主义国家的好莱坞大片的同时，必然会深受其蕴含价值观的影响。还有韩剧、服饰、美容文化对我国女大学生和日本动漫文化对我国大中小学生的影响同样不可小觑。

外来资本主义文化，尤其是以美国为首的资本主义发达国家的强势文化，对我国大学生的影响深远且有着明显的诸多特征。根据《中国大学生文化消费的社会分化》调查显示："不同等级高校的大学生，是否具有党员身份的大学生，以及是否学生干部、学习成绩、外语水平等不同的大学生对国内外影视文化的观点和认同情况也不相同。调查统计结果表明：高校等级越高则大学生越偏好美剧，对国产剧的偏好则相反；学生党员偏好美剧，对国产剧则相反，而非党员学生的偏好与党员学生的偏好相左；担任学生干部且干部职数较大的学生越偏好美剧；学习成绩越好的学生越偏好美剧，对国产剧则相反，成绩越差对国产剧、美剧的偏好与成绩越好的学生偏好相左；外语水平越高越偏好美剧，对国产剧则相反，外语水平越差的学生对国产剧与美剧的偏好与成绩越好的学生相左等。"[②] 以上说明，各方面越好或优秀的大学生越是容易受到美英等发达资本主义国家影视文化的影响，从而偏好这些文化，当然也受到其蕴含的价值观的影响。

第二，西方节庆假日文化传入及其活动对大学生的影响不小。随着改革开放和国际交往的扩大，西方资本主义国家的一些节庆假日文化传入我国，如圣诞节、万圣节、情人节、愚人节等对我国大学生的影响同样不小。资本主义国家的一些节庆假日文化在大学校园日趋流行已经成

---

① 参见佚名：《2017 年全国电影总票房达 559 亿元　过亿元影片 92 部》，2018 年 1 月 2 日，见 http://finance.sina.com.cn/chanjing/cyxw/2018-01-02/doc-ifyqchnr8415405.shtml。

② 孟蕾：《中国大学生文化消费的社会分化》，《兰州大学学报（社科版）》2014 年第 6 期。

为不争的事实。有调查统计结果表明："有44.3%的大学生认为西方节日的盛行改变了他们的价值观，使他们有机会更加深入地了解西方的文化；而有21.5%的大学生承认西方节日的盛行，使得国人对中国的传统节日有所淡漠。"[①] 从社会现状来看，西方节庆假日文化的传入及其影响不利于大学生对思想政治理论课的认同，不利大学生对主流意识形态的认同。这种影响不是直接的而是间接、渗透式、隐性的，即大学生往往在无意识中或不经意间便深受影响，进而不利于思想政治理论课相关内容的认同。

第三，吃穿住行等西方文化对大学生带来的影响。由于改革开放和国际交往扩大，各种外来品牌商及其商业营销文化对大学生的影响日益加深。中国是各种日常生活用品的生产大国，在国内销售的诸多名牌商品也主要是国内贴牌生产，自有品牌不多且影响不够。我国自有品牌的商品质量也存在诸多不足，加之崇洋媚外心理的影响等，使得国内各大中高档商场、店铺随处可见国外各种品牌商品且所占比重和影响越来越大。国外著名商品挤占或充斥各种热闹、繁华的街道和商场。这些外来的各种商业文化对大学生的日常生活和消费产生的影响是逐渐的，且越来越深远。国内大城市不少高端商场主要是经营国外商品，国内自己的商品却很少。如不少大学生对谷歌、苹果、微软、美国电话电报公司、脸书、维莎、亚马逊、威瑞森、国际商业机器公司（IBM）等发达资本主义国家的品牌商品情有独钟；快餐品牌有麦当劳、星巴克、赛百味和肯德基等，深受不少大学生喜爱；进入世界百强榜的耐克、飒拉（Zara）公司和海恩斯莫里斯（H&M）公司等服饰品牌更是获得不少大学生的青睐。大学生通过消费和使用国外名牌商品的切身感知体验并与国内外商品各方面进行比较而得出自己的消费认知和倾向。有不少大学生愿意在消费承受能力范围内优先选择国外品牌，这就令人深思。不仅

---

① 郭洪楠等：《浅析西方节日对当代大学生的影响》，《社会心理科学》2013年第1期。

如此，外来西方高端品牌的消费还刺激部分大学生不切实际地盲目追求高端品牌消费，与思想政治理论课培养勤俭节约的淳朴品质要求不一致。更为普遍的是，现在国内不少高档住宅小区或高档酒店、娱乐场所、商场的店名等崇洋媚外现象突出，即以使用国外著名名称为荣的各种文化现象在全国各地各个行业、领域等同样比比皆是，对生活于其中的大学生必然会产生直接或间接的影响，进而影响其对思想政治理论课相关内容的认知和认同。如根据海南省清理整治不规范地名清单，很多地名均使用外国有一定影响力的地名命名，如表6-2所示。

表6-2　海口市清理整治不规范地名清单①

序号	尚未标准化处理的不规范地名	所属行政区域	地理实体类型	不规范地名类型	存在年限	认定原则
1	维多利亚花园	海口市秀英区	居民区	崇洋媚外	10年以上	使用外国地名的地名（加拿大一个城市）
2	阳光巴洛克小区	海口市秀英区	居民区	崇洋媚外	10年以上	用外语词汉字译写形式命名的地区（葡萄牙语译写）
3	阳光巴洛克棕榈林小区	海口市秀英区	居民区	崇洋媚外	10年以上	用外语词汉字译写形式命名的地区（葡萄牙语译写）
4	凯撒豪庭小区	海口市秀英区	居民区	崇洋媚外	10年以上	使用外国人名的地名（意大利人名）
5	洛杉矶城小区	海口市秀英区	居民区	崇洋媚外	10年以上	使用外国地名的地名（美国一个城市）
6	西雅图丽湾小区	海口市秀英区	居民区	崇洋媚外	10年以上	使用外国地名的地名（美国一个城市）
7	夏威夷海岸	海口市秀英区	居民区	崇洋媚外	6—10年	使用外国地名的地名（美国一个城市）

① 参见马昱屏：《海南84个不规范地名要改："珊瑚宫殿"名不副实有封建色彩》，2019年6月19日，见 https://www.guancha.cn/economy/2019_06_18_506102.shtml。

续表

序号	尚未标准化处理的 不规范地名	所属行政 区域	地理实体 类型	不规范地 名类型	存在 年限	认定原则
8	维也纳国际酒店（海口汽车西站店）	海口市秀英区	大型建筑物	崇洋媚外	10年以上	使用外国地名的地名（奥地利首都）
9	维也纳国际酒店（海口会展中心店）	海口市秀英区	大型建筑物	崇洋媚外	10年以上	使用外国地名的地名（奥地利首都）

当前，国内不少大学生在吃、穿、住、行等方方面面都深受发达资本主义国家名牌商品文化和崇洋媚外心理等的影响，即国外商品文化通过消费以无声的方式直接或间接地影响大学生对蕴藏其中的价值的认可和认同，最终会带来对社会主义与资本主义孰优孰劣比较的问题，进而影响自身的文化认同、文化自信及大学生对思想政治理论课相关内容的认同。

二、留学生深受资本主义国家的一定影响

改革开放后率先富裕起来的不少家庭包括诸多高级党员领导干部家庭的子女纷纷出国旅游、游学、留学，甚至移民、定居发达资本主义国家且数量不菲，必然会通过各种形式和途径影响到国内大学生对思想政治理论课相关内容的认同。在国外，由于缺少足够的监管和约束，某些消极的生活方式和观念会对一些意志薄弱的中国留学生产生不良影响，并表现为价值取向扭曲、理想信念模糊、政治信仰迷茫等问题，不但导致部分留学生学业荒废，甚至步入歧途。我们在对学生进行思想政治教育时，为了凸显社会主义制度的优越性，在思想政治理论课课堂上对资本主义始终采取批判的态度，认为资本主义制度有着不可克服的矛盾，资产阶级对无产阶级的剥削、压迫异常严重，必然要走向腐朽堕落、走向衰亡等。但是，留学生通过其在国外生活的切身感知体验却可能认为

并非完全如此，他们还会影响到其他大学生对资本主义的认识和看法。大中小学生出国留学的目的地主要是资本主义国家，而且还多是美国、英国、加拿大、法国、日本等最具代表性的资本主义国家。这些留学生会通过其在国外的切身感知、体验等重新审视国内思想政治理论课对资本主义国家揭露、批判的认识和看法，进而影响其对此前从思想政治理论课上所学相关内容的理解。总之，出国留学生在留学过程中必然会受到与我国思想政治理论课相关内容讲述并不一致甚至是相互矛盾和存在尖锐冲突的西方思想、政治意识的影响。

发达资本主义国家不仅在经济、科技、文化等诸多方面有着优势，同时在教育质量上，对广大具有承担留学费用和支出能力家庭的出国留学生同样具有无比的潜在吸引力。在留学生中，公费留学生数量较为稳定，而自费留学生的比重却增长明显且主要是国内经济条件较好家庭的孩子。这些出国留学的大中小学生从最具代表性的社会主义国家到最具代表性的资本主义国家留学后，能够通过实实在在的切身感知体验深入细致地感受和了解资本主义的政治思想及其运作等较为详细的内容，进而会进行孰优孰劣的比较，通过感知、体验和理性判断得出结论，进而对其此前接受的思想政治理论课相关内容重新进行审视并影响其认同。不仅如此，东欧剧变和苏联解体等使得社会主义运动处于低潮，加之其他社会主义国家不仅少且都较为贫穷落后。一边是资本主义腐而不朽或垂而不死，一边是名为社会主义国家的朝鲜却仍然还在实行世袭制且整个国家经济社会发展非常滞后、十分贫穷落后等事实，也会在一定程度上直接或间接地通过各种方式为大学生所知悉并会影响大学生对社会主义和资本主义差异的认知和看法等。不少留学生因受各种不良因素的影响，更是容易走向极端而对资本主义国家推崇备至，甚至滋生出对国家的诸多不满或诋毁言行。如美国马里兰大学举行 2017 届学生毕业典礼，中国留学生杨某某作为毕业生代表之一受邀演讲，在毕业典礼上说"美国的空气又甜又鲜"的不良言论在网上遭到国内广大网民的批评和痛骂等。① 令人担忧的是，数量增长明显的留学生容易受到与中国特色社会主义思想政治意识不一致的各种错误的思想政治意识控制和支配，并会通过各种途径和形式等对国内大学生关于中国特色社会主义与资本主义的认识或看法等产生不良影响。

在实际生活中，当留学生一旦踏入留学国家，面对异国文化时可能表现出两种极端状况：一是可能形成对异国文化的排斥，二是可能对异国文化存在媚外心理。当留学生面对完全不同的异国文化时，本应坚持自己的文化价值观和文化自信心，尽可能地理解和尊重不同国家的多元文化。但不少出国留学的学生首先是怀着崇洋媚外的心理出国的，在国外受到资本主义文化的影响后，丧失了对中国社会的感性认知和理性分析，久而久之，学而不归，优秀人才流失严重。对此，我国著名教育家蔡元培一百年前就曾在清华学校高等科发表演讲时指出："吾国学生留他国者，不患其科学程度之不若人，患其模仿太过而消亡其特性。"②他呼吁出国的留学生切勿被国外的不同文化同化。在构建人类命运共同体和百年未有之大变局背景下，如何引导大学生正确面对不同社会制度差异与优劣及其不同等已经成为大学生思想政治理论课不得不面对和不得不考虑应对的时代新课题。

① 参见杜津、朱新伟：《中国留学生毕业演讲红了　但我们有话要说》2017 年 5 月 24 日，见 http：//edu. sina. com. cn/a/2017-05-24/doc-ifyfkkme0310023. shtml。
② 蔡元培：《蔡孑民先生言行录》，岳麓书社 2010 年版，第 219 页。

第七章　影响因素的影响力与思政课的说服力

马克思说："理论一经掌握群众，也会变成物质力量。理论只要说服人，就能掌握群众；而理论只要彻底，就能说服人。所谓彻底，就是抓住事物的根本。而人的根本就是人本身。"① 人是社会的人，是生活在各种社会关系中的人。人的本质是各种社会关系的总和。"人的本质不是单个人所固有的抽象物，在其现实性上，它是一切社会关系的总和。"② 大学生也是各种社会关系的总和。影响大学生思想政治理论课是否认同及其认同程度的基础是社会现实，这是由社会意识与社会存在及人的本质所决定的。"全部社会生活在本质上是实践的。"③ 作为社会生活的大学生思想政治理论课认同与否及其认同范畴、程度在本质上也是实践的，要受社会现实实践中各种因素的制约和影响。社会现实生活对大学生的影响是直接的，且是多样现实的，思想政治理论课的影响则是间接且理论的，两者的影响效果必然不同。"不是意识决定生活，而是生活决定意识。"④ 大学生对思想政治理论课是否认同及其认同的范围和程度，与大学生学习和生活的社会现实密切相关。影响大学生思想政治理论课认同及其认同范围、程度的社会现实实践中的各种因素的影响力与思想政治理论课的说服力呈此消彼长的关系。

第一节　影响因素对大学生思想政治理论课的影响分析

社会存在决定社会意识。人不仅是一切社会关系的总和，而且人的意识还是社会存在的反映。社会意识是人对各种社会现实存在的思想和

① 《马克思恩格斯文集》第 1 卷，人民出版社 2009 年版，第 11 页。
② 《马克思恩格斯文集》第 1 卷，人民出版社 2009 年版，第 505 页。
③ 《马克思恩格斯选集》第 1 卷，人民出版社 2012 年版，第 135 页。
④ 《马克思恩格斯选集》第 1 卷，人民出版社 2012 年版，第 152 页。

精神的能动性反映。现在的大学生基本上是年满18周岁的成年人且大多是独生子女,已经具有一定的主体能动性,已经有了一定的或相对成熟的感知、体验、认知、辨别、分析等理性分析能力和判断能力,并能够根据自己已经初步形成的"三观"和思想政治意识等去认识各种社会现实问题,从而作出相应的反应和调整,或不断增强,或遭受削弱等。大学生对思想政治理论课是否认同以及认同的范围和程度等都与能够影响思想政治理论课的各种因素高度相关,是各种日益复杂多样的影响因素共同综合作用的结果。

一、影响大学生思想政治理论课认同的因素是复杂的社会现实

社会存在决定社会意识,说明大学生学习、生活所依存的各种社会现实均会对其是否认同思想政治理论课及其认同的范围和程度等产生各种影响。

1. 大学生对思想政治理论课认同与否取决于社会存在

根据马克思主义关于社会存在与社会意识关系的基本原理:社会存在是第一性的且是社会意识的根源、前提和基础;社会意识是第二性的且是对社会存在的反映;社会存在决定社会意识的内容和形式,有什么样的社会存在就会有什么样的社会意识与之相适应;社会存在的发展变化决定社会意识的发展变化;社会存在的性质决定社会意识的性质。社会意识的发展变化归根到底都是同社会存在的发展变化相适应的。社会存在发生了变化,社会意识也会相应地发生变化。因此,社会现实会直接或间接地影响大学生思想政治理论课的认同与否及其认同的范围和程度。社会现实生活是复杂多样的,其影响也同样复杂多样。思想政治理论课内容本身就是党和国家的主流意识形态。大学生是否对思想政治理论课认同以及认同的程度等是大学生的社会意识,是大学生根据与思想政治理论课内容相关的社会现实存在的反映形成的社会精神现象的总和。它包括了大学生有关思想政治的一切意识要素、观念形态、精神现

象及其过程。思想政治理论课把主流意识形态通过课堂传授给大学生，大学生则会根据自己对各种社会现实存在的感知、体验和认识等的印证情况作出自己的分析和判断，会根据思想政治理论课内容是否与社会现实相符或矛盾、冲突等作出认同或不认同的反应，并根据相符或矛盾的情况等作出不同范围、程度的认同或不认同等。大学生对思想政治理论课是否认同与社会现实之间的具体关系，如图 7-1 所示。

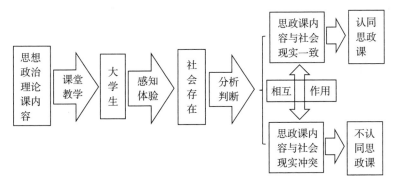

图7-1　大学生对思想政治理论课认同受社会存在影响的形成过程

2. 大学生思想政治意识是各种社会关系综合作用的结果

从本质来说，人是各种社会关系的总和。人并不是单一社会关系的人，而是各种各样的社会关系构成的总和。这说明，人必然会受到各种各样关系的影响。马克思恩格斯在考察人的本质、理解人时指出："不是处在某种虚幻的离群索居和固定不变状态中的人，而是处在现实的、可以通过经验观察到的、在一定条件下进行的发展过程中的人。"[①] 人不仅是自然存在物，而且是社会存在物。马克思在《关于费尔巴哈的提纲》中得出了关于人的本质的科学论断："人的本质不是单个人所固有的抽象物，在其现实性上，它是一切社会关系的总和。"[②] 马克思主义关于人的本质问题的经典表述，既是对人的本质的科学论断，也为考

---

① 《马克思恩格斯选集》第 1 卷，人民出版社 2012 年版，第 153 页。

② 《马克思恩格斯选集》第 1 卷，人民出版社 2012 年版，第 139 页。

察人的本质提供了科学的思维方法。人的本质不是与生俱来的，而是在后天的生活实践中形成的。人的本质不是单个人的，而是通过各种关系交织在一起的。他们的一切行为不可避免地要与周围所有的人发生各种各样的关系，如生产关系、亲属关系、同事关系、性爱关系等。生活在现实社会中的人，必然是生活在一定社会关系中的人。人的本质不是抽象的永恒不变的，而是具体的、历史的、处在不断发展之中的。大学生是生活和学习于具体的现实生活中的人。这种复杂的社会关系就决定了大学生的本质，形成了大学生的社会属性。

"社会不是由个人构成，而是表示这些个人彼此发生的那些联系和关系的总和。"[①] 大学生的本质不仅是"一切社会关系的总和"，同时还是各种社会关系的有机统一，是各种社会关系之间的联系，不是机械的，而是有机的，它们彼此影响、制约、渗透，形成纵横交错的统一体，而不是各种社会关系的简单相加或某种社会关系的重复。这就要求我们必须用系统的、全面的、辩证的、历史的认识方法，从总体上、从各种社会关系的有机联系中去把握大学生作为人的本质，这是认识和理解大学生对思想政治理论课的认同与否及其程度的关键和钥匙。

二、影响大学生思想政治理论课认同的社会现实因素复杂多样

随着我国改革开放的程度不断加深、范围不断扩大，人与人、群体与群体、组织与组织、国家与国家之间的交往也在不断拓展和加深。加之，通信技术的日益发展和广泛运用乃至普及等，使得影响大学生思想政治理论课认同的因素及其影响方式、范围、程度等都发生了不同以往的巨大变化，同时也带来了对思想政治理论课认同的影响因素及其影响范围和程度的控制难度不断加大。随着改革开放的发展，与改革开放前闭关锁国和信息技术不发达情况相比，今天影响大学生思想政治理论课

---

① 《马克思恩格斯全集》第 30 卷，人民出版社 1995 年版，第 221 页。

认同的因素及其复杂性已不可同日而语。尽管党和国家及其各级党委和政府、学校等也在不断加大对思想政治理论课的重视和建设，并采取各种切实有效的措施以消除各种不良因素的影响，但因改革开放和交往扩大及信息技术的发展与运用等导致各种影响大学生思想政治理论课认同的因素日益复杂多样而难以控制和把握。

从前文有关影响大学生思想政治理论课认同的各种因素分析来看，有课本内容、老师、学生、家庭、社会环境等，各方面的因素并不完全相同，可谓复杂多样，既有国内因素，也有国际因素；既有外部因素，也有思想政治理论课自身的因素；既有学校因素，也有家庭和社会的因素；既有传统方式落后的因素，也有新媒体的发展及普及运用等因素；既有直接的因素，也有若干间接的因素；既有可控因素，也有不可控因素；还有各种因素相互渗透和共同作用的影响。不仅如此，影响思想政治理论课的不同因素，既可能是单一因素的影响，也可能是多种因素的共同影响；既有看得见的因素，也有许多看不见的因素；既有可控的因素，也有许多难以控制和掌握的因素；也有各种似是而非的难以判断的间接因素的影响等。这些因素的影响也会因为时空不同、因人而异等变得异常复杂而难以把握和控制。不仅如此，各种因素的影响范围、程度、影响力等都完全不同。总之，在继续深入推进改革开放的历史条件下，影响思想政治理论课认同的因素会日益变得复杂多样而难以通过单一或简单的手段加以控制。

三、影响大学生思想政治理论课认同因素的作用方式复杂多变

影响大学生思想政治理论课认同的因素不仅日益复杂多样，而且各自在整个影响中的地位作用也不尽相同。这些因素在不同时空和不同主体中的影响也不同且相互之间相辅相成、共同作用，即并非相互独立或各自单独作用或各自为政。

1. 各种影响大学生思想政治理论课认同的因素相互交织作用

影响大学生思想政治理论课认同的因素不仅复杂多样，而且影响方式也多重交织或交叉，相互作用和影响。影响大学生思想政治理论课认同因素的方式，既有单一作用方式，也有相加或叠加的影响方式；既有直接影响的方式，也有间接作用的方式；既有隐性作用的影响方式，也有显性作用的影响方式等。尤其是各种间接、隐性、难以控制和无法控制的因素，其影响程度更是难以把握和估量。不仅如此，不同的影响因素指向共同的内容则会不断强化这种影响，而使大学生在思想政治意识层面接受的思想政治理论课课本知识内容不断受到挑战。除了直接和公开的显性影响作用以外，尤其是各种间接和隐性的作用方式更是使大学生对思想政治理论课的认同在不知不觉中受到"蚕食"或不经意间共同的"侵蚀"。虚实难分、真假难辨的各种影响因素通过间接、隐性的渗透式影响更是容易被忽略，控制难度也日益加大。大学生在现实生活中遇到的点点滴滴事件，或通过切身感知体验到的各种现实，一旦与思想政治理论课内容及蕴含的价值和追求稍有不同就会遭受质疑和责难，如果相互矛盾和冲突就会抵消思想政治理论课的认同及其认同的范围和程度。

2. 各种因素对思想政治理论课认同的影响更加间接和隐性

随着党和国家及学校等对大学生思想政治理论课的高度重视和不断加强，影响大学生思想政治理论课认同因素的作用方式变得更加间接或隐蔽。在一些国家机关和企事业单位内部，由于各级党组织和政府的控制及管治力度不断加大，那些不利于大学生对思想政治理论课相关内容认同的因素及其影响方式和强度等都在不同程度上得到有效遏制和消除，但这并不意味着其他影响因素及其影响方式和强度等会变小，甚至还可能会发生一些意想不到的变化，如变得更加隐蔽和间接而难辨难分。表面上看，直接或显性因素对增强大学生思想政治理论课相关内容认同的积极作用在提升与巩固，但由于各种因素的影响等使得一些不利于大学生思想政治理论课相关内容认同的因素也变得更加间接、隐性，这种危害更难以辨别和控制，如不断出现的各种正话反说或反话正说、反讽、政治笑话等及其产生的不良影响。"高级黑"和"低级红"就颇具代表性，更是令人难以真正作出正确判断，尤其是对政治敏感性低或对意识形态了解不多的民众危害甚大。对此，有学者还总结了日常生活中"低级红"、"高级黑"存在的十种表现："削足适履式高级黑、反向论证式高级黑、推向极端式高级黑、公私混淆式高级黑、恶捧领导式高级黑、完美塑造式高级黑、坏事好评式高级黑、傻白甜式高级黑、自我美颜式高级黑、伪造论据式高级黑等。"① 但是，作为一般的党员领导干部和民众，都很难区别和判断所谓的各种形式的"低级红"和"高级黑"等，更不要说没有专业基础知识的大学生了。为此，中共中央2019 年 2 月 27 日印发《中共中央关于加强党的政治建设的意见》强调："要以正确的认识、正确的行动坚决做到'两个维护'，坚决防止和纠正一切偏离'两个维护'的错误言行，不得搞任何形式的'低级红'、'高级黑'，决不允许对党中央阳奉阴违做两面人、搞两面派、搞'伪忠诚'。"② 尽管如此，一些党员领导干部中还是不同程度存在着搞两面派、搞"伪忠诚"的人。近两年来被查处的诸多党员领导干部就不少，这种现象对大学生的思想政治理论课相关内容的认同产生了各种形式的直接或间接的影响。

3. 各种因素影响大学生思想政治理论课认同的机制复杂

影响思想政治理论课的因素不仅复杂多样，而且在各种相互作用中会形成一定的合力。影响思想政治理论课的各种因素的综合作用，正如恩格斯提出的历史合力论那样："历史是这样创造的：最终的结果总是

---

① 佚名：《远离"黑"与"红"的十种表现!》，2019 年 3 月 11 日，见 https://www. sohu. com/a/300376302_ 120051488。

② 中共中央党史和文献研究院编：《十九大以来重要文献选编》（上），中央文献出版社 2019 年版，第 798 页。

从许多单个的意志的相互冲突中产生出来的，而其中每一个意志，又是由于许多特殊的生活条件，才成为它所成为的那样。这样就有无数互相交错的力量，有无数个力的平行四边形，由此就产生出一个合力，即历史结果，而这个结果又可以看作一个作为整体的、不自觉地和不自主地起着作用的力量的产物。因为任何一个人的愿望都会受到任何另一个人的妨碍，而最后出现的结果就是谁都没有希望过的事物。所以到目前为止的历史总是像一种自然过程一样地进行，而且实质上也是服从于同一运动规律的。但是，各个人的意志——其中的每一个都希望得到他的体质和外部的、归根到底是经济的情况（或是他个人的，或是一般社会性的）使他向往的东西——虽然都达不到自己的愿望，而是融合为一个总的平均数，一个总的合力，然而从这一事实中决不应作出结论说，这些意志等于零。相反，每个意志都对合力有所贡献，因而是包括在这个合力里面的。"① 恩格斯的历史合力理论的平行四边形法则同样适用于各种因素对思想政治理论课的综合影响和共同作用。影响思想政治理论课认同的因素对思想政治理论课认同的作用及其影响力各不相同，但最终不是单一因素的影响，而是各种或明或暗、或直接或间接、或显性或隐性、或可控或不可控等影响因素共同作用的结果。因此，要增强大学生对思想政治理论课的认同，就必须统筹兼顾、协调作用，真正使各种积极有利因素形成合力，进而克服各种不良影响因素的不良影响，才能真正达到大学生思想政治理论课认同追求的目的。

第二节　思政课说服力与不良
因素影响力的关系

　　大学生对思想政治理论课的认同不仅与思想政治理论课的说服力有

---

① 《马克思恩格斯选集》第 4 卷，人民出版社 2012 年版，第 605—606 页。

关，还同思想政治理论课以外的各种直接或间接相关的不良因素的影响合力高度相关，并且是思想政治理论课的说服力与其他各种不良因素的影响力共同作用的结果。思想政治理论课说服力与其他不良因素的影响力之间是此消彼长、对立统一的辩证关系。

一、思想政治理论课说服力与不良因素影响力密切相关

大学生对思想政治理论课的认同及其认同范围、程度不仅与思想政治理论课内容的说服力有关，而且还同影响思想政治理论课的各种因素的影响力高度相关。影响思想政治理论课认同的各种因素的影响力分为积极作用力与消极作用力。影响因素的积极作用力是指影响思想政治理论课的各种积极因素的作用力与思想政治理论课的说服力相一致，没有冲突或矛盾。反之，消极作用力是指各种影响大学生对思想政治理论课认同的消极影响因素的作用力与思想政治理论课的说服力不一致，甚至相矛盾和冲突，影响了思想政治理论课的实效性。影响思想政治理论课认同的各种因素的积极作用力或消极作用力因性质不同，对思想政治理论课认同的影响当然也会不同。

思想政治理论课的说服力，是指思想政治理论课的内容与现实密切相关，而且能够面对现实生活中的问题并提出科学合理的解决对策，从而获得学生的感知和情感认同，以及在内心深处接受并用以指导自身的言行等，进而推动现实问题的解决。大学生思想政治理论课的说服力要求："思想政治理论课要遵循规律讲道理，让学生深知马克思主义理论是科学的真理。首先，遵循客观规律，增强理论的科学性和说服力。既要看到成就和优势，更要敢于直面各种问题，用真理的逻辑力量和客观内容来打动、教育和说服大学生。其次，思想政治理论课讲授内容要与社会实际相符而不是相反。各种思想政治意识形态及其斗争通过网络和新媒体等为大学生所了解，并受其影响而形成了某些粗浅的认识，同时还会结合自己的各种感知和体验等形成某种看法。因此，思想政治理论

课讲授的内容要紧密结合大学生的切身感知和体验等实际。再次，思想政治理论课不能刻意回避问题和矛盾，进一步增强说服力。"① 但在现实中，由过度强调中国特色社会主义各方面优越性等而遭遇各种质疑，从而使得思想政治理论课的说服力往往不够。如过度强调满满的正能量，不敢或不愿面对大学生现实生活中遇到的各种问题或困惑，或对大学生关心的现实问题关照不够等，使得各种影响大学生思想政治理论课认同的不良因素影响力不减反增，进而影响了大学生对思想政治理论课相关内容的认同。

二、大学生思想政治理论课认同与不良因素影响合力密切相关

大学生对思想政治理论课的认同与各种影响因素的影响合力密切相关，即与不同积极因素的积极作用成正相关，与各种消极因素的消极作用成负相关。大学生对思想政治理论课是否认同不仅与影响因素的多少、大小、深浅程度有关，而且还与各种影响因素之间作用的合力密切相关。不同影响因素形成的合力越大，则对大学生思想政治理论课认同的影响力越大。反之，各种影响因素形成的合力越小，则影响大学生思想政治理论课认同的影响力就越小。不仅如此，各种影响因素形成的合力还分为积极合力和消极合力。如果不同影响因素形成的合力是积极合力且很大，则越有助于大学生思想政治理论课认同。影响思想政治理论课的各种因素的积极作用力越大越强，则说明社会生活现实印证了思想政治理论课的理论，越有利于推进和增强大学生对思想政治理论课的认同。反之，则不然。如果各种影响因素形成的合力是消极合力且很大，则不利于大学生思想政治理论课相关内容的认同。有鉴于此，为了促进和增强大学生对思想政治理论课的认同，必须积极采取各种有效措施，使各种影响大学生思想政治理论课认同的因素形成积极合力，消除各种

---

① 汪勇：《充分用好课堂教学主渠道增强思想政治教育实效性》，《贵州日报》2017 年 4 月 23 日。

不良因素的消极作用合力。为了不断增强大学生对思想政治理论课的认同，我们要整合各种影响因素，尤其是要大力消除社会现实中的各种不良因素的不良影响。

三、思想政治理论课内容同社会现实的矛盾直接影响认同

大学生思想政治理论课开设和加强的核心目标，就是要增强大学生对我国根本政治制度的政治认同。"提高政治认同可以降低国家治理的社会成本，包括政府支付成本、社会信息成本、社会协调成本、社会决策成本和制度执行成本，降低国家治理成本即可增加社会整体收益。提高政治认同需要改善政府供给，要求加强公共物品供给侧改革意识，提高公共物品的消费者效用，兼顾公共物品的不同效应，提高公共决策的科学性，加强公共物品的'售后'服务。"[1] 提高政治认同不仅可以降低看得见的有形成本，也可以降低看不见的无形成本：第一，提高政治认同可以降低政府支付成本。第二，提高政治认同可以降低社会信息成本。第三，提高政治认同可以降低社会协调成本。第四，提高政治认同可以降低社会决策成本。第五，提高政治认同可以降低制度执行成本。[2] 大学生思想政治理论课认同有利于促进和提高大学生对我国政治的认同。"政治认同度提高，政府与民众实现互信，相处融洽，组织、决策、沟通顺畅，冲突减少，必然降低社会运行成本，减小社会损耗，就可以把更多的资源投入社会财富的创造和人民生活的改善，使整个社会受益。政治认同度低，必然造成社会治理成本高。成本高，则内耗大，收益低，使整个社会受损。"[3] 为了提高和增强大学生对我国政治的认同，就要增强大学生对思想政治理论课相关内容的认同。这是由思想政治理论课是解决"培养什么人、如何培养人、为谁培养人"这个

① 徐家林：《政治认同的经济学考量》，《南通大学学报（社会科学版）》2017 年第 4 期。
② 参见徐家林：《政治认同的经济学考量》，《南通大学学报（社会科学版）》2017 年第 4 期。
③ 徐家林：《政治认同的经济学考量》，《南通大学学报（社会科学版）》2017 年第 4 期。

根本问题和培养造就担当民族复兴大任的时代新人和中国特色社会主义建设者和接班人的根本任务所决定。

大学生对思想政治理论课的认同与思想政治理论课内容是否与社会现实相一致或相矛盾直接相关。如果思想政治理论课内容密切关注社会现实，是社会现实的反映，与社会现实相一致则容易促进大学生对思想政治理论课相关内容的认同。反之，如果思想政治理论课相关内容同社会现实相矛盾、冲突，则大学生就会质疑思想政治理论课内容的科学性和合理性等，从而不利于思想政治理论课认同。总之，从影响大学生思想政治理论课认同的各方面因素分析来看，各种影响因素纷繁复杂种多样，有的直接，有的间接；有的显性，有的隐性等。因此，制定化解影响大学生思想政治理论课不良因素影响的对策，就要进行全方位的综合性思考。如果思想政治理论课课堂教学离开了活生生的大学生具体而现实的学习、生活实际及其发展的社会现实，离开了大学生切身感知和体验或背离社会常识和缺少严谨的逻辑推理等，就难有针对性，当然也难有实效性。有鉴于此，思想政治理论课认同必须从各个方面入手，综合采取具体而切实有效的科学措施，才能使思想政治理论课的各个方面形成合力，以更好地促进大学生对思想政治理论课的认同，才能最终达到预定目标。

第八章　新时代增强大学生思政课认同的对策

当今世界正经历百年未有之大变局，两种社会制度的竞争和较量日益激烈，我们开启了全面建设社会主义现代化强国和实现中华民族伟大复兴的新征程。如何消除各种不良因素的不良影响以增强大学生对思想政治理论课的认同，并把大学生培育成为能够担当民族复兴大任的时代新人始终是党和国家、教育部门、学校、广大教师和社会都不得不高度重视和思考的重大课题。大学生是否认同思想政治理论课相关内容，直接影响着其对我国政治的认同和能否成为德智体美劳全面发展的时代新人，关系着中国特色社会主义伟大事业的健康发展。为此，习近平总书记2019年3月18日主持召开学校思想政治理论课教师座谈会并发表重要讲话指出："办好思想政治理论课，最根本的是要全面贯彻党的教育方针，解决好培养什么人、怎样培养人、为谁培养人这个根本问题。"①"在这个根本问题上，必须旗帜鲜明、毫不含糊。这就要求我们把下一代教育好、培养好，从学校抓起、从娃娃抓起。在大中小学循序渐进、螺旋上升地开设思想政治理论课非常必要，是培养一代又一代社会主义建设者和接班人的重要保障。"② 党中央、国务院也为此先后出台了诸多推进思想政治理论课建设和改革创新的意见，为新时代更好地增强大学生对思想政治理论课的认同提出了要求。新时代要增强大学生对思想政治理论课的认同，就必须适时从各个方面入手，协同配合，实现思想政治理论课各相关要素的同向同行，实现合力的最大化，形成综合、系统、全面、有效的举措，才能很好地促进大学生对思想政治理论课内容的认同。从本质上讲，人是社会关系的总和，凡是能够对大学生思想政治理论课认同产生影响的各种因素都必须逐一分析和认真对待。当然，影响大学生思想政治理论课的因素复杂多样，我们只能对影响较大的影响因素进行深入分析并根据其影响采取相应的对策，以期更好地改进和加强思想政治理论课的针对性和实效性，进而增强大学生对思想政治理

① 《习近平谈治国理政》第三卷，外文出版社2020年版，第328页。
② 《习近平谈治国理政》第三卷，外文出版社2020年版，第329页。

论课的认同。

第一节　顺应时代、遵循规律和服务发展

　　时代是思想之母，实践是理论之源。"实践没有止境，理论创新也没有止境。世界每时每刻都在发生变化，中国也每时每刻都在发生变化，我们必须在理论上跟上时代，不断认识规律，不断推进理论创新、实践创新、制度创新、文化创新以及其他各方面创新。"[①] 为此，新时代增强大学生对思想政治理论课认同的理论思考和对策也要统筹国内国际两个大局，紧密结合我国各方面发展实际，不断增强思想政治理论课的说服力。我国40多年的改革开放使我国经济社会等各个方面取得辉煌成就而发生了巨大变化，中国特色社会主义迈上了由"富起来"到"强起来"的新发展阶段。如果大学生的思想政治理论课仍然严重滞后于我国各方面发展实际，必然难以获得认同，当然也就难以取得实效。因此，新时代的思想政治理论课要能够获得大学生的认同，就必须因事而化、因时而进、因势而新。

一、立足于中国特色社会主义进入新时代的要求

　　经过长期努力，中国特色社会主义进入新时代。这是我国发展新的历史方位，也是增强大学生思想政治理论课认同的时代背景。新时代要增强大学生对思想政治理论课的认同，就必须立足于作为指导思想的马克思主义理论创新形成发展的现实依据和社会实践基础。为此，高校思想政治理论必须因事而化、因时而进、因势而新，不仅是时代要求的深刻概括与总结，同时也是新时代推进大学生思想政治理论课认同的必然

[①]　习近平：《决胜全面建成小康社会　夺取新时代中国特色社会主义伟大胜利——在中国共产党第十九次全国代表大会上的报告》，人民出版社2017年版，第26页。

选择。

大学生思想政治理论课认同必须充分考虑时代的要求和大学生需要的变化。习近平总书记在 2017 年省部级主要领导干部"迎接党的十九大"专题研讨班讲话中针对新时代人民的需要指出："经过改革开放近 40 年的发展，我国社会生产力水平明显提高，人民生活显著改善，对美好生活的向往更加强烈，人民群众的需要呈现多样化多层次多方面的特点，期盼有更好的教育、更稳定的工作、更满意的收入、更可靠的社会保障、更高水平的医疗卫生服务、更舒适的居住条件、更优美的环境、更丰富的精神文化生活。"① 党的十九大报告在此基础上指出："中国特色社会主义进入新时代，我国社会主要矛盾已经转化为人民日益增长的美好生活需要和不平衡不充分的发展之间的矛盾。我国稳定解决了十几亿人的温饱问题，总体上实现小康，不久将全面建成小康社会，人民美好生活需要日益广泛，不仅对物质文化生活提出了更高要求，而且在民主、法治、公平、正义、安全、环境等方面的要求日益增长。同时，我国社会生产力水平总体上显著提高，社会生产能力在很多方面进入世界前列，更加突出的问题是发展不平衡不充分，这已经成为满足人民日益增长的美好生活需要的主要制约因素。"② 我们"必须认识到，我国社会主要矛盾的变化是关系全局的历史性变化，对党和国家工作提出了许多新要求"③。这些重要论述和判断，都是我们认识新时代大学生的需要和追求等以做好并增强大学生思想政治理论课认同的重要依据。

大学生作为人民的重要组成部分，因为在新时代日益增长的对美好生活的需要同我国不平衡不充分的发展之间的矛盾，而对党和国家的各项工作提出了更高的要求，当然也对我国的思想政治工作和大学生思想

① 《习近平谈治国理政》第二卷，外文出版社 2017 年版，第 61 页。
② 习近平：《决胜全面建成小康社会　夺取新时代中国特色社会主义伟大胜利——在中国共产党第十九次全国代表大会上的报告》，人民出版社 2017 年版，第 11 页。
③ 习近平：《决胜全面建成小康社会　夺取新时代中国特色社会主义伟大胜利——在中国共产党第十九次全国代表大会上的报告》，人民出版社 2017 年版，第 11 页。

政治理论课认同提出了许多新的要求。为了进一步解决新时代我国社会的主要矛盾，"我们要在继续推动发展的基础上，着力解决好发展不平衡不充分问题，大力提升发展质量和效益，更好满足人民在经济、政治、文化、社会、生态等方面日益增长的需要，更好推动人的全面发展、社会全面进步"①。思想政治理论课承担着培养大学生成长为自由而全面发展的时代新人和合格的中国特色社会主义建设者和接班人的历史重任，不仅是执政党的需要，同时也是大学生成长成才的需要。在新时代，为了进一步增强大学生对思想政治理论课的认同，我们必须立足于新时代我国社会主要矛盾转换的需要，即由过去立足于人民日益增长的物质文化需要转化为人民对美好生活的需要，与时俱进地把解决落后社会生产的思想政治工作转向解决我国不平衡不充分发展的思想政治工作纳入思想政治理论课内容，才可能"因事而化、因时而进、因势而新"地增强大学生对思想政治理论课的认同。

二、服务于人类命运共同体和强国建设战略要求

随着中国特色社会主义伟大事业向前发展，中国已经由"站起来"到实现"富起来"，正处于由"富起来"迈向"强起来"的伟大征程，并不断走近世界舞台的中央，倡导人类命运共同体的构建。这不仅表明了我国经济社会发展取得了重要成就，同时也表明我国正在迈向强国且在国际社会中发挥日益重要的作用。我国国际地位的不断提高和影响力的不断增强及对伟大复兴中国梦的追求等，要求我国的国民不仅要具有大国意识，更为重要的是还要具有强大国家国民应该具有的素质，以更好地在国际舞台上发挥更加重要的作用，推动中华民族伟大复兴中国梦不断变成现实。随着国家提出超越不同社会制度和不同意识形态而实施"一带一路"和努力推动人类命运共同体理念和全人类共同价值等，都

---

① 习近平：《决胜全面建成小康社会　夺取新时代中国特色社会主义伟大胜利——在中国共产党第十九次全国代表大会上的报告》，人民出版社 2017 年版，第 11—12 页。

要求大学生思想政治理论课认同必须适应和服务从于党和国家的这一发展战略需要，要求思想政治理论课必须适时地围绕构建人类命运共同体和遵循全人类共同价值作出相应的改革创新与发展。

人类只有一个地球，世界各国共处一个地球。全人类要有"人类命运共同体"意识并努力推动人类命运共同体的构建。2011年《中国的和平发展》白皮书提出，要以"命运共同体"的新视角寻求人类共同利益和共同价值的新内涵。习近平就任总书记后在首次会见外国人士时就指出，国际社会日益成为一个"你中有我、我中有你"的"命运共同体"。1997年亚洲金融危机、2008年国际金融危机、2020年的新冠肺炎疫情及其防控等重大国际公共事件，进一步凸显了国际社会相互之间的依存度在不断提高。面对全球公共危机，国际社会只有"同舟共济"、"共克时艰"才能度过各种危机和困难。为此，党的十八大报告提出"倡导人类命运共同体意识"是历史发展在实践和思想方面的必然结果。习近平总书记在马克思主义人类共同体思想基础上，汲取传统文化和时代精华，提出并逐步发展形成了人类命运共同体思想。2017年，党的十九大报告提出："坚持走和平发展道路，推动构建人类命运共同体。"[①] 中国提出的"一带一路"倡议及其付出的努力就是倡导构建人类命运共同体的重要体现。"一带一路"倡议旨在借用古代丝绸之路的历史符号，高举和平发展的旗帜，充分依靠中国与有关国家既有的双多边机制，积极发展与沿线国家的经济合作伙伴关系，借助既有的、行之有效的区域合作平台，共同打造政治互信、经济融合、文化包容的利益共同体、命运共同体和责任共同体。共建"一带一路"和倡导人类命运共同体的构建，符合国际社会的根本利益，彰显人类社会共同理想和美好追求，是国际合作以及全球治理新模式的积极探索，将为世界和平发展增添新的正能量。

---

① 习近平：《决胜全面建成小康社会　夺取新时代中国特色社会主义伟大胜利——在中国共产党第十九次全国代表大会上的报告》，人民出版社2017年版，第57页。

为了更好地构建人类命运共同体以适应中国建设社会主义现代化强国和实现中华民族伟大复兴中国梦的需要，大学生思想政治理论课不仅要批判，更要充分借鉴人类已有的文明成果。辩证唯物主义和实事求是是马克思主义认识不同事物最基本的原则和基础。从科学社会主义的理论来讲，资本主义虽然会被社会主义所取代，但它取得的文明成果是人类社会的进步，在今天仍然有其存在的客观必然性，具有诸多值得学习借鉴之处。为此，习近平总书记2014年3月27日在联合国教科文组织总部演讲时指出："文明是多彩的，人类文明因多样才有交流互鉴的价值。阳光有七种颜色，世界也是多彩的。一个国家和民族的文明是一个国家和民族的集体记忆。人类在漫长的历史长河中，创造和发展了多姿多彩的文明。"[1] "各种人类文明在价值上是平等的，都各有千秋，也各有不足。世界上不存在十全十美的文明，也不存在一无是处的文明，文明没有高低、优劣之分。" "每一种文明都是独特的。在文明问题上，生搬硬套、削足适履不仅是不可能的，而且是十分有害的。一切文明成果都值得尊重，一切文明成果都要珍惜。历史告诉我们，只有交流互鉴，一种文明才能充满生命力。"[2] 习近平总书记在联合国教科文组织第九届青年论坛开幕式上说："希望各国青年用欣赏、互鉴、共享的观点看待世界，推动不同文明交流互鉴、和谐共生，积极为构建人类命运共同体添砖献瓦。"[3] 习近平总书记的这些重要论述为新时代大学生思想政治理论课的改革创新和发展等指明了方向。

习近平总书记在倡导构建人类命运共同体的基础上，对新时代我国对外工作提出的又一个重大战略理念——弘扬全人类共同价值。党的十九届六中全会通过的《中共中央关于党的百年奋斗重大成就和历史经

---

[1] 《习近平谈治国理政》，外文出版社2014年版，第258页。

[2] 《习近平谈治国理政》，外文出版社2014年版，第259页。

[3] 《习近平主席在联合国教科文组织第九届青年论坛开幕式上的贺词》，《人民日报》2015年10月27日。

验的决议》，第一次将"全人类共同价值"写入党的全会文件，指出："面对复杂严峻的国际形势和前所未有的外部风险挑战，必须统筹国内国际两个大局，健全党对外事工作领导体制机制，加强对外工作顶层设计，对中国特色大国外交作出战略谋划，推动建设新型国际关系，推动构建人类命运共同体，弘扬和平、发展、公平、正义、民主、自由的全人类共同价值，引领人类进步潮流。"① 弘扬全人类共同价值是顺应我国建设社会主义现代化强国和实现中华民族伟大复兴的中国梦的需要而提出和倡导的又一个重大战略理念，同样也是大学生思想政治理论课的重要内容。

人类命运共同体的提出和弘扬全人类共同价值的践行是我国在国际上地位变化和发展的必然。在资本主义社会仍然会长期存在的客观现实背景下，构建人类命运共同体理念和弘扬全人类共同价值超越了社会主义与资本主义两种不同社会制度的对立，不是以相互消灭彼此为目的，而是客观承认各有优劣并相互借鉴、共存和发展这一客观现实的必然。我国要推动人类命运共同体的构建和弘扬全人类共同价值以成为影响世界发展的强国，甚至要成为主导世界发展的强国，就必须培养国民具有世界强国的意识和素质，培养具有推动人类命运共同体和弘扬全人类共同价值的意识和素质及能力。如果我们的国民素质仍然是过去那种严重受"左"倾影响，一讲资本主义就不顾实际地认为其就是腐朽、垂死挣扎、堕落，即将被社会主义所取代，甚至深陷盲目自大地追、赶、超等泥潭的国民意识和素质，那么我国就不可能在推动构建人类命运共同体和弘扬全人类共同价值上做出成就，也难以成为世界强国。

大学生思想政治理论课要把大学生培养成为全面建设社会主义现代化强国的建设者和接班人及能够担当民族复兴大任的时代新人，就不仅要把人类命运共同体的倡导和构建及弘扬全人类共同价值作为主要内

---

① 《中共中央关于党的百年奋斗重大成就和历史经验的决议》，《人民日报》2021 年 11 月 17 日。

容，而且还要使大学生摒弃过去"唯我这边风景独好"的意识，"用欣赏、互鉴、共享的观点看待世界，推动不同文明交流互鉴、和谐共生，积极为构建人类命运共同体和弘扬全人类共同价值添砖献瓦"。思想政治理论课要把大学生培养成为能够客观如实地按照文明互鉴的理念尊重、包容差异和多样，具有在追求本国利益时兼顾他国合理关切的意识，在谋求本国的发展中形成促进各国共同发展的素质，就必须使大学生通过思想政治理论课知道不同国家之间特别是不同社会制度的国家之间在很多方面仍然各有优劣，不同社会的文化都有其合理的内容和因子，相互之间在短时间内难以消灭彼此且会长期共存，相互依存，唇齿相依，要有相互借鉴、共同发展的意识。资本主义和社会主义两种社会制度及其国家与社会，目前仍将会在很长一段时间内长期共同存在，各有自己的优缺点，至少目前没有非常明显的事实和有力而充分的证据证明资本主义在短期内灭亡、被社会主义取代，谁也消灭不了谁，谁也取代不了谁。我们不能只讲资本主义社会的"黄、赌、毒"泛滥成灾，大量人口失业，穷人打不起官司，都是资本家当政、金钱政治……而看不到其值得借鉴之处。反之，也不能大讲特讲我们的优越性体现而对各种社会问题轻描淡写或一笔带过或熟视无睹等。否则，经不起实践和历史检验的任何言说，最终都会反受其害，不利于大学生对思想政治理论课的认同等。

构建人类命运共同体和弘扬全人类共同价值是我国推动国际社会共同发展的重要体现。随着人类命运共同体和弘扬全人类共同价值，思想政治理论课不仅要把其作为重要内容引导大学生正确认识共同发展，而且还要使大学生具有相应的素质。无论是人类命运共同体还是弘扬全人类共同价值，无论是全面建设社会主义现代化强国还是实现中华民族伟大复兴的中国梦，都要求思想政治教育不能仅仅局限于社会主义优越性的自说自话，从而对资本主义国家采取敌视态度或敌对意识并对大学生进行敌对教育，使之形成非理性的敌对意识和采取非理性的敌对行动等。这不仅不利于构建人类命运共同体和弘扬全人类共同价值，而且也不利于大学生的健康成长，更不利于思想政治理论课的认同。

三、按规律办事促进大学生思想政治理论课认同

新时代要"做好高校思想政治工作，要因事而化、因时而进、因势而新。要遵循思想政治工作规律，遵循教书育人规律，遵循学生成长规律，不断提高工作能力和水平"[①]。思想政治理论课作为高校思想政治工作的重要组成部分，要得到大学生内心的认同并取得实实在在的成效，同样必须遵循思想政治工作规律，教书育人规律，学生成长规律。思想政治理论课如果违背了思想政治工作规律、教书育人规律、学生成长规律，不仅难以取得实效性，甚至适得其反，难以增强大学生对思想政治理论课的认同。

1. 遵循思想政治工作规律

思想政治理论课认同要遵循实事求是地摆事实讲道理和以理服人同以情感人相结合等思想政治工作规律，就是要坚持中国特色社会主义的办学方向，确保社会主义办学方向不动摇，强化科学理论指导引领，落实立德树人根本任务。"我国高等教育肩负着培养德智体美全面发展的社会主义事业建设者和接班人的重大任务，必须坚持正确政治方向。"[②]增强大学生对思想政治理论课的认同要遵循思想政治工作规律，就是要旗帜鲜明地坚持社会主义办学方向，培养又红又专、德智体美劳全面发展的中国特色社会主义合格建设者和可靠接班人，培养能够担当民族复兴大任的时代新人。增强大学生思想政治理论课认同要坚持强化科学理论的武装。对此，习近平总书记指出："办好我们的高校，必须坚持以

---

① 张烁、鞠鹏：《习近平在全国高校思想政治工作会议上强调　把思想政治工作贯穿教育教学全过程　开创我国高等教育事业发展新局面》，《人民日报》2016年12月9日。
② 《习近平谈治国理政》第二卷，外文出版社2017年版，第377页。

马克思主义为指导，全面贯彻党的教育方针。"① 增强大学生思想政治理论课认同，必须坚持马克思主义科学理论的武装指导和科学引领，引导广大高校师生实事求是地摆事实讲道理和以理服人同以情感人相结合以树立正确而科学的世界观、人生观、价值观。高校立身之本在于立德树人。增强大学生思想政治理论课认同，必须落实立德树人根本任务，坚持不懈地在大学生中培育和弘扬社会主义核心价值观，不断增强大学生思想政治理论课的吸引力、亲和力、感染力、影响力和渗透力，以增强大学生的认同感、接受感、悦纳感，使大学生在改革开放的伟大实践中不断提高对思想政治理论课的认知认同、情感认同和行为认同，进而不断增强政治意识、大局意识、核心意识、看齐意识等"四个意识"，坚定对中国特色社会主义的理论自信、道路自信、制度自信和文化自信，从而真正成为中国特色社会主义建设者、接班人和能够担当民族复兴大任的时代新人。

2. 遵循教书育人规律

增强大学生对思想政治理论课的认同，必须遵循教书育人的规律。教书育人的规律就是不仅把知识传授给学生，而且还要培养学生形成一定的价值观；不仅要以理服人，而且还要循循善诱，以情感人；不仅要讲事实，而且还要讲道理；不仅要让学生知道什么是真善美和假恶丑，而且还要让学生能够诉诸实际行动勇敢地追求真善美和祛除假恶丑并成为推动社会前进和发展的有生力量。思想政治教育本身就是教育的重要组成部分，但又不是普通的教育。思想政治理论课教师要承担上好立德树人这一关键课程的历史重任，首先就要主动自觉地提高自己的思想政治素质和职业道德水平。思想政治理论课教师作为承担立德树人根本任务关键课程的人，首先要加强对马克思主义理论的学习和研究，坚定对马克思主义的信仰，坚持马克思主义实事求是的精髓，敢于弘扬真善

---

① 《习近平谈治国理政》第二卷，外文出版社 2017 年版，第 377 页。

美，批判假恶丑。讲信仰要由有信仰的人来讲。亲其师才能信其道的道理，要求思想政治理论课教师要有教好思想政治理论课的情感和关心学生成长成才的情感，做到以理服人的同时还要与以情感人相结合，才能适应培育新时代人才的需要。思想政治理论课教师在教学中始终要自觉当好大学生品格、品行、品位的塑造者，所有的教学活动都要围绕立德树人这个课程教学的中心环节，把培育大学生的社会主义核心价值观融入思想政治教育教学全过程。

　　教育与生活相互影响要求做好两者的结合才能更好地增强大学生思想政治理论课的说服力。思想政治理论课教师要遵循教书育人的规律，不仅要根据学生的认知特点，而且还要理论联系实际，充分考虑社会现实对大学生的影响；不仅要考虑社会现实中积极因素的正面影响，还要正视和消除不良因素的不良影响，形成正向激励，使学生保持积极向上的健康心态。思想政治理论课教师要遵循教书育人规律以增强大学生对思想政治理论课的认同，就要坚持言传和身教相统一，即真学、真懂、真信马克思主义，努力成为先进思想文化的传播者、党执政的坚定支持者，把正确的世界观、人生观、价值观融入课堂教学之中，更好地担负起学生健康成长指导者和引路人的责任。思想政治理论课教师要坚持潜心问道和关注社会相统一，即立时代之潮头、通古今之变化、发思想之先声，时刻关心党和国家的命运，把自己的学问用于伟大的社会实践，积极为党和人民述学立论、建言献策，担负起历史赋予的光荣使命。思想政治理论课教师要坚持学术自由和学术规范相统一，即倡导研究未知、探索新知，鼓励学术争鸣、学术创新，活跃校园学术氛围，提升校园学术水平，同时要培育严谨的治学精神、治学态度和治学方法，恪守学术规范。① 相关管理部门和人员及社会也要给予思想政治理论课教师更多的关怀和信任，而不是过多地干涉、约束和限制，使其受到各种直

---

① 参见韩宪洲：《增强高校思想政治工作实效性必须遵循"三大规律"》，《学习时报》2018年3月30日。

接或间接、显性或隐性的强制而难以真正发挥其应有的上好思想政治理论课的积极性、主动性和针对性。这样，思想政治理论课教师才能更好地理论联系实际，不断培养学生的问题意识、提高学生解决问题的能力，进而成为推动全面建设社会主义现代化强国的有生力量和担当民族复兴大任的时代新人。

3. 遵循学生成长规律

人永远只能是目的而不是手段。教育的根本的目的就是要让人成为真正的人，而不是别的东西。大学生作为年满 18 周岁又尚未真正独立于社会的成年人，仍然具有一定的可塑性。我国著名教育家陶行知先生说，千教万教，教人求真；千学万学，学做真人。大学生是一个来自社会并正在不断成长、独立且即将走向社会的青年群体。大学生思想政治理论课认同，需要关注学生健康成长的发展需求，不断提升思想政治理论课的亲和力和说服力，使大学生成为一个具有理性认识和科学判断能力的人，进而自觉主动地选择符合社会发展要求的言行。同时，思想政治理论课还要高度关注大学生面临的生存和发展及其在社会现实生活中遇到的各种具体问题或疑惑。"思想政治理论课不好上"不仅与老师、教材等高度相关，也与大学生的身心特点及其需要等密切相关。大学生年龄多数在 18 至 25 岁之间，思想活跃、朝气蓬勃，富有活力，具有创造性，喜好求新逐异，但情感心智仍未成熟和定型，有的不能正确认识、对待自己，有的难以适应环境变化。增强大学生对思想政治理论课的认同，就必须充分考虑大学生的求新好异和心智尚未完全定型等身心特点并遵循其不断走向成长成才的规律，因势利导，使其成为一个真正理性的人，成为社会需要的人，成为推动中国特色社会主义伟大事业不断前进的人。

遵循大学生成长成才的规律，就要增强思想政治理论课的亲和力和针对性。这是引导大学生健康茁壮成长的重要基础和保证。大学生正处在人生成长的关键时期，处在人生的"拔节孕穗期"，最需要精心引导和栽培。增强大学生对思想政治理论课认同，就要把握大学生易受环境影响的特征，贴近大学生的学习、生活实际及其独特的个性特点，尊重大学生作为具有主体能动性的独特主体性、差异性，采取平等沟通、互动交流的方式，用符合日常生活常识的科学的理论和严谨的逻辑推演使大学生接受并认同思想政治理论课的内容。同时，要把社会主义核心价值观通过春风化雨、润物无声、绵绵用力、潜移默化的隐性方式融入大学生的日常学习、特别是生活之中，使其在不知不觉中接受和认同并化为自己遵守的法则。"思想政治工作从根本上说是做人的工作，必须围绕学生、关照学生、服务学生，不断提高学生思想水平、政治觉悟、道德品质、文化素养，让学生成为德才兼备、全面发展的人才。"[1] 增强大学生思想政治理论课认同，要以大学生为本，把握大学生的心理情感特点，提供及时有效的心理健康教育与服务；发挥学生主体性作用，多用启发性教育，力戒填鸭式教育，引导学生发现问题、分析问题、思考问题，在不断启发中让学生水到渠成得出结论。"从认同起点的理念观照，高校思想政治理论课教学的图式转换首先要实现'课程本位'向'人本位'的转换，具体来说，即从'单向主体'走向'主体间性'，'工具理性'走向'价值理性'，'理论世界'走向'生活世界'。"[2] 只有真正围绕大学生、关心大学生、服务大学生，把握大学生的心理、性格、特征、行为等情况并因势利导、循循善诱，做好耐心细致的说服工作，使其内心真正认可和接受。只有坚持用真情、真话、真心感染激发学生，才可能增强大学生对思想政治理论课认同的实效性，才可能把思想政治理论课打造成为大学生真心喜爱、终生受益的课程。

[1] 张烁、鞠鹏：《习近平在全国高校思想政治工作会议上强调　把思想政治工作贯穿教育教学全过程　开创我国高等教育事业发展新局面》，《人民日报》2016年12月9日。
[2] 吴智文：《图式转换：高校思想政治理论课认同提升的现代考察》，《教育评论》2015年第11期。

四、充分领会党和国家对思想政治理论课的要求

中国特色社会主义进入新时代，党和国家根据社会主义矛盾的变化和建设现代化强国及实现中华民族伟大复兴的中国梦的需要对思想政治理论课寄予了厚望。习近平总书记高度重视思想政治工作并有过许多重要论述。他在全国高校思想政治工作会议上强调："要教育引导学生正确认识世界和中国发展大势，从我们党探索中国特色社会主义历史发展和伟大实践中，认识和把握人类社会发展的历史必然性，认识和把握中国特色社会主义的历史必然性，不断树立为共产主义远大理想和中国特色社会主义共同理想而奋斗的信念和信心；正确认识中国特色和国际比较，全面客观认识当代中国、看待外部世界；正确认识时代责任和历史使命，用中国梦激扬青春梦，为学生点亮理想的灯、照亮前行的路，激励学生自觉把个人的理想追求融入国家和民族的事业中，勇做走在时代前列的奋进者、开拓者；正确认识远大抱负和脚踏实地，珍惜韶华、脚踏实地，把远大抱负落实到实际行动中，让勤奋学习成为青春飞扬的动力，让增长本领成为青春搏击的能量。"[1] 具有能够正确认识世界和中国发展大势、正确认识中国特色和国际比较、正确认识时代责任和历史使命、正确认识远大抱负和脚踏实地的大学生，不仅体现了其对思想政治理论课的认同，而且能够把"四个正确认识"用以指导自己的言行并担当起新时代赋予的历史使命。2019 年 3 月 18 日，习近平总书记在主持思想政治理论课教师座谈会发表重要讲话强调："办好思想政治理论课，最根本的是要全面贯彻党的教育方针，解决好培养什么人、怎样培养人、为谁培养人这个根本问题。新时代贯彻党的教育方针，要坚持马克思主义指导地位，贯彻新时代中国特色社会主义思想，坚持社会主义办学方向，落实立德树人的根本任务，坚持教育为人民服务、为中国

---

[1]　张烁、鞠鹏：《习近平在全国高校思想政治工作会议上强调　把思想政治工作贯穿教育教学全过程　开创我国高等教育事业发展新局面》，《人民日报》2016 年 12 月 9 日。

共产党治国理政服务、为巩固和发展中国特色社会主义制度服务、为改革开放和社会主义现代化建设服务，扎根中国大地办教育，同生产劳动和社会实践相结合，加快推进教育现代化、建设教育强国、办好人民满意的教育，努力培养担当民族复兴大任的时代新人，培养德智体美劳全面发展的社会主义建设者和接班人。"① 习近平总书记关于思想政治理论课的重要论述，是进一步增强大学生思想政治理论课认同的指南，不仅对思想政治工作的领导、方向、内容、目的、途径等提出了明确要求，而且对思想政治理论课的改革创新等提出了新的要求。

党的十八大以来，特别是党的十九大后，党和国家及教育主管部门纷纷出台了许多关于加强思想政治理论课建设、马克思主义学院建设和马克思主义理论学科建设的诸多政策和文件，如《高校思想政治工作质量提升工程实施纲要》、《新时代高校思想政治理论课教学工作基本要求》、《普通高等学校思想政治理论课教师队伍培养规划（2019—2023年)》、《关于深化新时代学校思想政治理论课改革创新的若干意见》、《新时代高等学校思想政治理论课教师队伍建设规定》、《新时代学校思想政治理论课改革创新实施方案》等。这些都充分说明了新时代加强思想政治理论课建设和增强大学生对思想政治理论课认同的重要性。党的十八大以来，在广泛调研和征询专家意见的基础上，党和国家领导人及党代会报告高屋建瓴地根据新时代党和国家的发展需要适时地对高校思想政治工作和大学生思想政治理论课建设等给予了高度重视并制定和出台了不少相关政策、文件、标准和意见等。这些既是新时代各级党委和政府、学校及教师加强和改进思想政治理论课、推进思想政治理论课认同的重要依据，同时也是新时代各级党委和政府、学校及教师通过改革创新以增强大学生对思想政治理论课认同义不容辞的光荣使命，必须在实践中实实在在地贯彻和执行、落实到位，为增强大学生对

---

① 《习近平谈治国理政》第三卷，外文出版社2020年版，第328页。

思想政治理论课的认同作出努力。

新时代高校思想政治工作必须坚持把立德树人作为中心环节，把思想政治工作贯穿教育教学全过程，实现全程育人、全方位育人。新时代的高校思想政治工作，"要培育和践行社会主义核心价值观，把社会主义核心价值观体现到教书育人全过程，引导师生树立正确的世界观、人生观、价值观，加强国家意识、法治意识、社会责任意识教育，加强民族团结进步教育、国家安全教育、科学精神教育，以诚信建设为重点，加强社会公德、职业道德、家庭美德、个人品德教育，提升师生道德素养"①。作为建设世界强国的大学生必须具有世界眼光、人类命运共同体情怀和弘扬全人类共同价值的言行，才能为推动全面建设社会主义现代化强国建设作出贡献。"要进一步办好高校思想政治理论课，充分发挥思想政治理论课的主渠道作用，深入实施高校思想政治理论课建设体系创新计划，完善教材体系，提高教师素质，创新教学方法，增强教学的吸引力、说服力、感染力。要加强高校马克思主义学院建设，打造马克思主义理论教学、研究、宣传和人才培养的坚强阵地，支持有条件的高校设置马克思主义理论专业，深入实施马克思主义理论研究和建设工程。"②

党的十九大报告对大学生思想政治理论课的建设和改革也提出了具有指导性的意见。党的十九大报告指出："社会主义核心价值观是当代中国精神的集中体现，凝结着全体人民共同的价值追求。要以培养担当民族复兴大任的时代新人为着眼点，强化教育引导、实践养成、制度保障，发挥社会主义核心价值观对国民教育、精神文明创建、精神文化产品创作生产传播的引领作用，把社会主义核心价值观融入社会发展各方

---

① 《中共中央国务院关于加强和改进新形势下高校思想政治工作的意见》，2017 年 2 月 27 日，见 http://www.gov.cn/xinwen/2017-02/27/content_5182502.htm。

② 《中共中央国务院关于加强和改进新形势下高校思想政治工作的意见》，2017 年 2 月 27 日，见 http://www.gov.cn/xinwen/2017-02/27/content_5182502.htm。

面，转化为人们的情感认同和行为习惯。"① 根据教育部 2018 年 4 月 12 日印发《新时代高校思想政治理论课教学工作基本要求》指出：当前大学生思想政治理论课认同，就是要"全面推动习近平新时代中国特色社会主义思想进教材进课堂进学生头脑，牢固树立'四个意识'，坚定'四个自信'，培养德智体美全面发展的中国特色社会主义合格建设者和可靠接班人，培养担当民族复兴大任的时代新人"②。这就是增强大学生思想政治理论课认同的新时代要求。

总之，新时代的思想政治理论课要顺应新时代的要求并遵循教书育人规律、遵循学生成长规律。各级党委、政府和教育主管部门及高校、教师等，都要切实做出努力，不断推动思想政治理论课的改革创新，把党和国家的厚望和要求真真实实地落到大学生的每一堂思想政治理论课中，增强针对性，提高实效性，努力推进大学生对思想政治理论课的认同。

第二节　夯实大学生思想政治理论课认同现实基础

"哲学家们只是用不同的方式解释世界，而问题在于改变世界。"③ 马克思在《〈黑格尔法哲学批判〉导言》中严肃指出："光是思想力求成为现实是不够的，现实本身应当力求趋向思想。"④ 这就要求，大力增强大学生对思想政治理论课的认同，不仅需要理论的说服，更需要实

---

① 习近平：《决胜全面建成小康社会　夺取新时代中国特色社会主义伟大胜利——在中国共产党第十九次全国代表大会上的报告》，人民出版社 2017 年版，第 42 页。
② 《教育部关于印发〈新时代高校思想政治理论课教学工作基本要求〉的通知》，2018 年 4 月 13 日，见 http://www.moe.gov.cn/srcsite/A13/moe_772/201804/t20180424_334099.html。
③ 《马克思恩格斯选集》第 1 卷，人民出版社 2012 年版，第 140 页。
④ 《马克思恩格斯选集》第 1 卷，人民出版社 2012 年版，第 11 页。

践支撑和推动实践的变化与发展。社会存在决定社会意识，而不是相反。当前，要增强大学生对思想政治理论课的认同，使大学增强对中国特色社会主义道路自信、理论自信、制度自信和文化自信，并在党的领导下坚定走中国特色社会主义道路，实现中华民族伟大复兴，不仅需要从理论上说明中国特色社会主义理论体系是科学理论、中国共产党具有先进性、中国特色社会主义道路是中国人民的不二选择且前景光明，而且还要积极改造社会现实，使实践对中国特色社会主义作出强有力的印证，用强有力的实践向学生证明。事实胜于雄辩。党的十九大报告指出："我国稳定解决了十几亿人的温饱问题，总体上实现小康，不久将全面建成小康社会，人民美好生活需要日益广泛，不仅对物质文化生活提出了更高要求，而且在民主、法治、公平、正义、安全、环境等方面的要求日益增长。"[1] 为此，要增强新时代大学生对思想政治理论课的认同，党和国家及全社会都要不遗余力地解决不平衡不充分发展的问题，以满足广大人民，当然包括广大的大学生对民主、法治、公平、正义、安全、环境等方面日益增长的需要，不断增强他们的获得感，不断提升他们的幸福感，用强有力的实践，积极从社会现实的各个方面营造有利于促进大学生对思想政治理论课认同的社会现实基础。

一、大力彰显新时代中国共产党性质和宗旨

中国特色社会主义进入新时代，中国共产党如何应对"四大考验"和"四大危险"，既是思想政治理论课的重要内容，同时又是影响思想政治理论课认同的重要因素。

中国共产党的性质和领导、初心和使命始终是贯穿大学生思想政治理论课的主线和主要内容。大学生对思想政治理论课的认同也是对中国共产党的性质和领导、初心和使命的认同，同时也是其信任并感党恩听

---

[1] 习近平：《决胜全面建成小康社会 夺取新时代中国特色社会主义伟大胜利——在中国共产党第十九次全国代表大会上的报告》，人民出版社 2017 年版，第 11 页。

党话跟党走的本质表现。新时代增强大学生对思想政治理论课的认同及其范围和程度,最为根本的不在于历史和成就,而在于现实中国共产党到底是怎么做和做得怎么样。中国共产党人为中国人民谋幸福、为中华民族谋复兴的初心和使命,不仅要在体现在思想政治理论课课本中,体现在文件里、会议中和宣传报道上,更为重要的是还要充分体现在社会现实生活中每一名党员领导干部身上,尤其是体现在高级党员领导干部的具体实际工作和生活的一言一行上。对此,马克思曾说过:"一步实际运动比一打纲领更重要。"① 事实胜于雄辩和实践是检验真理的唯一标准等充分说明,执政党的各方面建设成效,尤其是党员领导干部队伍清正廉洁的建设情况会通过各种形式和途径对大学生认同思想政治理论课有着非常重要的影响。

人民立场是中国共产党的根本政治立场,是马克思主义政党区别于其他政党的显著标志。思想政治理论课中大量的内容都是紧紧围绕中国共产党是全心全意为人民服务的无产阶级政党、是中国工人阶级的先锋队、是中国人民和中华民族的先锋队、是中国特色社会主义事业的领导核心,代表中国先进生产力的发展要求、代表中国先进文化的前进方向、代表中国最广大人民的根本利益,中国共产党领导广大人民在不同的历史时期都取得了各种辉煌的成就等主题展开。中国共产党必须守初心担使命贯彻落实到治国理政的全部具体实践活动之中,把人民对美好生活的向往作为执政党和党员领导干部的奋斗目标,才能够形成有利于促进大学生对思想政治理论课相关内容认同的基础。如果中国共产党人的初心和使命在现实中得到了充分展现,就有力证明了大学生思想政治理论课课本上讲授的中国共产党人确实秉承了全心全意为人民服务的性质和宗旨,就能够促进大学生对思想政治理论课的认同。如果我们的一些党员领导干部一边在台上和会上大喊大叫、空说"不忘初心、牢记

---

① 《马克思恩格斯文集》第3卷,人民出版社2009年版,第426页。

使命"和全心全意为人民服务，而另一边却是贪污腐败盛行、"四风"问题突出且得不到有效的根治和有力的预防，甚至前腐后继，官僚主义、形式主义层出不穷，劳民伤财的政绩工程、形象工程、搞瞎折腾等得不到有效治理，肯定就会影响到大学生对思想政治理论课中关于中国共产党的伟大、光荣和正确的领导及执政内容的认同。因此，新时代的各级党委和政府必须全面从严治党，必须彰显党的先进性和纯洁性，消灭各种特权思想和特权行为，形成风清气正的政治生态，才能坚持人民主体地位，坚持立党为公、执政为民，践行全心全意为人民服务的根本宗旨，才能把"不忘初心、牢记使命"落实到广大人民的衣、食、住、行、生、老、病、死、教育等具体的生活需要中去，才能促进大学生对思想政治理论课中关于中国共产党伟大光荣正确和全心全意为人民服务的认同，才能信任和尊崇党的领导，才有利于促进大学生对党的思想政治理论课的相关内容的认同。

增强大学生思想政治理论课认同的目的不是为了少数人的利益，而是在理论上和实践中始终谋求最广大人民群众的根本利益。只要我们党真正本着为最广大人民群众谋求根本利益，就一定能为大学生所认同和接受并转化为自己的指导思想。反之，则不然。苏联解体、东欧剧变就是铁证。革命时期，北平的不少学生为什么不惜流血牺牲穿越层层封锁线奔赴延安？事实说明，无论理论多么美好，如果实际行动不是为最广大人民谋利益的政党及政府最终都会被人民、被大学生所抛弃而必然走向垮台。这是人类社会发展的铁律。马克思主义在思想意识形态领域的指导地位，不是仅凭任何人的意愿就能够实现的，而是能够被实践所检验、被广大人民群众选择、被历史选择才能够加以巩固。思想政治理论课能够为大学生所认同，关键在于它切实体现了广大人民群众和大学生的发展要求，切实维护了广大人民群众和大学生的根本利益。思想政治理论课只要真正做到了"为了人民、依靠人民"，作为人民重要组成部分的大学生就会在社会现实通过各种感知体验真正明白中国共产党人是诚心诚意为人民谋利益的政党，并不断增强对党的信任，就会认同思想政治理论课，就会坚定地感党恩听党话跟党走。

二、加强党风廉政建设充分展示党的先进性

思想政治理论课中不少内容紧紧围绕着中国共产党是领导党及其治国理政思想展开，由此大学生对思想政治理论课的认同就是对中国共产党及其治国理政思想的认同。"党政军民学，东西南北中，党是领导一切的。"[1] 作为领导党是否能够身先士卒，全心全意为人民服务是大学生对思想政治理论课认同的坚实基础。大学生不仅通过思想政治理论课了解和认识中国共产党和中国特色社会主义理论、道路、制度和文化，而且还通过各种途径和形式获得感知体验去认识和判断中国共产党是否伟大光荣正确和中国特色社会主义是否为我国发展的最好选择，进而才能够在此基础上决定是否认同思想政治理论课的相关内容。大学生不仅知道思想政治理论课是怎么说的，而且还高度关注并通过各种感知体验去认识和判断党员领导干部是怎么做的。大学生不仅可能通过直接的方式感受诸多党员领导干部的所作所为，同时还可以通过各种网络报道等了解党员领导干部的廉政、勤政情况等。如果党员领导干部率先垂范，全心全意为人民服务，廉洁自律等，印证了思想政治理论课所讲的相关内容，则思想政治理论课相关内容就会得到学生的认同。

"在世情、国情、党情发生深刻变化的新形势下，提高党的领导水平和执政水平、提高拒腐防变和抵御风险能力，加强党的执政能力建设和先进性建设，面临许多前所未有的新情况新问题新挑战，执政考验、改革开放考验、市场经济考验、外部环境考验是长期的、复杂的、严峻的。精神懈怠的危险，能力不足的危险，脱离群众的危险，消极腐败的危险，更加尖锐地摆在全党面前。这是对我们党提高执政能力、加强先

---

[1] 习近平：《决胜全面建成小康社会　夺取新时代中国特色社会主义伟大胜利——在中国共产党第十九次全国代表大会上的报告》，人民出版社 2017 年版，第 20 页。

进性建设提出的长期重大课题。"① 中国共产党如何强化自身建设彰显党的先进性和纯洁性，对思想政治理论课认同有着重要的影响。为了不断增强大学生对思想政治理论课相关内容的认同，"全党要坚定执行党的政治路线，严格遵守政治纪律和政治规矩，在政治立场、政治方向、政治原则、政治道路上同党中央保持高度一致……弘扬忠诚老实、公道正派、实事求是、清正廉洁等价值观，坚决防止和反对个人主义、分散主义、自由主义、本位主义、好人主义，坚决防止和反对宗派主义、圈子文化、码头文化，坚决反对搞两面派、做两面人。全党同志特别是高级干部要加强党性锻炼，不断提高政治觉悟和政治能力，把对党忠诚、为党分忧、为党尽职、为民造福作为根本政治担当，永葆共产党人政治本色"②。各级党员领导干部必须以实实在在为人民服务的言行和精神印证思想政治理论课课本上所说的相关内容，进而推进大学生思想政治理论课的认同。

党员领导干部的示范作用对大学生思想政治理论课认同影响不小。不少大学生的家人、亲戚、熟人等本身就是党员领导干部。大学生会通过身边的党员领导干部的言行反观思想政治理论课中所讲的中国共产党和中国特色社会主义并作出是否认同的反应。党的十八大以来惩贪反腐成效也充分说明，被查处的数百名"老虎"和其他以千、万计的贪污腐败分子，虽然是中国共产党党员，却从事着与党的性质和宗旨及党员身份不符的违法犯罪活动。中国共产党只有真正彻底解决贪腐和"四风"问题，用铁腕反贪防腐，才能净化政治生态、净化社会风气，才能为增强大学生思想政治理论课认同提供实践证明。"人民群众最痛恨腐败现象，腐败是我们党面临的最大威胁。只有以反腐败永远在路上的

---

① 中共中央文献研究室编：《十七大以来重要文献选编》（下），中央文献出版社 2013 年版，第 751 页。

② 习近平：《决胜全面建成小康社会　夺取新时代中国特色社会主义伟大胜利——在中国共产党第十九次全国代表大会上的报告》，人民出版社 2017 年版，第 62—63 页。

坚韧和执着，深化标本兼治，保证干部清正、政府清廉、政治清明，才能跳出历史周期率，确保党和国家长治久安。当前，反腐败斗争形势依然严峻复杂，巩固压倒性态势、夺取压倒性胜利的决心必须坚如磐石。要坚持无禁区、全覆盖、零容忍，坚持重遏制、强高压、长震慑，坚持受贿行贿一起查，坚决防止党内形成利益集团。在市县党委建立巡察制度，加大整治群众身边腐败问题力度。不管腐败分子逃到哪里，都要缉拿归案、绳之以法。推进反腐败国家立法，建设覆盖纪检监察系统的检举举报平台。强化不敢腐的震慑，扎牢不能腐的笼子，增强不想腐的自觉，通过不懈努力换来海晏河清、朗朗乾坤。"① 在中纪委反腐专题片《永远在路上》第五集《把纪律挺在前面》视频中，记者在北京街头采访某北京高校学生对党的十八大以来反腐的看法，其中一位被采访的大学生说："对我们普通的学生来说、年轻人来说，可能说给了我们一个信心，就是说我们在未来的自己发展过程中，不需要通过跟有权有势的人建立关系来追求我们自己的发展，而是说可以通过自己的努力实现自己的人生价值，所以我觉得这是对我们最大的影响。"② 这不仅说明大学生对贪污腐败的痛恨，而且也说明大学生的生存和发展会深受政治生态的影响。没有风清气正的政治生态，大学生就难以认同中国共产党，也就难以认同思想政治理论课，也就难以扛起民族复兴的大任和成为合格的中国特色社会主义建设者和接班人。

三、推进民主建设保障弱势群体的合理诉求

我国大学生学习的不同的思想政治理论课课程都有相当部分内容阐述我国的民主理论及其实践的广泛性、真实性和代表性，如人民代表大

---

① 习近平：《决胜全面建成小康社会　夺取新时代中国特色社会主义伟大胜利——在中国共产党第十九次全国代表大会上的报告》，人民出版社 2017 年版，第 66—67 页。

② 《永远在路上》第五集《把纪律挺在前面》，2016 年 10 月 23 日，见 http：//theory. people. cn/GB/68294/396001/index. html。

会制度等。换言之，大学生思想政治理论课的相当部分内容都对我国的民主理论及其实践等作了大量的阐述并力求能够得到大学生的认同。民主也是当前我国大街小巷中随处可见的社会主义核心价值观的重要内容。之所以如此，是因为民主是全人类的共同理想，当代的主流世界是由民主国家构成的，民主化也正是当今世界发展浩浩荡荡的大潮，代表人类进步的大方向。顺之者昌，逆之者亡。民主不是政治家对民众慷慨的施舍，而是民众手中神圣不可侵犯的权力。列宁说："没有民主，就不可能有社会主义"①。"民主意味着在形式上承认公民一律平等，承认大家都有决定国家制度和管理国家的平等权利。"② 民主不是口号。"社会主义和民主不是一个东西，但它们不过是一个思想的不同表现，它们相互联系，相互补充，从来不可能相互矛盾，没有民主的社会主义是臆想的社会主义，正如没有社会主义的民主是虚伪的民主一样。"③ 民主就是实现人民的统治、保障人民的权利，实现人民当家作主。政治民主化的作用有："产生从长远来说是明智的决策；保证社会各成员及各阶层获得公正的待遇；消除以暴力手段解决社会内部争端的必要性；培养公民对国家深厚而持久的忠诚；促进言论自由；促进公民理解和运用一切有关社会事务的资讯的能力和才智的发展；促进公民心理条件（如批判态度、灵活性、妥协、容忍等）的形成。"④ 由于各国的历史、文化、传统、国情等的不同，各国的民主内涵及其实现模式也各有不同，但民主的本质在某些方面却大同小异，即人民能够充分自由地表达自己的意志和行使当家作主的权利。

我国的宪法和法律及《中国共产党章程》等对中国特色社会主义民主有着明确的规定。党和国家领导人也对广大人民的民主给予了高度

① 《列宁选集》第 2 卷，人民出版社 1995 年版，第 782 页。
② 《列宁专题文集　论社会主义》，人民出版社 2009 年版，第 40 页。
③ ［德］威廉·李卜克内西：《不要任何妥协！》，姜其煌等译，生活·读书·新知三联书店 1964 年版，第 7 页。
④ ［美］科恩：《论民主》，聂崇信等译，商务印书馆 1988 年版，第 212—244 页。

重视并推动其不断向前发展。我国革命、建设和改革开放发展的过程，就是一部不断追求广大人民的民主权利并加以保护的过程，为保障广大人民的权利做出了有力保障。早在 1941 年 4 月 15 日，邓小平在《党与抗日民主政权》文中就精辟指出："民主政治的好处，正在于它能够及时反映各阶级各方面的意见，使我们能够正确地细心地去考虑问题决定问题；它能够使我们从群众的表现中去测验我党的政策是否正确，是否为群众所了解所拥护；它能够使我们对事物感觉灵敏，随时具有高度的警惕性；它能够使我们党得到群众的监督，克服党员堕落腐化的危险，及时发现投机分子以及破坏分子而清洗出党；它能在民主政治斗争中提高党员的斗争能力，使党更加接近群众，锻炼党使党成为群众的党。"① 改革开放以来，中国共产党在总结社会主义民主政治发展正反两个方面的经验教训后指出："没有民主就没有社会主义，就没有社会主义的现代化……社会主义愈发展，民主也愈发展。"② "人民当家作主是社会主义民主政治的本质和核心。"③ "我国是工人阶级领导的、以工农联盟为基础的人民民主专政的社会主义国家，国家一切权力属于人民。我国社会主义民主是维护人民根本利益的最广泛、最真实、最管用的民主。发展社会主义民主政治就是要体现人民意志、保障人民权益、激发人民创造活力，用制度体系保证人民当家作主。"④ 这些重要论述为我国的人民民主提供了重要保证和支撑，使广大人民的民主不断得到完善、健全及保护。同时，这些重要的论述也是大学生思想政治理论课的重要内容。

根据思政课建设要求，要把党的十九届六中全会通过的《中共中

① 《邓小平文选》第一卷，人民出版社 1994 年版，第 12 页。
② 《邓小平文选》第二卷，人民出版社 1994 年版，第 168 页。
③ 胡锦涛：《在庆祝中国共产党成立 90 周年大会上的讲话》，人民出版社 2011 年版，第 21 页。
④ 习近平：《决胜全面建成小康社会　夺取新时代中国特色社会主义伟大胜利——在中国共产党第十九次全国代表大会上的报告》，人民出版社 2017 年版，第 35—36 页。

央关于党的百年奋斗重大成就和历史经验的决议》融入"习近平新时代中国特色社会主义思想概论"课程。关于全过程人民民主，该议决指出，我们"必须坚持以人民为中心的发展思想，发展全过程人民民主"。"必须坚持党的领导、人民当家作主、依法治国有机统一，积极发展全过程人民民主，健全全面、广泛、有机衔接的人民当家作主制度体系，构建多样、畅通、有序的民主渠道，丰富民主形式，从各层次各领域扩大人民有序政治参与，使各方面制度和国家治理更好体现人民意志、保障人民权益、激发人民创造。""发展全过程人民民主，保证人民当家作主。"① 这些都是大学生思想政治理论课必讲的重要内容。

社会主义在本质上是民主的，民主是社会主义的一个本质特征。社会主义离不开民主，民主也离不开社会主义。但是，随着中国特色社会主义进入新时代和我国社会主要矛盾的转化，广大人民，包括大学生对民主、法治、公平、正义的需要日益突出和强烈，对我国的民主无论是内容还是形式都提出了更高的要求。但是，由于深受传统文化中"民主不足而集中有余"的不良影响，广大人民对民主的更高追求和在更高层面行使当家作主的权利在现实社会生活中仍然受到一些限制或没能得到很好的发挥，尤其是部分弱势群体的合理诉求得不到有效表达或权利无法有效行使，加之不良维稳思维及其不良措施的影响等，使得我国的民主在某些群体或某些方面有待进一步提高。特别是广大人民在日益增长的物质文化生活需要得到满足而转向对美好生活的追求以后，对更高层次民主的要求显得更加日益突出。加之，各种社会思潮以现实生活中涉及民主的诸多问题作为口实而兴风作浪，对我国的民众和大学生影响不小。这就需要党和国家及各个层面必须做出更大的努力。

我们必须加强民主建设，采取有效措施破除各种"一言党"、"家长制"不良作风，破除凡是领导说的都是千真万确的真理的怪圈，以

① 《中共中央关于党的百年奋斗重大成就和历史经验的决议》，《人民日报》2021年11月17日。

充分体现人民当家作主的共和国本质。继续努力加强民主建设和保障广大人民对更高层次的民主的追求，是中国共产党坚定不移的奋斗目标。为了满足广大人民对更高层次民主的需要和追求，我们要大力清除各种错误的民主观念：一是"天然民主论"，二是"为民作主论"，三是"方法、手段、作风论"，四是"国情特殊论"和"民主缓行论"，五是"民主与稳定对立论"，六是"姓'社'姓'资'论"，七是"民主与效率对立论"，八是"民主无用或无益论"。[①] 在中国特色社会主义民主政治建设中，我们还要正视民主素质与民主意识不适应的问题、民主与集中不适度的问题、推进民主与促进发展不统一的问题、形式民主与实体民主不一致的问题、民主与法治不配套的问题、现代民主观念与传统文化观念不协调的问题、理论研究与实践创新不同步的问题、借鉴外部经验与尊重本国国情不相容的问题。[②] 力戒各种错误民主观念和各种问题，是为了更好地彰显民主，增强人民利益诉求表达渠道，获得大学生的认可，从而推进大学生对思想政治理论课中关于"民主是中国特色社会主义的本质"之认同奠定重要基础。

四、加强法治建设维护广大人民的合法权益

法治思想、法治精神、法治要求、建设社会主义法治国家和全面依法治国的科学立法、严格执法、公正司法、全民守法的"新十六字方针"等也是思想政治理论课的重要内容，是思想政治理论课认同的重要组成部分。在思想政治理论课中对建设法治中国的诸多重要内容作了全面系统、深入的阐述。关于法治精神的经典概括和表述，古希腊思想家亚里士多德曾说过："法治应包含两重意义：已成立的法律获得普遍的服从，而大家所服从的法律又应该本身是制订得良好的法律。"[③] 他

---

① 参见卢文华：《中国共产党民主执政研究》，人民出版社 2007 年版，第 100—101 页。
② 参见周新群：《民主政治建设必须正视的八大问题》，《理论前沿》2009 年第 11 期。
③ ［古希腊］亚里士多德：《政治学》，吴寿彭译，商务印书馆 1965 年版，第 143 页。

对法治这两重意义的设定，可以视为人类法治理论沿承至今。伯尔曼也说过："法律必须被信仰，否则它将形同虚设。"① 沈家本老先生也曾说过：法立而不行与无法等，世未有无法之国而长治久安也。关于我国的法治传统文化，邓小平同志曾明确指出："旧中国留给我们的，封建专制传统比较多，民主法制传统很少。解放后，我们也没有自觉地系统地建立保障人民民主权利的各项制度，法制很不完备，也很不受重视……要解决制度问题。"② 苏联"肃反扩大化"和我国的"文化大革命"等给我们留下了诸多与法治相背道而驰的深刻教训。有研究表明："没有实现从传统的人治模式到现代的民主法治模式的治国方略的根本转变，是苏联改革失败和国家解体的致命原因。"③ 对此，邓小平同志深刻指出："还是要靠法制，搞法制靠得住些。"④ 我们"必须使民主制度化、法律化，使这种制度和法律不因领导人的改变而改变，不因领导人的看法和注意力的改变而改变"⑤。习近平总书记也曾多次就我国的法治作出过诸多重要阐述。2012 年 12 月 4 日，习近平总书记在《在首都各界纪念现行宪法公布施行 30 周年大会上的讲话》中充分肯定我国宪法制定及实施所取得的成绩的同时指出："我们也要看到存在的不足，主要表现在：保证宪法实施的监督机制和具体制度还不健全，有法不依、执法不严、违法不究现象在一些地方和部门依然存在；关系人民群众切身利益的执法司法问题还比较突出；一些公职人员滥用职权、失职渎职、执法犯法甚至徇私枉法严重损害国家法制权威；公民包括一些领导干部的宪法意识还有待进一步提高。对这些问题，我们必须高度重视，切实

---

① 〔美〕伯尔曼：《法律与宗教》，梁治平译，生活·读书·新知三联书店 1991 年版，第 28 页。
② 《邓小平文选》第二卷，人民出版社 1994 年版，第 332 页。
③ 胡联合：《前苏联改革失败和国家解体的再反思》，《湖北行政学院学报》2005 年第 3 期。
④ 《邓小平文选》第三卷，人民出版社 1993 年版，第 379 页。
⑤ 《邓小平文选》第二卷，人民出版社 1994 年版，第 146 页。

加以解决。"① 法治不彰，则弱肉强食。习近平总书记在十八届四中全会上说："司法领域存在的主要问题是，司法不公、司法公信力不高问题十分突出，一些司法人员作风不正、办案不廉，办金钱案、关系案、人情案，'吃了原告吃被告'，等等。司法不公的深层次原因在于司法体制不完善、司法职权配置和权力运行机制不科学、人权司法保障制度不健全。"② 这些判断后来也在一系列的冤假错案的纠正中得到了充分说明。

法治与人治的最根本区别就是：法律之上没有任何的特殊利益，不允许有任何超越法律之上获得法律规定之外的特权、地位。任何人，不管其地位有多高、权力有多大，都必须在宪法和法律之下活动。党的十八大以来，中国共产党数次强调反对一切超越宪法和法律的特权，为此抓了数百名"老虎"。这也反映了很长时间以来，法治精神在我国没有得到充分彰显，没有受到法治有效约束的公共权力被滥用导致各种社会思潮问题的陡生并伺机作乱，从而对大学生思想政治理论课认同产生了一定的不良影响。我国宪法第五条规定："一切违反宪法和法律的行为，必须予以追究。""任何组织或者个人都不得有超越宪法和法律的特权。"③ 法律面前人人平等是法治的基本精神。法治是保护弱者的利器。法治建立在对多元合法利益的承认与保护、对各种利益主体的尊重与维护之上。任何人的合法权益只有在法治社会才能得到有效保障。法治既是消除各种违法犯罪的利器，同时也是打击和消除各种社会思潮不良影响的有效措施。培养大学生学法、守法、护法、维护法律的权威，是思想政治理论课中的重要内容。没有法治精神的传承弘扬，大学生怎

---

① 习近平：《在首都各界纪念现行宪法公布施行 30 周年大会上的讲话》，《人民日报》2012年 12 月 5 日。

② 中共中央文献研究室编：《十八大以来重要文献选编》（中），中央文献出版社 2016 年版，第 151 页。

③ 《中华人民共和国宪法》，中华人民共和国中央人民政府网法律法规数据库，见 http://www.gov.cn/guoqing/2018-03/22/content_5276318.htm。

么会认同思想政治理论课的相关法治内容。

国无法不立，党无纪则乱。宪法规定每一位公民都要遵守和维护宪法和法律的尊严。遵纪守法光荣，违纪违法可耻。普通人违纪违法，其影响范围是局部的、有限的，而领导干部违纪违法，影响的是大局，污染的是整个社会。我国是社会主义法治国家，法律的尊严和权威不容践踏。法律面前没有特殊公民，党内不允许有凌驾于法律之上的特殊党员，任何人触犯法律都不能逍遥法外。党纪严于国法，是执行路线的保证。党纪是全党意志的体现，是党的各级组织和全体党员必须遵守的行为准则。法律是国家制定或认可的强制性社会规范，维护着社会公平与正义，是一个社会的刚性底线。党章等则是每一名党员干部都必须遵守的纪律，自觉接受党的纪律约束。党的纪律面前每一名党员领导干部都是平等的，遵守纪律没有特权，执行纪律没有例外。广大党员干部特别是领导干部务必做遵纪守法的模范，不做违纪违法的反面教员。党员领导干部一定要坚持宪法法律至上，严格执行党的纪律、遵守国家法律，守住信念防线、道德防线和法纪防线，以免给大学生思想政治理论课相关内容的认同带来不良的影响。

关于全面推进依法治国的重要性，习近平总书记曾引用英国哲学家培根的话说："一次不公正的审判，其恶果甚至超过十次犯罪。因为犯罪虽是无视法律——好比污染了水流，而不公正的审判则毁坏法律——好比污染了水源。"① 公平正义体现在每一个司法个案中，体现在政法机关处理的每一项具体工作和办理的每一个具体案件中。习近平总书记提出要"努力让人民群众在每一个司法案件中都能感受到公平正义"②。全面依法治国的重点，就是要解决好损害群众权益的突出问题，决不允

---

① 中共中央文献研究室编：《十八大以来重要文献选编》（中），中央文献出版社 2016 年版，第 151 页。

② 中共中央文献研究室编：《十八大以来重要文献选编》（上），中央文献出版社 2014 年版，第 91 页。

许对群众的报警求助置之不理，决不允许让普通群众打不起官司，决不允许滥用权力侵犯群众合法权益，决不允许执法犯法造成冤假错案等"四个绝不允许"的明确要求。习近平总书记对具体个案和具体司法活动的高度重视，说明了一个并不复杂的道理：一次不公正的司法活动足以动摇整个司法的公信力。有鉴于此，如何科学有效地维护我国的司法公正，确保各级党委和政府按照建设中国特色社会主义法治国家的要求和目标前进，确保人民当家作主的地位和法律面前人人平等的法治精神得到充分体现，始终是大学生对思想政治理论课法治内容认同的重要问题。因此，我们必须加强社会主义法治建设，大力推进科学立法、严格执法、公正司法、全民守法，真正践行法律面前人人平等的法治理念。宪法和法律是中国共产党领导人民制定的，党也必须在宪法和法律范围内活动。不允许任何组织或者个人有超越宪法和法律之上的特权，绝不允许以言代法、以权压法、徇私枉法。唯有如此，才能确保依法治国基本方略全面落实，法治政府才能基本建成，司法公信力不断提高，人权得到切实尊重和保障，大学生思想政治理论课中有关建设法治中国的相关理论才会得到大学生的肯定和认同。

五、推进政治体制改革助力经济社会的发展

大学生的思想政治理论课对我国的改革开放理论及其实践取得的伟大成就均有全面深入细致的阐述。大学生对我国改革开放及其取得的成就的肯定和认同是增强大学生对思想政治理论课认同的基础。以改革为动力谋求更好的发展才是硬道理，才是不断增强思想政治理论课说服力的重要举措，是增强大学生对思想政治理论课认同的有力支撑。改革是中国的第二次革命。正因为改革，中国才在各方面取得了今天的辉煌成就，大学生才对我国改革开放充满信心。只有不断改革并取得显著成就，中国特色社会主义大道才会越走越宽广，才会使大学生对中国特色社会主义的道路、理论、制度、文化的自信不断增强。我们要实事求是

地承认，改革开放解决了十几亿人民的温饱问题并使广大人民摆脱绝对贫困而走上了共同富裕之路。同时，由于某些改革的滞后或不彻底等使得诸多社会问题不断滋生并没有得到很好的解决，有的甚至变得更加突出。如贪污腐败始终没有得到有效地预防和制止，不敢腐、不能腐、不想腐的体制机制还没有完全形成，贫富差距问题日益突出等，为各种与大学生思想政治理论课内容及其目标不尽一致的诸多社会思潮滋生、兴风作浪提供了口实，也影响了大学生对思想政治理论课相关内容的认同。推进政治体制改革是解决各种社会现实问题的关键，是消除与大学生思想政治理论课不尽一致甚至相矛盾和冲突的各种社会思潮滋生的有力举措。

推进改革也是增强大学生思想政治理论课说服力的重要内容。我国的改革是社会主义制度的自我完善和发展，既包括经济体制改革，也包括政治体制改革。政治体制改革同经济体制改革相互依赖、相互配合。"只搞经济体制改革，不搞政治体制改革，经济体制改革也搞不通，因为首先遇到人的障碍。"① 因为"政治体制改革涉及的问题很多，比经济体制改革复杂得多，难度也大得多。每一个措施都牵动成百万成千万人，所以每一个措施都要慎重、稳妥。要加深改革，步子要放快，但也要一步一步地走"②。关于改革，我们一贯坚持有领导、有秩序、有步骤地进行，坚持改革的速度和发展的程度与广大人民群众可接受的程度结合起来，大力缩短政治体制改革与民众亟盼之间的距离。尽管党的十八大以来，中国共产党在推进政治体制改革和维护社会公平正义等各个方面都做出了巨大的努力并取得了不少成就。如惩贪反腐等取得了令世人瞩目的成就，但各种懒政、庸政、形式主义、官僚主义等"四风"问题和各种本本主义等仍然没有得到根绝，甚至出现以官僚主义反官僚

---

① 《邓小平文选》第三卷，人民出版社 1993 年版，第 164 页。
② 中共中央文献研究室编：《十三大以来重要文献选编》（上），人民出版社 1991 年版，第 2 页。

主义、以形式主义反形式主义、以本本主义反本本主义的各种"高级黑"、"低级红"等影响大学生对思想政治理论课相关内容认同的不良问题。当然，还有执政、社会治理成本过高等各种新问题不断涌现，都需要通过进一步改革加以解决推进新的发展，才能有利于更好地促进大学生对思想政治理论课的认同。

以改革成就增强大学生对思想政治理论课相关内容的说服力。大力推进政治体制改革还要注意力戒各种不良误区和认识。苏联自形成斯大林模式后的历届领导集团基于巩固自身的既得利益需要和缺少忧患意识等而不思改革和进取，或推进政治体制改革的力度远远滞后于现实的需要，最后不得不走向解体。苏联解体的事实告诫我们：绝不能自我陶醉于已取得的各种成就。"新形势下，党面临的执政考验、改革开放考验、市场经济考验、外部环境考验是长期的、复杂的、严峻的"①。"面对世情、国情、党情的深刻变化，精神懈怠危险、能力不足危险、脱离群众危险、消极腐败危险更加尖锐地摆在全党面前，党内脱离群众的现象大量存在，集中表现在形式主义、官僚主义、享乐主义和奢靡之风这'四风'上。"② "我们完全有理由为党和人民取得的一切成就而自豪，但我们没有丝毫理由因此而自满，我们决不能也决不会躺在过去的功劳簿上。"③ 党的十九大报告也指出："我们党深刻认识到，实现中华民族伟大复兴，必须合乎时代潮流、顺应人民意愿，勇于改革开放，让党和人民事业始终充满奋勇前进的强大动力。"④ "只有社会主义才能救中国，只有改革开放才能发展中国、发展社会主义、发展马克思主义。必

---

① 中共中央文献研究室编：《十八大以来重要文献选编》（中），中央文献出版社 2016 年版，第 761 页。

② 中共中央文献研究室编：《十八大以来重要文献选编》（上），中央文献出版社 2014 年版，第 310 页。

③ 中共中央文献研究室编：《十七大以来重要文献选编》（下），中央文献出版社 2013 年版，第 452 页。

④ 习近平：《决胜全面建成小康社会 夺取新时代中国特色社会主义伟大胜利——在中国共产党第十九次全国代表大会上的报告》，人民出版社 2017 年版，第 14 页。

须坚持和完善中国特色社会主义制度，不断推进国家治理体系和治理能力现代化，坚决破除一切不合时宜的思想观念和体制机制弊端，突破利益固化的藩篱，吸收人类文明有益成果，构建系统完备、科学规范、运行有效的制度体系，充分发挥我国社会主义制度优越性。"① 我们必须始终保持清醒的头脑，不能自我陶醉于已取得的成就，而是要不断增强忧患意识和不断强化时代责任，在推进政治体制改革的道路上迈出更加坚实的步伐，进而不断推进党和国家政治生活的民主化、经济管理的民主化、整个社会生活的民主化，有效化解改革开放以来滋生和累积聚集的各种社会矛盾和问题，为不断增强大学生思想政治理论课的说服力奠定坚实基础，才能不断助力增强大学生对思想政治理论课中有关我国民主政治及其改革内容的认同。

六、维护社会公正促进共富以彰显制度优势

维护和追求社会公平正义是大学生思想政治理论课的重要内容，同时也是增强大学生思想政治理论课内容的正当性和合理性的重要手段。社会公平正义的彰显是各得其所。如能各得其所，人们就不会有不满情绪。如果一个社会对资源的分配出现严重的不公现象，即该得的未得或得到太少，不该得的得了且得到太多，则这个社会就会出现混乱，人们就会利用各种不正当不合理甚至不合法手段谋求利益。同时，无权无势且没有能力的普通民众就会陷入不利境地，结果就是贫富分化、弱肉强食、问题成堆，不良社会思潮就会滋生作乱，加剧社会混乱。如果社会出现这种严重的不公正问题，则大学生思想政治理论课公正性和合理性内容就会遭受各种质疑，思想政治理论课内容的正当性和合理性就难以得到大学生的认可。

公平正义是中国特色社会主义的内在要求，也是大学生思想政治理

---

① 习近平：《决胜全面建成小康社会　夺取新时代中国特色社会主义伟大胜利——在中国共产党第十九次全国代表大会上的报告》，人民出版社 2017 年版，第 21 页。

论课讲述的重要内容。相对于资本主义社会而言，社会主义在公平正义问题上应该做得更好，而不是相反，否则不足以显示其优越性和说服力。"我们为社会主义奋斗，不但是因为社会主义有条件比资本主义更快地发展生产力，而且因为只有社会主义才能消除资本主义和其他剥削制度所必然产生的种种贪婪、腐败和不公正现象。"① 为了更好地实现社会的公平正义，我们必须努力推进社会各项改革实现各尽其能、各得其所。因为，"每个人都拥有一种基于正义的不可侵犯性，这种不可侵犯性即使以社会整体利益之名也不能逾越。因此，正义否认为了一些人分享更大利益而剥夺另一些人的自由是正当的，不承认许多人享受的较大利益能绰绰有余地补偿强加于少数人的牺牲"②。大学生思想政治理论课不少内容讲了我国的分配制度是公平正义的，是各尽其能，各得其所，不是穷的穷、富的富，而是共同富裕，当然也不是同时富和同样富。大学生思想政治理论课讲，维护社会公平正义、实现共同富裕是社会主义的本质追求及应该遵守的最基本原则，同时也是充分激发和调动广大人民群众积极主动建设中国特色社会主义的目标。为了实现共同富裕，我们必须坚持维护社会公平正义，既要反对平均主义，又要防止有失公平正义的贫富悬殊和两极分化。这些内容不仅是大学生思想政治理论课的重要内容，同时也是获得大学生认可和认同的重要因素。

作为大学生思想政治理论课重要内容之一，阐述了公平正义是社会主义的重要特征。大学生对中国特色社会主义的认同，在一定程度上取决于其是否维护和实现了社会的公平正义。社会主义优越于资本主义，应该比资本主义更加实现公平正义，才更加合理和具有正当性。维护和实现社会公平正义，涉及最广大人民（当然也包括大学生）的根本利益，是我们党坚持立党为公、执政为民的必然要求，也是我国社会主义

① 《邓小平文选》第三卷，人民出版社1993年版，第143页。
② ［美］约翰·罗尔斯：《正义论》，何怀宏等译，中国社会科学出版社1988年版，第1—2页。

制度的本质要求。社会越是实现了全体人民各尽其能、各得其所且和谐相处的公平正义，执政的社会基础就越容易得到巩固，社会就越是和谐而获得健康发展，大学生对公平正义社会的认可和认同度也就越高。"只有切实维护和实现社会公平和正义，人们的心情才能舒畅，各方面的社会关系才能协调，人们的积极性、主动性、创造性才能充分发挥出来。"① 我们要"在促进发展的同时，把维护社会公平放到更加突出的位置，综合运用多种手段，依法逐步建立以权利公平、机会公平、规则公平、分配公平为主要内容的社会公平保障体系，使全体人民共享改革发展的成果，使全体人民朝着共同富裕的方向稳步前进"②。在社会发展中，我们必须把维护社会公平正义放到更加突出的位置，切实维护和实现社会公平正义。维护社会公平正义促进共同富裕要求我们必须调整国民收入分配格局，加大再分配调节力度，着力解决收入分配差距过大的问题，使发展成果更多更公平地惠及全体人民，朝着共同富裕的方向稳步前进。因此，我们"要坚持和完善按劳分配为主体、多种分配方式并存的分配制度，健全劳动、资本、技术、管理等生产要素按贡献参与分配的制度，初次分配和再分配都要处理好效率和公平的关系，再分配更加注重公平。逐步提高居民收入在国民收入分配中的比重，提高劳动报酬在初次分配中的比重，着力提高低收入者收入"③。"不断满足人民日益增长的美好生活需要，不断促进社会公平正义，形成有效的社会治理、良好的社会秩序，使人民获得感、幸福感、安全感更加充实、更有保障、更可持续。"④ "让改革发展成果更多更公平惠及全体人民，朝

---

① 胡锦涛：《在省部级主要领导干部提高构建社会主义和谐社会能力专题研讨班上的讲话》，人民出版社 2005 年版，第 21 页。

② 胡锦涛：《在省部级主要领导干部提高构建社会主义和谐社会能力专题研讨班上的讲话》，人民出版社 2005 年版，第 21 页。

③ 胡锦涛：《高举中国特色社会主义伟大旗帜 为夺取全面建设小康社会新胜利而奋斗——在中国共产党第十七次全国代表大会上的报告》，人民出版社 2007 年版，第 38 页。

④ 习近平：《决胜全面建成小康社会 夺取新时代中国特色社会主义伟大胜利——在中国共产党第十九次全国代表大会上的报告》，人民出版社 2017 年版，第 45 页。

着实现全体人民共同富裕不断迈进。"① 创造条件让更多群众拥有财产性收入，我们在运用市场经济这只"看不见的手"的同时，更要充分发挥政府这只"看得见之手"的作用，坚持惩治、保护、补偿相结合，推进公平正义的实现。我们只有大力统筹各方面的利益关系，充分调动各方面的积极主动性，努力实现全体人民各尽所能、各得其所的公平正义，才能使大学生接受中国特色社会主义并为之而不懈努力和奋斗，从而为实现伟大目标创造和谐相处的社会局面。

第三节　不断改进和完善大学生思想政治理论课内容

事实胜于雄辩。马克思主义的精髓就是实事求是。大学生思想政治理论课内容要始终坚持马克思主义的辩证唯物主义基本原理，摆事实，讲道理。思想政治理论课不仅要用马克思主义真理的力量说服大学生，同时更要用胜于雄辩的事实征服大学生，才能获得大学生的真心认同。思想政治理论课要坚持一分为二地看待取得的成就和广大人民的诉求及需要解决的各种问题，既要让学生看到取得的成就而不断增强自信，同时要也让学生看到我们党勇于面对各种现实问题并加以努力解决的实际行动，同时鼓励和支持大学生不断增强时代责任，努力参与社会问题的解决。有鉴于此，要不断改进和完善大学生思想政治理论课内容。这就要求大力改进和完善大学生思想政治理论课内容，大力丰富和强化大学生思想政治理论课内容的思想性、科学性、实践性、说理性等，充分体现其中国化马克思主义理论的彻底性。

---

① 习近平：《决胜全面建成小康社会　夺取新时代中国特色社会主义伟大胜利——在中国共产党第十九次全国代表大会上的报告》，人民出版社 2017 年版，第 45 页。

一、内容要充分体现新时代广大人民利益诉求

作为高校思想政治理论课重要主体的高校师生是传承主流意识形态的主要力量。因此，思想政治理论课既要在理论上说服他们，又要在实践中得到强有力的印证而征服他们。马克思在其著名的《〈黑格尔法哲学批判〉导言》中深刻地指出："批判的武器当然不能代替武器的批判，物质力量只能用物质力量来摧毁；但是理论一经掌握群众，也会变成物质力量。理论只要说服人，就能掌握群众；而理论只要彻底，就能说服人。所谓彻底，就是抓住事物的根本。但是，人的根本就是人本身。"① 理论只有以谋求最广大人民利益的强有力的客观事实作为基础才能彻底，才能抓住高校师生的心。思想政治理论课只有紧紧抓住高校师生生存和发展的社会生活实际及其所思、所想、所盼、所求，并有针对性地予以解决，同时加以引导和说服，才能获得他们内心的认同。高校师生是人民的重要组成部分，往往比其他群体更加关注广大人民的利益是否得到有效维护。这从中国"修身齐家治国平天下"的传统文化和"五四"等学生运动中的师生表现等都能够得到有力的说明。思想政治理论课既要看到广大师生的所思所想和亟盼及追求，以丰富翔实而有说服力的客观事实作为思想政治理论课的内容，才能引导广大师生不断增强"四个自信"。

思想政治理论课绝不是脱离现实的空洞、枯燥、乏味的理论说教，而是有着鲜活而丰富的强大事实为基础的科学理论说服，是党的思想政治主张在大学生思想政治理论课课程内容中的体现和延伸。党的思想政治主张要以实际谋求最广大人民的根本利益为宗旨，推进中国特色社会主义建设。社会主义优越于资本主义，不仅仅是理论的推演，更需要实践证明。思想政治理论课内容要充分体现社会主义是谋求最广大人民根

---

① 《马克思恩格斯选集》第 1 卷，人民出版社 2012 年版，第 9—10 页。

本利益的社会制度，要尽可能地用事实说明社会主义具有无比的优越性和吸引力。对此，分析马克思主义者理查德·诺曼说："马克思主义的内在吸引力在于它表现了对现存社会制度的批判和对未来更美好社会的向往，这种批判和向往来自于深刻的思考而不是简单的对阶级利益的反映，它是有理性基础的。人们被马克思主义所吸引是基于这样一些判断：资本主义是建立在剥削和压迫基础上的，它压迫和束缚人的生命力，阻碍人们充分实现人生潜能，它应该让位于社会主义，在那里人们能够获得更大的自由和更多的平等，社会主义不是那种意识形态的合理化来为社会现状作辩护、保护持权者利益的制度。"① 思想政治理论课就是执政党用各种来源于客观事实的创新理论对大学生进行社会主义教育，教育的内容反映的是作为执政党如何更好地实现长期或永久执政和为人民谋利益的需要。中国共产党全心全意为人民服务的性质和宗旨最终要通过一个个有着各种情感和现实需要的若干具体的党员干部的工作、学习、生活等言行来体现。如果没有科学有效的制度加以防范或及时制止或查处、惩治党员领导干部的违法乱纪，特别是对各种贪污腐败的预防和惩治得不到有效杜绝和根治，党员干部由于各方面因素的影响和经受不住诱惑等就会变质，最终会走向损害广大人民切身利益的贪污腐败，甚至与广大人民为敌等，就会遭受广大人民的质疑、不满，甚至反抗等。

思想政治理论课教材内容必须以实实在在的事实为基础，高度关注广大人民的切身感受及其经历，着力满足新时代广大民众的需要和期盼，将教育、引导、尊重、理解、关怀、鼓舞紧密结合起来；关注民生、倾听民意，切实解决广大民众最关切、最直接、最现实的切身利益问题，使广大民众在共享改革发展成果的过程中理解与认同党的政治主张，而不仅仅是各种远离现实的空洞理论演绎，才能有力地促进大学生

---

① ［加］罗伯特·韦尔、凯·尼尔森编：《分析马克思主义新论》，鲁克俭等译，中国人民大学出版社 2002 年版，第 51 页。

对思想政治理论课相关内容的认同。

二、坚持价值引领并尊重合理差异弘扬主旋律

只有坚持以最广大人民的根本利益为价值追求且具有真理性、时代性、包容性、开放性的思想政治理论课，才能具有适应时代发展需要的更为强大的凝聚力、辐射力、渗透力、影响力和征服力，才能征服广大高校师生而获得认同，才能够担负凝聚和引领其他社会意识形态和价值观。大学生思想政治理论课要同高校师生丰富多样的现实生活紧密联系起来，关注他们的各种基本需要，让改革开放发展的成果惠及所有人，弘扬维护最广大人民根本利益的真、善、美，同时批判各种假恶丑才能更好地获得认同。增强大学生对思想政治理论课认同的说服力、影响力和号召力，更为重要的是，要在思想政治理论课中充分反映和有力体现党和政府在追求最广大人民根本利益的价值的奋斗中所遇到的各种问题，勇敢地面对和解决广大师生现实生活中面临的各种假恶丑等问题和疑惑，同时能够正确对待和鼓励师生参与各种现实问题解决的多样化思考及采取的不同行动等。

随着中国特色社会主义进入新时代，所有制结构、就业、阶层、思想意识和观念、生活方式等日益多样化。针对这些多样化，在法无禁止和各种规范没有禁止的条件下都有其存在的合理性和正当性，都应予以尊重和容许其存在，对其应该更加包容和宽厚地对待。党的十六届六中全会《中共中央关于构建社会主义和谐社会若干重大问题的决定》也提出："坚持以社会主义核心价值体系引领社会思潮，尊重差异，包容多样，最大限度地形成社会思想共识。"[①] 党的十七大进一步提出："积极探索用社会主义核心价值体系引领社会思潮的有效途径，尊重差异、包容多样，用社会主义文化的力量最大限度地凝聚力量、形成共识。当

---

① 《中共中央关于构建社会主义和谐社会若干重大问题的决定》，人民出版社 2006 年版，第23页。

前，我国社会思想文化多元多样多变，人们思想活动的独立性、选择性、多变性、差异性不断增强。这就迫切要求我们坚持用社会主义核心价值体系引领社会思潮，既尊重差异、包容多样，又有力抵制各种错误和腐朽思想的影响。"① 思想政治理论课同样既要倡导和弘扬主旋律，同时也需要客观如实、科学而正确地对待各种思想意识和社会思潮，抵制各种错误言论，即在弘扬真善美主旋律的过程中大力批判各种假恶丑，在批判各种假恶丑的过程中大力弘扬真善美的主旋律。只弘扬真善美不批判假恶丑或只批判假恶丑不弘扬主旋律，都不可能长久地增强大学生对思想政治理论课的认同。

思想政治理论课要坚持和倡导主旋律为主，即"要以培养担当民族复兴大任的时代新人为着眼点，强化教育引导、实践养成、制度保障，发挥社会主义核心价值观对国民教育、精神文明创建、精神文化产品创作生产传播的引领作用，把社会主义核心价值观融入社会发展各方面，转化为人们的情感认同和行为习惯。坚持全民行动、干部带头，从家庭做起，从娃娃抓起"②。思想政治理论课还要提高广大民众的思想政治素质，为大学生思想政治理论课创造有利条件，即"要提高人民思想觉悟、道德水准、文明素养，提高全社会文明程度。广泛开展理想信念教育，深化中国特色社会主义和中国梦宣传教育，弘扬民族精神和时代精神，加强爱国主义、集体主义、社会主义教育，引导人们树立正确的历史观、民族观、国家观、文化观。深入实施公民道德建设工程，推进社会公德、职业道德、家庭美德、个人品德建设，激励人们向上向善、孝老爱亲，忠于祖国、忠于人民。加强和改进思想政治工作，深化群众性精神文明创建活动。弘扬科学精神，普及科学知识，开展移风易

---

① 中共中央文献研究室编：《十七大以来重要文献选编》（上），中央文献出版社 2009 年版，第 744 页。

② 习近平：《决胜全面建成小康社会　夺取新时代中国特色社会主义伟大胜利——在中国共产党第十九次全国代表大会上的报告》，人民出版社 2017 年版，第 42 页。

俗、弘扬时代新风行动，抵制腐朽落后文化侵蚀。推进诚信建设和志愿服务制度化，强化社会责任意识、规则意识、奉献意识"①。通过在全社会广泛弘扬主旋律，使高校师生对各种社会问题及社会思潮产生的原因及其内容与表现形式等有更多更好的了解和掌握，才能更好地增强辨识能力，提高理性思维的判断能力，才能更好地认识和接受中国特色社会主义道路是历史的选择，是人民的选择，是符合中国发展实际的康庄大道，是实现中华民族伟大复兴的正确道路，从而不断增强中国特色社会主义的道路自信、理论自信、制度自信和文化自信，真正成为中国特色社会主义的建设者和接班人。

三、思想政治理论课内容尽可能贴近大学生实际

理论联系实际是我们党的优良传统和优良作风，是中国共产党在革命、建设、改革开放和新时代过程中不断取得胜利和重要成就的制胜法宝。思想政治理论课的内容同样也需要理论联系实际，不能是偏离或脱离实际问题的空洞理论说教，即回避现实具体问题而大谈空谈各种宏大的理论和完美叙事。人们总是对自己身边的事和关涉自己切身利益的理论或实践感兴趣。反之，对与自己的兴趣或切身利益相去越远的理论或实践则越不感兴趣。只有紧密联系实际的理论才可能说服大学生，才可能获得大学生的认同。"思想政治工作从根本上说是做人的工作，必须围绕学生、关照学生、服务学生，不断提高学生思想水平、政治觉悟、道德品质、文化素养，让学生成为德才兼备、全面发展的人才。"② 思想政治理论课是做好大学生的思想政治工作的主渠道、主阵地。为了不断提高大学生的思想水平、政治觉悟、道德品质、文化素养，让大学生成为德才兼备、全面发展的中国特色社会主义现代化强国的建设者和接

---

① 习近平：《决胜全面建成小康社会 夺取新时代中国特色社会主义伟大胜利——在中国共产党第十九次全国代表大会上的报告》，人民出版社 2017 年版，第 42—43 页。
② 《习近平谈治国理政》第二卷，外文出版社 2017 年版，第 377 页。

班人，思想政治理论课就必须紧紧围绕大学生、关照大学生、服务大学生，想大学生所想、思大学生所思。有调查表明，69%的大学生认为改进教学内容的重点在于"密切与现实生活的联系"，60.4%的学生认为在于"积极回应社会热点问题"①。如果思想政治理论课教材内容、教学等脱离了大学生的日常生活和切身感知、体验，而偏重于一些理想化、抽象、空洞、高大上的理论或宏伟而高远的目标，那么大学生在实际生活中遭遇的各种理论驳斥和实际问题就会直接冲抵、销蚀思想政治理论课相关内容的说服力及其认同。因此，为了增强大学生思想政治理论课认同，思想政治理论课教材必须贴近大学生的生活实际、切身感知体验。

思想政治理论课内容要充分、如实、深入地回答思想政治理论课师生关注的重大理论与具体的现实问题，才可能获得认同。思想政治理论课教材内容贴近实际、贴近生活、贴近思想实际是获得思想政治理论课教师认同并实现教材体系转化为教学体系而获得学生认同的重要条件。当广大师生对国家政治生活大事的知情权、发言权、参与权等得不到充分有力的保障和体现时，又怎能使他们对思想政治理论课关于中国特色社会主义民主、法治等相关内容予以认同？只有联系实际并符合实际的理论，才能正确回答和指导解决实际问题，才能经得起时间和实践的检验，才能是令人信服的理论。因此，思想政治理论课要得到高校师生发自内心深处的接受和认可，就必须坚持实事求是地贴近实际、贴近生活、贴近民众。人们往往对与自己相去甚远的东西不会过多关注，要求思想政治理论课教学要注意避免"学生关注的思政课不讨论、思想政治理论课阐述的学生却不关注"的尴尬局面。如果思想政治理论课对与大学生利益密切相关的问题不予讨论，课堂上讲的却是与大学生相去甚远或与远离大学生的就业、生存、发展过程中不得不经常面对的民

① 参见沈壮海：《2016年度大学生思想政治教育状况调查分析》，《中国高等教育》2017年第11期。

主、法治、公平参与社会竞争等相关的问题等，最终会导致思想政治理论课与大学生日益远离，最终肯定难以获得认同。思想政治理论课内容要获得高校师生的认同，就必须紧紧抓住高校师生的实际及其关心、期盼的社会现实问题等并予以有力的解释和说明，用科学的理论力量说服教师，进而通过教师说服学生，进而得到学生的认同。

四、遵循生活常识和理论逻辑及历史发展规律

人类社会发展的世界历史潮流浩浩荡荡，势不可当。任何理论，顺之者昌，逆之者亡。"我们的理论是发展着的理论，而不是必须背得烂熟并机械地加以重复的教条。"① 思想政治理论课内容要尽可能地客观和如实，要符合广大民众和大学生日常的生活常识，不是悖逆生活常识而遭受质疑和抵触，甚至遭受排斥。改革开放前一段时间，由于受"左"倾不良思想影响和政治宣传需要等，违背马克思主义实事求是和一分为二的唯物辩证法思想，对资本主义只讲坏处，甚至公开反复强调其已经发展到垄断、腐朽、垂死挣扎的帝国主义阶段，说资本主义社会贫富两极分化、黄赌毒泛滥成灾，说资本主义国家由于资产阶级的剥削和压迫使得无产阶级大量失业、吃不饱、穿不暖，处于水深火热之中，等着社会主义国家去救赎等。时至今日，朝鲜的宣传和思想政治工作内容也是如此。改革开放后，诸多国人走出国门看到的和传入国内有关资本主义国家人民生活的各方面实际情况信息等与此前接受的宣传和教育并非完全相同，甚至相反。帝国主义不仅垂而不死、朽而不亡，甚至还成为不少国人移民、留学、投资、办厂、务工等的向往之地。这种课本上讲的和实际的现实之矛盾和冲突，使得思想政治理论课的相关内容饱受质疑和排斥，甚至遭受抵触，不利于思想政治理论课相关内容的认同。

---

① 《马克思恩格斯选集》第4卷，人民出版社2012年版，第588页。

只有遵循生活常识和理论逻辑及历史发展事实的思想政治理论课内容才可能得到认同。否则，适得其反。"一个不能接受新思想新观念、不能进行自我反思自我批判的理论体系，将会在自我封闭、故步自封中失去生机和活力，最终被民众淘汰。我们必须本着开放的态度，积极吸收和借鉴人类文明的一切优秀成果，兼容并蓄、海纳百川，既坚持立场和原则，又积极交流互鉴。"① 从当前或未来很长一段时间看，不同社会制度、文化、文明仍需要相互共存和借鉴。马克思主义本质上是对不合理社会现实进行批判的学说，它将实践的批判、理论的批判和自我的批判有机统一起来，才实现了理论的自我超越。马克思主义不仅对旧有的思想体系进行了彻底批判，对资本主义的现实进行了严厉批判，同时还对自身的理论和实践持有批判态度。思想政治理论课一定要遵循思想政治工作规律、教书育人规律、学生成长规律，坚持真理问题上的唯物论和辩证法，增强理论的科学性和说服力，才能说服学生而获得认同。如果不遵循客观规律和摆事实讲道理，就难以说服大学生，即使表面上说服了大学生，但实际上并没有获得其内心认同。因此，思想政治理论课必须遵循生活常识和理论逻辑及历史发展规律，才可能获得高校师生的认同从而获得存在和发展的价值。

五、实事求是地增强思想政治理论课的说服力

随着网络科技和新媒体技术的发展和广泛运用及大数据时代的到来，为大学生广泛了解整个世界和各种思想政治理论及意识形态等提供了各种便利和条件。随着新媒体的运用和发展，大学生获取各种信息的渠道快捷而多样，获取信息的能力也得到了极大提升，对信息的加工和处理与过去相比也不可同日而语，对世界、社会的认识也更加全面和理性。各种思想政治意识形态及其斗争，通过网络和新媒体为已经形成了

---

① 吴玉军：《政治认同视域中的意识形态建构》，《中国特色社会主义研究》2017年第3期。

某些粗浅认识或意识的大学生所了解并受其影响。同时，大学生还会结合自己的各种感知、体验等形成某种判断并得出自己的结论。应该说，各种各样与主流意识形态不尽一致的非主流社会思潮和意识形态之所以能够滋生并产生一定的影响，总有其存在的原因和理由，或因具有问题的指向性才能俘获，甚至欺骗部分民众，才能够产生不良影响，进而影响大学生对思想政治理论课相关内容的认同。因此，思想政治理论课必须坚持实事求是的原则和马克思主义的唯物辩证法，摆事实和讲道理，允许讨论，对各种非主流社会思潮和意识形态加以实事求是地辨析和驳斥。否则，受"左"倾影响一味盲目地加以排斥，其结果不仅不利于思想政治理论课认同，反而会产生不良影响，遭受其害。

坚持实事求是的原则，提高思想政治理论课说服力是增强大学生思想政治理论课针对性和实效性的关键和根本。大学生思想政治理论课是融思想性、政治性、学术性和教育性于一体的教育教学实践活动。思想政治理论课不仅要有吸引力，更为重要的是还要有说服力。高校历来是各种理论、思潮不断交汇和碰撞的地方，是各种社会思潮不断渗透、争抢的前沿阵地。我们既要看到成就和优势，更要敢于直面各种现实问题，而不是文过饰非和片面地进行宣传和开展教育，只有这样才能用真理的逻辑力量和客观内容来打动、教育和说服大学生。遵循实事求是的原则，才能教育引导学生正确认识世界和中国发展大势，正确认识时代责任和历史使命，同时胸怀远大抱负和做到脚踏实地，教育引导学生树立正确的世界观、人生观和价值观，树立中国特色社会主义的道路自信、理论自信、制度自信和文化自信。思想政治理论课讲授内容要与实际相符而不是相反。思想政治理论课要避免"过去或昨天说一套、今天又说另外一套"这种前后不一致甚至冲突或矛盾的情况。完全根据一时的需要而随意更改思想政治理论课理论内容、观点和说法，容易使受教育者迷糊和产生思想混乱，当然也就难以说服受教育者而得到长期的认同。

思想政治理论课不能回避社会问题和社会矛盾及社会现实，否则会使说服力大打折扣。思想政治理论课缺少说服力的原因之一，是诸多老师在遇到有争议或与思想政治理论课内容不尽一致的问题时由于课堂有纪律的要求为了"自保"而不愿直面问题和矛盾，或者避实就虚，或者绕道而走等，导致说服力不强。如在遇到重大理论难点和热点问题时，部分教师慑于以往的教训，鉴于条条框框的限制，教学中只讲绝对正确的空道理大道理，或采取回避的态度。有的思政课教师为了明哲保身而坚持对有的问题少说为佳，讲的甚至都是自己内心深处不相信的套话、大话、空话、假话或不认同的内容，又怎能对青年大学生有吸引力和说服力？那些空泛的高谈阔论非但收不到预期的效果，反而可能导致大学生对思想政治理论课产生逆反心理，甚至铸造出可怕的双重人格。靠讲大话、空话，靠标语式口号和概念，靠强制、压服，这样不仅行不通，甚至适得其反，会使受教育者产生厌恶、反感和抵触情绪。因此，思想政治理论课不仅不能回避，而且还要敢于直面各种现实问题和矛盾，对一些重大热点、难点等现实问题和理论问题要作鞭辟入里的辩证剖析，才能进一步增强思想政治理论课的说服力。

思想政治理论课内容要本着实事求是的精神，客观辩证地对待我国社会主义建设取得的成就与存在的问题，客观看待资本主义的发展不足及社会主义的优越性。思想政治理论课内容一旦脱离事实较远，会被大学生认为是不够真实或说谎，就很难再获得其认同。党史、新中国史、改革开放史和社会主义发展史等都一再说明"左"倾思想给党和国家的各项事业都曾带来过巨大的破坏和深刻的不良影响，我们要引以为戒，不能重蹈覆辙。否则，"左"倾思想不仅会对大学生的思想政治意识产生消极影响，而且这种消极影响会持久且难以恢复。"大跃进"时期"人有多大胆、地有多大产"的主观唯心主义、十年"文化大革命"给社会主义建设和人们的政治思想带来的巨大损害至今仍难以弥补。大学生思想政治理论课，要力戒传统上唯我这边风景独好、其他国家及其国民都处于水深火热之中等着我们去救赎等完全不实的宣传和教育，以免遭受质疑而饱受责难。为此，习近平总书记 2014 年 3 月 18 日在河南省兰考县县委常委扩大会上提醒全党注意"塔西佗陷阱"，要避免政府丧失公信力。否则，无论党和政府说什么做什么，人们都会认为它是在说假话、做坏事等。思想政治理论课的教育教学实践活动，同样要尽可能地避免"塔西佗陷阱"，否则会遭受大学生心理上的排斥、情感上的抵触，结果是得不偿失。

第四节　大力加强高校思想政治理论课教师队伍建设

思想政治理论课教师对大学生是否认同思想政治理论课及其认同的范围和程度等的影响具有非常重要的作用。"思想政治理论课作用不可替代，思想政治理论课教师队伍责任重大。""办好思想政治理论课关键在教师，关键在发挥教师的积极性、主动性、创造性。"① 从党和国家、社会及学校对大学生必备的思想政治素质要求来看，加强高校思想政治理论课教师队伍建设对增强大学生思想政治理论课认同极为重要。2019 年习近平总书记主持学校思想政治理论课教师座谈会发表重要讲话及相关贯彻落实习近平总书记讲话的文件要求，为大力加强新时代高校思想政治理论课教师队伍建设提供了重要依据。但是，由于各种历史的原因和主客观条件的局限，使得高校思想政治理论课教师的人员编制限额、思想政治理论课教师的培训和实践等都需要各级党委和政府、教育主管部门、高校及马克思主义学院、思想政治理论课教师等多方共同努力、协同配合，采取切实有效的具体措施加以解决。

---

① 习近平：《用新时代中国特色社会主义思想铸魂育人　贯彻党的教育方针落实立德树人根本任务》，《人民日报》2019 年 3 月 19 日。

一、着力按照标准壮大思想政治理论课教师队伍

各级党委和政府及教育主管部门和高校要从各自方面采取切实有效措施，按照要求和标准着力配齐和保证有足够数量的思想政治理论课教师并大力提高其素质，尤其是专职思想政治理论课教师，是办好思想政治理论课的基础。教育部 2018 年印发《新时代高校思想政治理论课教学工作基本要求》规定："按照师生比不低于 1∶350 的比例设置专职思想政治理论课教师岗位。"① 根据教育部印发的《普通高等学校马克思主义学院建设标准（2019 年本）》也要求："按照师生比不低于 1∶350 的比例设置专职教师岗位，制订计划加快配齐建强专职教师队伍。"② 同时，这些文件还要求采取中班教学和小班讨论的方式开展思想政治理论课。但由于各种历史与现实的诸多原因，思想政治理论课教师供给严重不足，以及编制限制等各种原因使得当前思想政治理论课专兼职教师与学生的师生比在不同层级、类别、地域的高校都没有达到要求。这就导致了两难的困境：一是为了避免思想政治理论课教师承担过于繁重的教学任务，不少高校不得不采取大班上课，有的班级规模高达 200—300 人，甚至上千人，思想政治理论课效果可想而知；二是如果要保证中班教学，则思想政治理论课教师就不得不承担过多的教学任务。据调查，有不少高校的思想政治理论课教师每周要承担 20—30 个课时。由于思想政治理论课教学任务繁重，进而又会影响思想政治理论课教师的职称晋升、学校学位点的申报及学科发展及评估等。

根据规定，思想政治理论课教师与学生比为 1∶350 的硬性要求，加之不同高校面临专升本、学科点评估、马克思主义学院建设等，对马

---

① 《教育部关于印发〈新时代高校思想政治理论课教学工作基本要求〉的通知》，2022 年 4 月 10 日，见 http://www.moe.gov.cn/srcsite/A13/moe_772/201804/t20180424_334099.html。
② 《教育部关于印发〈普通高等学校马克思主义学院建设标准（2019 年本）〉的通知》，2019 年 4 月 17 日，见 https://marx.ctbu.edu.cn/info/1416/5350.htm。

克思主义理论学科专业背景毕业博士的需求量特别大。然而，由于马克思主义理论学科博士培养数量增长远远赶不上需求人数的增长且培养时间需要至少 3 年等，导致具有博士学位的高学历思想政治理论课教师缺口非常大，短期内难以满足或达到规定的专兼职思想政治理论课教师与学生的师生比要求。同时，由于一些地方政府采取不切实际的"一刀切"做法，即要求必须在很短的时间之内达到 1∶350 的思想政治理论课教师与学生比要求，而实际上又不得不面临诸多困难，于是出现了上有政策、下有对策的不良做法。一些高校为了快速达到 1∶350 的师生比要求不得不把二级学院的一些党委副书记、团委书记、组织员、辅导员等相关部门的人员通过一定的方式把人头划转到承担思想政治理论课教育教学的马克思主义学院或思想政治理论课教学部门。这从数字上虽然确实达到了比例要求，但又带来诸多的不良结果，即划转为思想政治理论课教师的这些干部或辅导员中有很多人的学科背景不是马克思主义理论或相关专业且杂乱，二是这些干部实际上是兼职，即原有的工作还得干着，思想政治理论课教学单位也难以安排其相关的教学、科研工作，如此等等问题不少且难以在短期内解决。

因此，在当前和今后一段时间，不仅需要国家大力增加思想政治理论课后备人才培养数量，同时也需要省级人员编制管理部门如实增加高校人员编制以解决思想政治理论课教师引进的编制不足，同时也需要因地制宜、合理规划配齐建强壮大思政课教师队伍的时间表。同时，各高校也要更加努力从各个方面为尽快配齐专兼职思想政治理论课教师并达到 1∶350 师生比和中班教学、小班讨论等要求而采取各种切实有效措施，保证有足够的思想政治理论课教师队伍数量，才能保证思想政治理论课教师有足够的精力把课上好，才能更好地促进大学生对思想政治理论课的认同。

二、提升思想政治理论课教师素质和待遇

思想政治理论课教师队伍的整体素质和待遇对大学生思想政治理论课认同也具有重要影响。各级政府和教育主管部门及高校要切实采取有效措施，按照相关要求和标准对高校思想政治理论课教师实行准入制度，加大和加强思想政治理论课教师的教育和素质提升培训及赴国内外进行实践研修等，大力提升思想政治理论课教师的专业素质和理论素养，以满足增强大学生思想政治理论课认同的需要。党的十八大以来，党和国家对高校思想政治理论课教师高度重视并出台了诸多政策或标准，但关键还在于如何更好地执行和落实。根据中共中央、国务院2017年印发《关于进一步加强和改进大学生思想政治教育的意见》和教育部印发《普通高等学校马克思主义学院建设标准（2019年本）》要求："广大教师要以高度负责的态度，率先垂范、言传身教，以良好的思想、道德、品质和人格给大学生以潜移默化的影响。"[①] 2019年习近平总书记主持思想政治理论课教师座谈会发表重要讲话强调："办好思想政治理论课关键在教师，亲其师，才能信其道。"[②] 同时，习近平总书记还要求思想政治理论课教师要努力做到六个"要"，即政治要强、情怀要深、思维要新、视野要广、自律要严、人格要正。[③] 根据教育部关于印发《高等学校马克思主义学院建设标准（2019年本）》要求，各省委、省政府、教育主管部门、高校及马克思主义学院或思想政治理论课教学部门要切实采取有效措施，要求思想政治理论课教师不仅要真正做到"六要"，传播知识、传播思想、传播真理、

---

① 《中共中央国务院发出〈关于进一步加强和改进大学生思想政治教育的意见〉》，2004年10月15日，见 http://www.moe.gov.cn/jyb_xwfb/gzdt_gzdt/moe_1485/tnull_3939.html。

② 习近平：《用新时代中国特色社会主义思想铸魂育人　贯彻党的教育方针落实立德树人根本任务》，《人民日报》2019年3月19日。

③ 参见习近平：《用新时代中国特色社会主义思想铸魂育人　贯彻党的教育方针落实立德树人根本任务》，《人民日报》2019年3月19日。

塑造灵魂、塑造生命、塑造新人，做先进思想文化的传播者、党执政的坚定支持者，更好担起学生健康成长指导者和引路人的责任，努力成为马克思主义理论教育家。各级政府和学校也为此纷纷出台相关实施意见。为此，各级党委、政府和高校要切实采取有效措施，加大思想政治理论课博士生的招生培养指标以保证供给，搭建好高校思想政治理论课教师培训、提升和发展平台，组织思想政治理论课研修活动；加强思想政治理论课学习共同体建设，建立完善思想政治理论课传帮带机制；全面开展高校思想政治理论课教师教学能力提升培训，重点面向新入职思想政治理论课教师和思想政治理论课青年教师；探索思想政治理论课教师队伍与日常思想政治教育教师队伍深度融合的工作机制；组织好思想政治理论课教师的岗前、在岗或素质提升等各种培训或进修，进一步扩大范围和加大力度。作为思想政治理论课教师，要利用各种机会和可能条件，进行自我充电、不断加强学习和进行自我提高。

在各级党委、政府和高校采取有效措施提升思想政治理论课教师素质的同时，还要根据权责相统一的原则采取切实有效措施，保证思想政治理论课教师应得的待遇和保障等。党的十八大以来，思想政治理论课教师相比其他学院、专业教师而言，教学、科研、宣传、活动等各种任务更多、更大、更重了。尽管党和国家关于思想政治理论课教师岗位津贴等待遇问题已经有了政策规定，但因各地财力不一，有的已经得到了充分体现，有的地方和高校还是依然如故。当一些发达地区或有钱的高校为思想政治理论课教师每月增加 1000—2000 元津补贴已经有好几年了且还准备在原有的基础上继续提高的同时，不少省、市、校的思想政治理论课教师的岗位津贴却仍然分文未见。同为思想政治理论课教师，但因所在地域、学校等的岗位津贴差异较大而引发了诸多问题和矛盾。如何保证不同区域、省份、高校的思想政治理论课教师享有与其承担的责任要求相适应的岗位津补贴等，仍然是当前和今后各级党委和政府、教育主管部门不得不统筹考虑的问题。

总之，在当前和今后很长一段时间，如何配齐、建强高等学校思想政治课教师队伍并保证其应该享有的待遇或提供相应的保障等，并完善选拔、培养、激励机制，形成一支专职为主、专兼结合、数量充足、素质优良的思想政治课教师队伍仍然是新时代加强高校思想政治理论课教师队伍建设需要大力解决的问题。

三、发挥思想政治理论课教师主体能动性

思想政治理论课教师的主体能动性最主要体现为思想政治理论课教师想办法如何上好思想政治理论课的主体能动性。"办好思想政治理论课关键在教师，关键在发挥教师的积极性、主动性、创造性。"[①] 能否充分激发和调动及发挥思想政治理论课教师的积极性、主动性、创造性，对于增强思想政治理论课的吸引力、感染力和针对性及实效性具有十分重要的意义。党的十八大以来，由于党中央和国务院及各级党委、政府和高校高度重视并积极采取诸多有效措施，使得高校思想政治理论课教师队伍不断持续壮大，结构也在不断优化，整体素质得到了进一步提升，形成了一支"三可"（可信、可敬、可靠）和"三为"（乐为、敢为、有为）的思想政治理论课教师队伍。广大思想政治理论课教师在思想政治理论课讲台上兢兢业业、甘于奉献、奋发有为，为培养能够担当实现中华民族伟大复兴重任的时代新人和合格的中国特色社会主义建设者和接班人作出了重要贡献。

面向新的时代要求，广大高校思想政治理论课教师要充分发挥积极性、主动性和创造性，以更好地承担起新时代所赋予的重任等，还需要各级党委、政府、高校和思想政治理论课教师作出更大的努力。一方面，各级党委、政府和高校及其关管理部门要在政治上充分信任，思想

---

① 习近平：《用新时代中国特色社会主义思想铸魂育人　贯彻党的教育方针落实立德树人根本任务》，《人民日报》2019 年 3 月 19 日。

上主动引导，工作上创造较为宽松的条件，生活上多关心照顾，使思想政治理论课教师的教学接地气、入人心；创新教师思想政治工作方式方法，强化思想政治理论课教师的社会实践参与，推动思想政治理论课教师充分了解党情、国情、社情、民情，增强思想政治理论课的针对性和实效性；为办好思想政治理论课提供必要的教学和科研工作条件；尽可能地为思想政治理论课教师提供较为宽松的环境和氛围，使思想政治理论课教师的积极性、主动性和创造性能够得到激发和调动及发挥。另一方面，广大思想政治理论课教师要在大是大非面前保持政治头脑清醒，在党和人民的伟大实践中关注时代、关注社会，汲取养分，丰富思想，善于引导学生树立正确的理想信念、学会正确的思维方法，以宽广的知识视野、国际视野、历史视野把思想政治理论课的道理讲明白、讲清楚，做到课上课下一致、网上网下一致、校内校外一致，自觉作为学为人为事的表率、成为让学生喜爱的教师。传道者自己首先要明道、信道，育人者要先受教育。思想政治理论课教师要追求并确立大境界、大胸怀、大格局，才能给学生指点迷津、引领人生航向。广大思想政治理论课教师要自觉与习近平总书记提出的"六要"对标，以德立身、以德立学、以德施教，积极主动创造性地上好每一堂思想政治理论课，用高尚的人格感染学生、赢得学生，用真理的力量感召学生，以深厚的理论功底赢得学生。

四、加强思想政治理论课的课堂教学管理

课堂教学管理差异对大学生思想政治理论课认同有一定影响。对思想政治理论课教师课堂言论加强科学和实事求是的管理，有利于促进大学生思想政治理论课的认同。教师的思想意识对学生的"社会认知"、"国家认知"、"群体认知"都有非常大的影响。大学教师既不能成为给中国肆意"泼墨"的偏激者，也不能沦落为"沉默的羔羊"。高校教师的"言论自由"有一定的边界和限度。教师如同园丁，灌溉、养护

"花朵"的"知识之泉"如同染色剂一样，会在学生身上留下明显的烙印。违反宪法和法律的言论一旦肆意传播，"暴力"的种子会在学生群体中生根发芽。思想政治理论课课堂上养成的不同社会制度的敌对情绪、意识不利于我国政治生活的健康发展。思想政治理论课教师的言论有很强的政治属性，也要遵循客观、如实、充分、理性、合法原则。学校要严肃思想政治理论课课堂的教学纪律，保证思想政治理论课教师在课堂教学中始终坚持马克思主义的立场观点方法，在政治立场、政治方向、政治原则、政治道路上同党中央保持高度一致，积极主动地上好思想政治理论课。学校和学院及教师等要全方位进一步加强思想政治理论课课堂教学秩序管理，确保学生到课率，为高质量开展教学提供保障，进一步完善教学事故认定及处理办法，把课堂教学纪律要求落到实处。

我们在加强高校思想政治理论课教师课堂教学中不当言论管理的同时，既要防右更要防"左"，不能搞只言片语或断章取义地上纲上线，不能搞不切实际或与事实相悖逆的苛刻要求，尤其是要力戒"左"倾影响。在我们党的历史上，"左"倾错误思想遗毒影响甚深且在党的历史上造成的危害和损失不可估量。我们不能因为要加强思想政治理论课教师课堂教学言论的管理而悖逆解放思想实事求是的原则，不切实际地无限拔高要求或者不分原则地随便对教师的个别词句等言论上纲上线、乱打棍子、乱扣帽子，其结果不仅会使思想政治理论课教师噤若寒蝉，禁锢了思想政治理论课教师的积极性、主动性和创新性，而且会使思想政治理论课教师沦为传声筒或讲课时采取照本宣科的满堂灌等，更为可怕的后果是会增强师生对思想政治理论课的反感或拒斥，而不是认同，结果适得其反。

第五节 扎实做好思想政治理论课
并推进改革创新

"中国特色社会主义进入新时代，我国社会主要矛盾已经转化为人民日益增长的美好生活需要和不平衡不充分的发展之间的矛盾。"[①]"人民美好生活需要日益广泛，不仅对物质文化生活提出了更高要求，而且在民主、法治、公平、正义、安全、环境等方面的要求日益增长。"[②]我国社会主要矛盾的转化和人民在民主、法治、公平、正义、安全、环境等方面的要求日益增长，对大学生思想政治理论课的内容、方式和手段等提出了新的改革创新要求。大学生思想政治理论课只有根据时代的变化和要求，不仅要改革教学内容，同时还需要不断改进教学方法，改善教学手段，才能进一步增强大学生思想政治理论课的针对性、亲和力、感染力和实效性。要办好新时代的思想政治理论课，就得"推动思想政治理论课改革创新，要不断增强思想政治理论课的思想性、理论性和亲和力、针对性。要坚持政治性和学理性相统一；坚持价值性和知识性相统一；坚持建设性和批判性相统一；坚持理论性和实践性相统一；坚持统一性和多样性相统一；坚持主导性和主体性相统一；坚持灌输性和启发性相统一；坚持显性教育和隐性教育相统一"[③]。新时代思想政治理论课，要与时俱进，因事而化、因时而进，因势而新，向改革创新要动力，才能不断增强大学生对思想政治理论课的认同。这就需要

---

① 习近平：《决胜全面建成小康社会 夺取新时代中国特色社会主义伟大胜利——在中国共产党第十九次全国代表大会上的报告》，人民出版社 2017 年版，第 11 页。

② 习近平：《决胜全面建成小康社会 夺取新时代中国特色社会主义伟大胜利——在中国共产党第十九次全国代表大会上的报告》，人民出版社 2017 年版，第 11 页。

③ 习近平：《用新时代中国特色社会主义思想铸魂育人 贯彻党的教育方针落实立德树人根本任务》，《人民日报》2019 年 3 月 19 日。

我们在全面深化思想政治课综合改革过程中，既要有自觉的学科意识，更要有敏锐的意识形态眼光，不断强化政治意识、责任意识、阵地意识和底线意识，自觉把握思想政治理论课的双重属性及其功能，不断推进思想政治理论课的改革创新。

一、扎实做好思想政治理论课的基础工作

思想政治理论课教师要用心备好并选择适宜的方式上好每一节思想政治理论课，为增强大学生思想政治理论课认同的作出应有的努力。

（一）课前要充分做好各种集体备课

讲好大学生思想政治理论课是一项非常重要且复杂的系统工作。思想政治理论课教师要用心把教材体系转化为教学体系并通过课堂教育教学才可能使思想政治理论课的内容为大学生认知、接受并认同。教材体系理论化、抽象化和具有普遍性，而教学体系则更加口语化、具象化，因此教学体系完全不同于教材体系。思想政治理论课具有双重属性：既是知识体系，又是价值观念；既是一门学科，又是意识形态课程。因此，思想政治理论课教师不仅要考虑思想政治理论课和其他课程的共通性，更要注意它的特殊性。在向学生传授知识的同时，思想政治理论课教师要更加重视价值观教育，进行意识形态引导，坚持育人为本、德育为先，用中国特色社会主义理论体系武装学生。

课前集体备好课是上好课的前提。为了上好每一节思想政治理论课，思想政治理论课教学科研二级机构院系要定期组织教师集中学习党中央重大方针政策和决策部署，及时将党的理论创新的最新成果融入教学，充分体现课程的思想性、理论性和时效性；定期组织全员集体备课，集中研讨教学共性问题，促进各门课程有效衔接；思想政治理论课教研室（组）要依据马克思主义理论研究和建设工程统编思想政治理论课最新版教材和教学大纲，定期组织集体备课，准确把握教材基本精

神，研究确定教学进度和内容，形成统一的参考教案。科研二级机构、思想政治理论课教研室要丰富集体备课载体，通过多种方式有针对性地增强集体备课效果；学院要组织新任职思想政治理论课教师进行试讲，加强对新任职思想政治理论课教师的教学指导；组织骨干教师讲示范课，加强对其他教师的引领带动；组织教学经验丰富的教师说课，加强广大教师对思想政治理论课教学规律的把握；组织教师互相听课，促进思想政治理论课教师互学互鉴；推动思想政治理论课教师在有条件情况下兼职担任辅导员、班主任，充分了解学生思想政治状况，提高备课针对性；要重运用新媒体新技术开展集体备课，提升集体备课效果等。

（二）科学运用适宜教学模式与方法

教无定法，贵在得法。很长时间以来，大学生思想政治理论课认同效果不理想的基本问题和主要原因主要有：思想政治理论课教师的教学方法落后，话语体系较为陈旧，讲授的理论脱离实际，呈现出大而空和不鲜活且枯燥的特点，缺乏说服力和感染力，进而影响了大学生对思想政治理论课的接受和认同。学院或教研室要鼓励思想政治理论课教师结合教学实际、针对学生思想和认知特点，积极探索行之有效的教学方法和贴近学生实际的话语，自觉强化党的理论创新成果的学理阐释，努力实现思想政治理论课教学"配方"先进、"工艺"精湛、"包装"时尚；加大优秀教学方法的推广力度，注重用点上的经验带动面上的提升；实践教学作为课堂教学的延伸拓展，重在帮助学生巩固课堂学习效果，深化对教学重点难点问题的理解和掌握；整合实践教学资源，拓展实践教学形式，注重实践教学效果；深入研究网络教学的内容设计和功能发挥，不断创新网络教学形式，推动传统教学方式与现代信息技术有机融合。

思想政治理论课教师不仅要改革和创新教学方法，而且教学语言要新颖幽默并敢于面对热点难点问题。大学生思想政治理论课要对"共产主义理想是否遥不可及"、"为人民服务难不难"、"集体主义和以人为本是否冲突"、"爱国主义与民族主义是否冲突"、"爱国是不是想干什么就干什么"、"人的本质是否自私"、"追求快乐与享乐主义有什么区别"、"理想与金钱哪个重要"、"学得好是否不如嫁得好"等涉及学生人生观价值观的重大和热点问题敢讲巧讲；对于网络热议问题则引导大学生将情绪化的宣泄转化为客观的分析和理性的思考。[①] 思想政治理论课教师不仅要使用学生易于接受的方式和话语把枯燥乏味的思想政治理论课教学内容讲得鲜活、生动、有趣。教学中，思想政治理论课教师不仅要重视教学形式的丰富多样，更要重视"无招胜有招"，做好教学设计以赢得学生对思想政治理论课的喜爱。

思想政治理论课，要注重改进教学模式，提倡专题教学，注重从理论和实践、历史和现实、国际和国内的结合上回答学生关心的热点难点问题，培育推广形式多样、效果良好、受学生欢迎的教学方法，培育推广"配方"新颖、"工艺"精湛、"包装"时尚有特色的品牌课。在思想政治理论课教学中要实现从"照着讲"到"接着讲"，再从"对着讲"到"领着讲"的转变，实现知识性和价值性的统一。思想政治理论课教学要坚持正确方向，深入实施创新计划，紧紧围绕教材、教学、教师三大关键要求，坚持理论联系实际，贴近实际、贴近生活、贴近学生，注重课堂教学、网络运用和社会实践有机融合，完善教材体系，提高教师素质，创新教学方法，不断增强思想政治理论课的亲和力和针对性，努力把思想政治理论课建设成"学生喜欢、终生受益"的精品课程。

思想政治理论课要建设成"学生喜欢、终生受益"的精品课程，就必须满足学生成才发展的需求和期待，尊重和发挥思想政治理论课主体的能动性。坚持大学生的主体能动性，就是要让大学生大胆说出自己

---

① 参见王永和：《围绕"认知、认可、认同"构建　思想政治理论课课堂教学方法体系》，《思想理论教育导刊》2013 年第 10 期。

的思想困惑，进行疏通交流。坚持教师主导性，就是要围绕大学生的思想状况和生活实际，开展课堂讨论、对话、辩论，使大学生在掌握理论的同时增强认知程度。思想政治理论课要在教学中充分运用有效的教学方法。如运用新媒体教学法做到"有声有色"，即在课堂中运用多媒体展示教学难点、疑点，播放相关文献资料片，把枯燥的文本信息转变成视听觉信息。将问题解析、时事热点解读等上传到网络平台、QQ 群、微信群等实时交流平台，供大学生下载学习，便捷师生相互交流，增强情感温度。开展情感教学法做到"有情有义"，即要"以情动人"，教学设计注重运用榜样示范，增强吸引力。要"以情启情"，述说故事注重通过情感共鸣让大学生入脑。要"以情启理"，阐述道理注重引导大学生在声情并茂、生动活泼的情境中提升信仰高度。探索朋辈教学法做到"有外有内"。不仅要在课堂教学中让大学生自学、自省、自制，通过个体自我教育明晰公民责任，也要通过开展政治辩论会、演讲会等形式，使大学生相互激励、相互促进，激发政治参与的热情以增强实践力度和效果。[①] 恰当的教学方法，有利于增强大学生对思想政治理论课相关内容的认同。我们要在探索和运用大学生喜闻乐见的教学方法上不断努力创新和运用。

（三）改进思想政治理论课的考核和评价方式

考核和评价往往是"指挥棒"，是引导思想政治理论课方向的重要风向标。科学的考核和评价有利于增强思想政治理论课的针对性和实效性并促进认同，反之则不然。完善思想政治理论课的考核方式，主要是采取多种方式综合考核学生对所学内容的理解和实际运用，注重考查学生运用马克思主义立场观点方法分析、解决问题的能力，力求全面、客观反映学生的马克思主义理论素养和思想道德品质。在对思想政治理论

---

① 参见刘勇：《大学生政治认同视阈下思想政治理论课的育人路径探析》，《思想理论教育导刊》2018 年第 6 期。

课的考核和评价中，要坚持闭卷统一考试为主与开放式个性化考核相结合，注重过程考核。综合评价思想政治理论课的教学质量，即建立健全多元评价机制，采用教师自评、学生评价、同行评价、督导评价、社会评价等多种方式，对教师教学质量进行综合评价；合理运用教师教学质量评价结果，在教师职务职称评聘标准中提高课堂教学和教学研究占比，将评价结果同绩效考核和津贴分配等挂钩，引导和鼓励思想政治理论课教师将更多时间和精力投入教学中，基于评价结果探索建立思想政治理论课教师课堂教学退出机制等。

二、创新形式提高思想政治理论课吸引力

思想政治理论课形式符合大学生的身心发展特点，就有利于增强大学生对思想政治理论课内容的认同。反之，则会阻碍大学生对思想政治理论课内容的认同。传统思想政治理论课的教学形式主要是："简单、片面地停留在知识教育层面，更多地通过灌输方式提升大学生的政治认知，而未采取有效方式将大学生的政治认知升华为政治情感乃至政治信仰。比如，观念上把政治认同看成是纯粹的知识教育和认知教育，以此取代信仰教育；方式上主要采取单向灌输和简单说教，缺少交往互动；内容上只是注重对政治体系的概念、演变、结构等进行分析，脱离政治实践；考核上沿袭传统方式，用知识和认知的结果来衡量和检测信仰。"[1] 这种不合时宜的教学形式已难以适应新时代的需要，更难以增进大学生对思想政治理论课的认同。改革不合时宜的思想政治理论课形式并加以创新，提高吸引力对增强思想政治理论课实效性具有异常重要的作用。

思想政治理论课是对大学生进行思想政治教育的主阵地、主渠道。思想政治理论课有无吸引力及其吸引力大小等直接关系着思想政治理论

---

[1]　蒙象飞等：《政治社会化理论视域下的大学生政治认同教育》，《云南民族大学学报（哲学社会科学版）》2017 年第 2 期。

课的针对性和实效性。思想政治理论课没有吸引力，学生就难以持续听讲，当然效果也就不理想。不断反复讲述已经说过的或者已经做过的事情对任何人来讲都是没有吸引力的，对于朝气蓬勃的青年大学生更是如此。吸引大学生注意力和提高思想政治理论课吸引力要创新教学形式。没有关注和改革创新教学形式的思想政治理论课就是无的放矢，就难有吸引力。没有吸引力，学生就不愿意或难以静心听讲，就不可能有实效性。有吸引力才有软实力。思想政治理论课要有吸引力，就要关注学生，密切联系大学生实际，不断改进和创新教学方法与手段。关注学生，就要充分深入地了解大学生各方面的情况。思想政治理论课的对象是人，是大学生。今天的大学生是改革开放后三十年左右才出生、成长起来的青年，且不少是独生子女，家庭生活、生长条件优裕，其生活的社会环境更加宽松、自由、平等、多样。"思想、观念、意识的生产最初是直接与人们的物质活动，与人们的物质交往，与现实生活的语言交织在一起的。人们的想象、思维、精神交往在这里还是人们物质行动的直接产物。"① 社会生活环境的变化使得大学生的兴趣、爱好、倾向等不仅丰富多彩，而且其思想意识也有很强的独立性、选择性、多变性和差异性。受教育者往往是从自己的生活实际和切身感知体验来理解和接受外在的思想政治意识。要增强思想政治理论课的实效性，教师就要充分了解当代大学生的兴趣、情感、喜好、倾向、生活习惯、思维方式、思想观念意识和专业等各方面情况，并针对不同门类、学科、专业、年级的大学生做到有的放矢，切实改进教学方法、改善教学手段，才能不断增强思想政治理论课课堂教学吸引力。

思想政治理论课要有吸引力，还要充分尊重并联系大学生各方面实际，从学生需求出发，关注他们的学习方式，从而激发他们的学习热情，发挥他们的学习能动性。思想政治理论课教学内容既要符合教育总

① 《马克思恩格斯文集》第 1 卷，人民出版社 2009 年版，第 524 页。

体目标要求，又要符合学生成长特点和愿望及客观实际。教师在对教学内容进行筛选和讲授时，要突出以大学生为本的理念，尊重学生、关心学生、理解学生。课堂讲授要贴近学生的学习、生活和思想等各方面实际，关心大学生的疾苦冷暖和需求，聚焦并有力回答大学生普遍关心和关注的各种社会现实生活、焦点、热点和难点及重大思想理论问题等，从解决大学生最关心、最直接、最现实的利益问题入手，以小见大，借事说理，以理说事，使大学生感受到思想政治理论课与自己发展各个方面息息相关，才能够使其有兴趣听讲和思考，才能增强大学生对思想政治理论课的认同。传统思想政治理论课的教学方式方法和手段在新的历史条件下，已经很难调动大学生学习的积极主动性。网络新媒体技术的发展使得思想政治理论课必须从平面走向立体，从静态走向动态，从单向信息传递走向双向和多向信息互动，从而才能大大增强思想政治理论课的吸引力。

思想政治理论课要坚持不断推进理念思路、内容形式、方法手段等的改革创新，增强课堂教学的时代感和实效性，以提高思想政治理论课的吸引力。面对大多是独生子女且个性化特别突出的大学生，切忌居高临下的灌输，要营造有耐心、慈爱和营造温馨的互动氛围。面对价值多元、信息裂变、新生代成长、新媒体崛起的时代变化，思想政治理论课必须适应时空和国内外形势的变化，在革新教学手段和方法上下功夫，切实改革教学内容、改进教学方法、改善教学手段。努力克服把思想政治理论课课堂内容概念化、公式化、抽象化；注重教学手段、教学方法的改革创新，使教学方法、教学手段更富有时代性、感染力和穿透力；加强师生之间的平等沟通和互动交流，提升思想政治理论课对话的吸引力。

适时改革创新大学生思想政治理论课认同的教育教学形式，要大力借鉴其他学科研究成果、课程教学方法，推进教材、教师、教法的综合改革以增强思想政治理论课吸引力；加强思想政治理论课课程网站建设，建设名师名家网络示范课并推进优质网络教学资源共享建设，创新实践教学、案例教学等教育教学方法以增强思想政治理论课活力，充分利用新媒体深化拓展马克思主义理论宣传和教育等，从而不断增强思想政治理论课的吸引力。

三、讲究艺术提高思想政治理论课感染力

提高感染力是增强思想政治理论课实效性的方法之一。思想政治理论课的对象是大学生。人是有感情的高级动物。思想政治理论课要在以理服人的同时，还要做到以情感人。马克思曾说过："激情、热情是人强烈追求自己的对象的本质力量。"① 激情是思想政治理论课教师应该具备的价值判断在情感上的充分表达。为了提高思想政治理论课的感染力，教师在课堂上要有鲜明的态度，讲究语言艺术。

首先，思想政治理论课教师要身体力行，真学真信真用，用真诚的态度、真实的事实、真正的道理、真挚的情感、真切的体验，讲真理，说真话，动真心，表真情，让受教育者在接受科学理论的同时接受表达价值判断的真实情感影响，增强思想政治理论课的真实可信度和可接受性及感染力，才能增强学生对思想政治理论课内容的价值认同与情感认同。

其次，教师要有鲜明的态度和立场，敢于亮剑和仗义执言。"立德树人"是思想政治教育的目的，立德不仅要求学生有宏大的志向，同时更要有除恶扬善的品行，让学生知道什么是爱憎分明，对真善美和假恶丑要有鲜明的不同态度。思想政治理论课课堂上不敢讲或讲到各种假恶丑时没有态度，缺少斗争，更不敢批判，又怎么提高感染力让学生摒弃低俗、丑陋而追求高尚的道德品质呢？如果面对各种假恶丑时没有爱憎分明的鲜明立场，态度暧昧，不敢亮剑，没有鲜明的态度表达或情感

---

① 《马克思恩格斯文集》第 1 卷，人民出版社 2009 年版，第 211 页。

参与，思想政治理论课不仅没有感染力，可能连其科学性和真理性都会受到削弱或遭受质疑。

思想政治理论课不仅要求课堂教学内容富有理性，更要有情感等非理性因素的参与，使课堂能够坚守家国情怀，态度爱憎分明，内容有血有肉，充满热情和激情，语言生动有趣，富有蓬勃生机和朝气活力，触动大学生的思想灵魂；不仅要讲清马克思主义的科学真理性，同时还必须旗帜鲜明地高举追求真、善、美的大旗，勇于揭露现实生活中存在或滋生的各种虚假、邪恶、丑陋的东西，并加以严肃的批判和无情的痛斥及鞭挞，才能让学生在真切感知和体验真与假、善与恶、美与丑的感情较量和斗争中进行思考并作出正确的选择。

最后，思想政治理论课教师还要把语言艺术感染力作为载体和研究平台，掌握好思想政治理论课课堂语言艺术的科学性、准确性、真实性、鲜明性、生动性、幽默性、情感性、启发性等，通过充沛的语言艺术感染力把思想政治理论课内容进一步内化为大学生的理想信念和政治觉悟，化作指导学生体验人生和从事社会生活实践的精神力量，思想政治理论课才可能取得实效。

思想政治理论课教师作为大学生健康成长的"引路人"和"守望者"，不能辜负时代赋予的重任，要潜心钻研，积极有为，融思想性、知识性、趣味性于一体，不断增强思想政治理论课的吸引力、说服力和感染力，春风化雨、入脑入心，让新时代大学生有震撼、有触动、有感悟、有获得，真心喜爱并高度认同思想政治理论课的所有内容，才能提高大学生的思想水平、政治觉悟、道德品质、文化素养，成为德才兼备、全面发展的社会主义建设者和接班人。

四、要整合各种资源要素形成最大合力

增强思想政治理论课认同是一个非常复杂精深的系统工程，需要从各个方面入手。新时代增强大学生对思想政治理论课的认同，需要推动

高校内部协同前行，形成最大合力。大学生思想政治理论课需要加强和实现全员育人、全程育人、全方位育人才能真正促进大学生思想政治理论课认同。全员育人是指由学校、家庭、社会、学生组成的"四位一体"的育人机制。学校成员包括辅导员、班主任、党政管理干部、"两课"专业教师、图书馆工作人员、后勤服务人员等；家庭主要是指父母亲；社会主要是指校外知名人士、优秀校友等；学生主要是指学生中的先进分子。全程育人，是指学生从进校门到毕业，从每个学期开学到结束，从双休日到寒暑假，学校都要精心安排思想政治教育并贯穿始终。全方位育人是指充分利用各种教育载体，主要包括学生综合测评和奖学金评比、贫困生资助与勤工助学、学生组织建设与管理、校园文化建设、学风建设、诚信教育、社会实践等，将思想政治教育寓于其中。党的十八大以来，以习近平同志为首的新一届党和国家领导人高度重视从各个方面入手加强思想政治理论课建设的真正原因就是为了增强大学生对思想政治理论课的认同。

首先，各高校内部各部门要协同前行。即学校要建立思想政治理论课教学科研二级机构牵头，宣传、教务、学工、科研、财务、人事等部门共同配合的思想政治理论课教学管理体制，建立健全教学管理制度体系，推动各类课程与思想政治理论课同向同行，形成协同效应。

其次，各类课程与思想政治理论课同向同行。2016年习近平总书记在全国思想政治工作会议的讲话强调："要用好课堂教学这个主渠道，思想政治理论课要坚持在改进中加强，提升思想政治教育亲和力和针对性，满足学生成长发展需求和期待，其他各门课都要守好一段渠、种好责任田，使各类课程与思想政治理论课同向同行，形成协同效应。"①

再次，全员全过程全方位与思政课同向同行。加快构建中国特色哲

---

① 《习近平谈治国理政》第二卷，外文出版社2017年版，第378页。

学社会科学学科体系和教材体系，推出更多高水平教材，创新学术话语体系，建立科学权威、公开透明的哲学社会科学成果评价体系，努力构建全方位、全领域、全要素的哲学社会科学体系。要更加注重以文化人以文育人，广泛开展文明校园创建，开展形式多样、健康向上、格调高雅的校园文化活动，广泛开展各类社会实践。要运用新媒体新技术使工作活起来，推动思想政治工作传统优势同信息技术高度融合，增强时代感和吸引力。在 2016 年习近平总书记在全国思想政治工作会议上的讲话之后，中共中央、国务院 2017 年《关于加强和改进新形势下高校思想政治工作的意见》提出："坚持全员全过程全方位育人。把思想价值引领贯穿教育教学全过程和各环节，形成教书育人、科研育人、实践育人、管理育人、服务育人、文化育人、组织育人长效机制。""坚持遵循教育规律、思想政治工作规律、学生成长规律。"① 中共教育部党组 2017 年 12 月 4 日印发《高校思想政治工作质量提升工程实施纲要》提出，要"充分发挥课程、科研、实践、文化、网络、心理、管理、服务、资助、组织等方面工作的育人功能，挖掘育人要素，完善育人机制，优化评价激励，强化实施保障，切实构建'十大'育人体系"②。主要内容有：统筹推进课程育人、着力加强科研育人、扎实推动实践育人、深入推进文化育人、创新推动网络育人、大力促进心理育人、切实强化管理育人、不断深化服务育人、全面推进资助育人、积极优化组织育人等，覆盖了高校各方面的工作。在此基础上，北京交通大学提出了思想政治工作要建设"十大工程"，即实放下理论领航工程、落实课堂育人工程、加强阵地建设工程、实施文化育人工程、落实德育引领工程、开展师德涵养工程、实行网络思政工程、实施党建育人工程、落实

① 《中共中央　国务院印发〈关于加强和改进新形势下高校思想政治工作的意见〉》，2017 年 2 月 27 日，见 http://www.gov.cn/xinwen/2017-02/27/content_5182502.htm。

② 《中共教育部党组关于印发〈高校思想政治工作质量提升工程实施纲要〉的通知》，2017 年 12 月 4 日，见 http://www.moe.gov.cn/srcsite/A12/s7060/201712/t20171206_320698.html。

队伍建设工程、完善组织保障工程等。①

继 2018 年教育部关于印发《新时代高校思想政治理论课教学工作基本要求》的通知后，2019 年习近平总书记在北京主持思想政治理论课教师座谈会并发表重要讲话、2019 年中共中央办公厅、国务院办公厅印发《关于深化新时代学校思想政治理论课改革创新的若干意见》等，为进一步增强大学生思想政治理论课认同提供了重要依据并将产生划时代的影响。面向新时代，从党中央到各高校思想政治理论课部门及思想政治理论课教师都在积极探索，为改进和加强大学生思想政治理论课作出了积极的努力和探索，取得了诸多有益成果。

但面对改进和加强思想政治理论课面临的新形势、新任务，仍需要从中央到地方，再到各高校和思想政治理论课教师作出更大更大更好的努力。接下来需要做的工作就真真正正扎扎实实地把这些政策落到实处而不是闲置高阁。如果这些政策真能够在各个层面和方面都得到切切实实地贯彻执行，那么无疑会更加有助于大学生思想政治理论课的认同，从而确保"培养什么人、为谁培养人、如何培养人"这个根本目标的实现，使大学生能够真正成为担当民族复兴和建设中国特色社会主义现代化强国的时代新人。

---

① 参见《实施思想政治工作十大工程——学校党委印发〈加强和改进新形势下思想政治工作的实施意见〉》，2017 年 9 月 13 日，见 http://news.bjtu.edu.cn/info/1017/26765.htm。

结　　语

恩格斯在 1890 年致约瑟夫·布洛赫的信中说道："历史是这样创造的：最终的结果总是从许多单个的意志的相互冲突中产生出来的，而其中每一个意志，又是由于许多特殊的生活条件，才成为它所成为的那样。这样就有无数互相交错的力量，有无数个力的平行四边形，由此就产生出一个合力，即历史结果，而这个结果又可以看作一个作为整体的、不自觉地和不自主地起着作用的力量的产物。因为任何一个人的愿望都会受到任何另一个人的妨碍，而最后出现的结果就是谁都没有希望过的事物。所以到目前为止的历史总是像一种自然过程一样地进行，而且实质上也是服从于同一运动规律的。但是，各个人……虽然都达不到自己的愿望，而是融合为一个总的平均数，一个总的合力，然而从这一事实中决不应作出结论说，这些意志等于零。相反，每个意志都对合力有所贡献，因而是包括在这个合力里面的。"① 大学生对思想政治理论课的认同，同样也要遵循各种合力共同作用的平行四边形法则，是从许多单个意志和若干因素的相互冲突中产生出来的合力共同作用的结果。

社会存在决定社会意识。大学生对思想政治理论课的认同属于社会意识，决定于社会现实存在的各方面因素的共同综合作用。影响大学生思想政治理论课认同的因素非常复杂多样，不仅有思想政治理论课本身（如课程的设置、课程的内容、教学的实施、课堂的管理、教学评价及与其他课程的关系等），还涉及思想政治理论课教师（如教师的学历水平、专业学科背景、思想政治素质、形象、课堂形式、教学语言、讲课艺术等），同时还有大学生本人（学科专业、学历层次、地域、学校及年级、兴趣偏好、对思想政治理论课的认知等）、大学生所在家庭和学校，以及以互联网为基础形成的新媒体与社会思潮、党风政风社风家风、改革开放带来的各种国际交往（留学、旅游、经商、投资办厂等），以及西方各种文化的传入带来的影响等，都会直接或间接、显性

---

① 《马克思恩格斯文集》第 10 卷，人民出版社 2009 年版，第 592—593 页。

或隐性、单一或综合地从不同的角度、层面影响到大学生对思想政治理论课相关内容的认同。在影响大学生思想政治理论课认同的因素中，尽管思想政治理论课的作用不可替代和思想政治理论课教师是关键，但我们也要看到各种影响因素的地位和作用及其可能影响的时空条件等同样不可忽视或轻视。为了改进和加强大学生对思想政治理论课的认同，我们必须积极主动和创造性地从各个方面采取各种切实有效的措施，使之形成合力，共同发挥积极的作用。

党的十八大以来，党和国家对思想政治理论课及思想政治理论课教师高度重视并寄予厚望。习近平总书记 2019 年主持思想政治理论课教师座谈会并发表重要讲话后，中宣部、教育部等也相继出台和颁布了一系列的标准、意见、计划、纲要等。如 2015 年 7 月中央宣传部、教育部关于印发《普通高校思想政治理论课建设体系创新计划》，2015 年 9 月教育部关于印发《高等学校思想政治理论课建设标准》，2017 年 9 月教育部关于印发《高等学校马克思主义学院建设标准（2017 年本）》，2017 年 12 月中共教育部党组关于印发《高校思想政治工作质量提升工程实施纲要》，2017 年 2 月中共中央、国务院印发《关于加强和改进新形势下高校思想政治工作的意见》，2019 年 4 月教育部印发《普通高等学校马克思主义学院建设标准》（2019 年本），2019 年 8 月中共中央办公厅、国务院办公厅印发《关于深化新时代学校思想政治理论课改革创新的若干意见》，2021 年 9 月中共中央办公厅印发《关于加强时代马克思主义学院建设的意见》，2021 年 11 月教育部关于印发《高等学校思想政治理论课建设标准》等，为增强新时代大学生思想政治理论课认同提供了有力的政策支持和条件保证。同时，我们也要看到，如何把这些标准、要求、意见等不折不扣地落到实处，仍然还有很长的路要走。如思想政治理论课教师供给不足、思想政治理论课教师相关条件保障在不少省份和高校仍然没有得到彻底落实和兑现等，都需要从上至下及各方面进一步思考和解决，落实落细。否则，不仅不利于加强和改进思想政治理论果，反而会带来各种新的问题。

我们不仅要看到大学生对思想政治理论课认同的关键是思想政治理论课教师上好思想政治理论课，同时也要看到思想政治理论课是在特定时空和社会现实环境条件下开展的，必然会受到社会现实中各种与思想政治理论课内容及其价值不尽一致甚至相矛盾和冲突的各种不良因素的影响，是各种积极与消极、直接与间接、显性与隐性等诸多因素共同作用的结果。不能因为思想政治理论课和教师重要而过度或无限地拔高对"思想政治理论课的作用不可替代"和"思想政治理论课教师是关键"的地位和作用的理解及重视而走向异化或歧途，使思想政治理论课和思想政治理论课教师不堪重负。

中国特色社会主义进入新时代，我国社会主要矛盾已经发生了转化，人民对民主、法治、公平、正义的需要日益凸显，加之我国由"富起来"走向"强起来"，力求推进"一带一路"倡议、构建人类命运共同体、弘扬全人类共同价值、建设社会主义现代化强国和实现中华民族伟大复兴的中国梦，都对新时代改进和加强思想政治理论课提出了新的要求。为了适应新时代的需要，思想政治理论课必须因事而化、因时而进、因势而新，适时推进改革创新；无论是思想政治理论课内容的丰富和完善，还是思想政治理论课形式的改革创新，无论是大力加强思想政治理论课教师队伍的建设及其素质的提升，还是课程思政与思想政治理论课程的同向同行等，都需要从上至下各级党委、政府和教育主管部门、高校、马克思主义学院或思想政治理论课教学部门及思想政治理论课教师等各个层面共同作出努力，才能更好地增强大学生对思想政治理论课的认同，为着为党育人为国育才的目的使大学生成为能够担当民族复兴大任的时代新人和合格的中国特色社会主义建设者和接班人。

主要参考文献

一、著作类

《马克思恩格斯全集》第 30 卷，人民出版社 1995 年版。

《马克思恩格斯文集》第 1—10 卷，人民出版社 2009 年版。

《马克思恩格斯选集》第 1—4 卷，人民出版社 2012 年版。

《列宁专题文集　论社会主义》，人民出版社 2009 年版。

《列宁选集》第 2 卷，人民出版社 1995 年版。

《毛泽东文集》第 1—8 卷，人民出版社 1993 年版。

《毛泽东选集》第 1—4 卷，人民出版社 1991 年版。

《邓小平文选》第 1—2 卷，人民出版社 1994 年版。

《邓小平文选》第三卷，人民出版社 1993 年版。

《江泽民文选》第 1—3 卷，人民出版社 2006 年版。

《胡锦涛文选》第 1—3 卷，人民出版社 2016 年版。

胡锦涛：《在庆祝中国共产党成立 90 周年大会上的讲话》，人民出版社 2011 年版。

胡锦涛：《在省部级主要领导干部提高构建社会主义和谐社会能力专题研讨班上的讲话》，人民出版社 2005 年版。

胡锦涛：《高举中国特色社会主义伟大旗帜　为夺取全面建设小康社会新胜利而奋斗——在中国共产党第十七次全国代表大会上的报告》，人民出版社 2007 年版。

胡锦涛：《坚定不移沿着中国特色社会主义道路前进　为全面建成小康社会而奋斗——在中国共产党第十八次全国代表大会上的报告》，人民出版社 2012 年版。

中共中央文献研究室编：《十八大以来重要文献选编》（上），中央文献出版社 2014 年版。

《中国共产党第十八届中央委员会第六次全会会议公报》，人民出版社 2016 年版。

《习近平谈治国理政》，外文出版社 2014 年版。

《习近平谈治国理政》第二卷，外文出版社 2017 年版。

中共中央文献研究室编：《习近平关于全面从严治党论述摘编》，中央文献出版社 2016 年版。

习近平：《决胜全面建成小康社会　夺取新时代中国特色社会主义伟大胜利——在中国共产党第十九次全国代表大会上的报告》，人民出版社 2017 年版。

习近平：《在第十八届中央纪律检查委员会第六次全体会议上的讲话》，人民出版社 2016 年版。

习近平：《在会见第一届全国文明家庭代表时的讲话》，人民出版社 2017 年版。

中共中央宣传部编：《毛泽东邓小平江泽民论思想政治工作》，学习出版社 2000 年版。

教育部社科思政司组编：《思想政治教育学原理》，高等教育出版社 1999 年版。

教育部思想政治工作司编：《加强和改进大学生思想政治教育重要文献选编》，知识产权出版社 2015 年版。

郑永廷主编：《思想政治教育方法论》，高等教育出版社 2010 年版。

郑永廷：《思想政治教育学原理》，高等教育出版社 2016 年版。

陈万柏、张耀灿主编：《思想政治教育学原理》（第三版），高等教育出版社 2015 年版。

陈万柏主编：《思想政治教育学原理》，中国人民大学出版社 2013 年版。

张耀灿等：《现代思想政治教育学》，人民出版社 2006 年版。

张耀灿主编：《中国共产党思想政治教育史论》，高等教育出版社 2002 年版。

王树荫主编：《中国共产党思想政治教育史》，中国人民大学出版社 2016 年版。

邱柏生、董雅华：《思想政治教育学新论》，复旦大学出版社 2012 年版。

张澍军：《思想政治教育学科建设研究》，人民出版社 2014 年版。

吴潜涛、徐柏才、阎占定主编：《高校思想政治教育的理论与实践》，人民出版社 2012 年版。

郑永廷主编：《思想政治教育方法论》，高等教育出版社 2010 年版。

教育部社会科学研究与思想政治工作司组编：《马克思主义思想政治教育理论基础》，高等教育出版社 2002 年版。

教育部社会科学研究与思想政治工作司组编：《马克思主义思想政治教育著作导读》，高等教育出版社 2005 年版。

冯刚：《探索思想政治教育发展的内生动力》，人民出版社 2017 年版。

沈壮海：《思想政治教育有效性研究》（第三版），武汉大学出版社 2016 年版。

骆郁廷主编：《当代大学生思想政治教育》，中国人民大学出版社 2010 年版。

张蔚萍主编：《面向新世纪的思想政治工作》，中共党史出版社

2003 年版。

北京化工大学全国大学生思想政治教育发展研究中心组编:《中国大学生思想政治教育年度质量报告 2015》,光明日报出版社 2016 年版

张耀灿等:《高校思想政治理论课教育教学质量监测体系研究》,经济科学出版社 2014 年版。

张安义:《基于认同的思想政治课教育》,江苏教育出版社 2018年版。

冯刚主编:《理直气壮开好思想政治理论课——把握新时代思想政治理论课建设规律》,人民出版社 2019 年版。

陈晓云:《高校思想政治理论课教师的角色冲突——场域理论视域下的高校思想政治理论课教师发展研究》,上海三联书店 2019 年版。

洪明主编:《碰撞·共鸣·认同——高校思想政治理论课互动教学探索》,湖北人民出版社 2012 版。

黄蓉生等:《改革开放以来大学生思想政治教育论纲》,人民出版社 2014 年版。

黄蓉生等:《改革开放 30 年大学生思想政治教育论》,中国社会科学出版社 2012 年版。

白显良:《思想政治教育的马克思主义理论基础研究》,人民出版社 2014 年版。

孙其昂:《社会学视野中的思想政治工作》(第二版),科学出版社 2017 年版。

戴艳军、王嘉主编:《思想政治教育原理案例分析》,中国人民大学出版社 2018 年版。

教育部社会科学研究与思想政治工作司组编:《比较思想政治教育学》,高等教育出版社 2001 年版。

高峰:《西方思想政治教育史》,首都师范大学出版社 2015 年版。

马振清:《思想政治教育前沿问题研究》,国家教育行政学院出版

社 2014 年版。

陈飞：《回归生活世界——思想政治教育研究的一个视角》，人民出版社 2014 年版。

赖雄麟：《马克思主义思想政治教育理论时代化研究》，人民出版社 2012 年版。

杨芷英主编：《思想政治教育心理学》，中国人民大学出版社 2014 年版。

盛跃明：《思想政治教育转型论：现代性的观点》，人民出版社 2015 年版。

邹绍清：《当代思想政治教育方法论发展研究》，人民出版社 2013 年版。

段建斌：《思想政治教育的本体维度——基于人的存在与发展》，社会科学文献出版社 2013 年版。

教育部社会科学研究与思想政治工作司组编：《政治观教育通论》，高等教育出版社 1999 年版。

李林英等：《新媒体环境下高校思想政治教育教学研究》，人民出版社 2015 年版。

倪愫襄主编：《思想政治教育元问题研究》，中国社会科学出版社 2014 年版。

罗洪铁、周琪主编：《思想政治教育学理论的形成和发展研究》，中国文史出版社 2014 年版。

刘社欣：《思想政治教育合力研究》，人民出版社 2013 年版。

赵兴宏：《思想政治教育理论与实践若干问题研究》，社会科学文献出版社 2015 年版。

隋宁：《思想政治教育先在结构研究》，人民出版社 2015 年版。

陈立思主编：《比较思想政治教育》，中国人民大学出版社 2011 年版。

首都师范大学思想政治教育学科编:《思想政治教育:反思与构建》,中央编译出版社 2014 年版。

刘宏达:《思想政治教育与大学生群体发展研究》,中国社会科学出版社 2013 年版。

于泉蛟:《思想政治教育接受结构研究》,人民出版社 2015 年版。

谢守成、王长华等:《国际化视野下大学生思想政治教育创新发展研究》,人民出版社 2014 年版。

闵永新:《大学生思想政治教育整体有效性问题研究》,中国社会科学出版社 2012 年版。

祖国华:《思想政治教育审美问题研究》,人民出版社 2015 年版。

孙迎光:《思想政治教育新论》,上海三联书店 2014 年版。

居峰:《高校主体间性思想政治教育研究》,清华大学出版社 2015 年版。

苏振芳等著,李建平主编:《思想政治教育理论与实践》,社会科学文献出版社 2013 年版。

谷佳媚:《思想政治教育沟通的理论反思与建构》,人民出版社 2014 年版。

王员:《建国初期党的思想政治教育及其基本经验》,社会科学文献出版社 2013 年版。

王新举:《后现代背景下的高校思想政治教育》,知识产权出版社 2016 年版。

张再兴:《网络思想政治教育研究》,经济科学出版社 2009 年版。

刘建军主编:《中国共产党思想政治教育的理论与实践》,中国人民大学出版社 2008 年版。

雷骥:《现代思想政治教育的人性基础研究》,人民出版社 2008 年版。

孙洪波:《中国共产党思想政治教育特色论》,中国社会科学出版社 2015 年版。

林庭芳主编：《高校思想政治理论课教育教学现代化研究》，人民出版社 2006 年版。

朱磊：《陈云思想政治教育思想研究》，中国社会科学出版社 2015年版。

迟桂荣：《新媒体视野下当代大学生思想政治教育研究》，中国社会科学出版社 2014 年版。

李雪萍：《思想政治教育案例选析》，中央编译出版社 2014 年版。

康秀云：《十六大以来大学生思想政治教育创新研究》，人民出版社 2013 年版。

蒋平：《哲学解释学视域中的高校思想政治教育对话转型——基于学生的视角》，人民出版社 2015 年版。

宋元林：《网络思想政治教育》，人民出版社 2012 年版。

廖志诚：《思想政治教育创新动力论》，社会科学文献出版社 2012年版。

张瑜等：《高校网络思想政治教育发展与创新研究》，人民出版社 2014 年版。

邓卓明主编：《高校思想政治教育创新研究——以构建和谐校园为视角》，人民出版社 2009 年版。

钟佩君：《延安时期党的思想政治教育研究》，社会科学文献出版社 2014 年版。

李俊奎等：《思想政治教育效益论》，中国社会科学出版社 2012年版。

张秀荣等编著：《高校思想政治教育研究热点问题》，北京师范大学出版社 2016 年版。

沈壮海：《思想政治教育的文化视野》，人民出版社 2005 年版。

李合亮：《思想政治教育探本：关于其起源及其本质的研究》，人民出版社 2007 年版。

唐绪军主编:《新媒体蓝皮书:中国新媒体发展报告》,社会科学文献出版社 2010—2014 年版。

邓卓明主编:《社会思潮专题研究》,中国社会科学出版社 2012 年版。

马立诚:《当代中国八种社会思潮》,社会科学文献出版社 2011 年版。

马立诚:《最近四十年中国社会思潮》,东方出版社 2015 年版。

沙健孙:《二十世纪中国的历史道路——兼评若干社会思潮》,中国社会科学出版社 2009 年版。

张骥等:《马克思主义意识形态引领多样化社会思潮若干问题研究》,人民出版社 2013 年版。

李向国等:《主流意识形态建设新论》,人民出版社 2013 年版。

王永贵等:《马克思主义意识形态理论与当代中国实践研究》,人民出版社 2013 年版。

聂立清:《我国当代主流意识形态认同研究》,人民出版社 2010 年版。

王爱玲:《中国网络媒介的主流意识形态建设研究》,人民出版社 2014 年版。

费孝通:《生育制度》,天津人民出版社 1981 年版。

陶行知:《中国教育改造》,东方出版社 1996 年版。

蔡元培:《蔡孑民先生言行录》,岳麓书社 2010 年版。

卢文华:《中国共产党民主执政研究》,人民出版社 2007 年版。

汪勇:《利益多元化对马克思主义大众化的影响及对策研究》,人民出版社 2017 年版。

[美] 利昂·P. 巴拉达特:《意识形态起源和影响》(第十版),张慧芝等译,世界图书出版公司 2010 年版。

［荷］简·梵·迪克：《网络社会——新媒体的社会层面》（第二版），蔡静译，清华大学出版社 2014 年版。

［德］威廉·李卜克内西：《不要任何妥协》，姜其煌等译，生活·读书·新知三联书店 1964 年版。

［美］科恩：《论民主》，聂崇信等译，商务印书馆 1988 年版。

［美］伯尔曼：《法律与宗教》，梁治平译，生活·读书·新知三联书店 1991 年版。

［美］约翰·罗尔斯：《正义论》，何怀宏等译，中国社会科学出版社 1988 年版。

［加］罗伯特·韦尔、凯·尼尔森编：《分析马克思主义新论》，鲁克俭等译，中国人民大学出版社 2002 年版。

［美］赫尔曼：《全球媒体——全球资本主义的新传教士》，甄春亮等译，天津人民出版社 2011 年版。

［美］卡斯特：《网络社会的崛起》，夏铸九等译，社会科学文献出版社 2006 年版。

二、论文类

常轶军：《现代化视阈中的政治认同塑造》，《山西大学学报（哲学社会科学版）》2018 年第 3 期。

曾狄等：《论高校思想政治理论课的基本性质》，《思想政治教育研究》2015 年第 2 期。

陈付龙等：《马克思主义意识形态认同：中国政治认同本原性基础》，《江苏行政学院学报》2018 年第 1 期。

柴勇：《论对中国共产党的政治认同培育在思想政治教育中的定位》，《中国社会科学院研究生院学报》2017 年第 6 期。

鲁全信：《大学生政治认同危机及其消解路径》，《内蒙古师范大学学报（教育科学版）》2017 年第 1 期。

崔美娜等:《全球化背景下青年学生政治认同问题研究》,《中州学刊》2018 年第 2 期。

刘勇:《大学生政治认同视阈下思想政治理论课的育人路径探析》,《思想理论教育导刊》2018 年第 6 期。

邢国忠等:《二十多年来高校思想政治理论课教学研究的对象、主题与方法——基于对〈思想理论教育导刊〉1897 篇论文的内容分析》,《思想理论教育导刊》2018 年第 7 期。

沈成飞等:《"中国特色社会主义理论与实践研究"教学改革与效果探讨——基于授课前后学生调查问卷的对比分析》,《教学与研究》2016 年第 12 期。

付晓容:《大学生思想政治理论课抬头率提升探究》,《思想理论教育导刊》2018 年第 4 期。

蒙象飞等:《政治社会化理论视域下的大学生政治认同教育》,《云南民族大学学报（哲学社会科学版)》2017 年第 2 期。

沈壮海等:《2016 年度大学生思想政治状况调查分析》,《思想理论教育导刊》2017 年第 1 期。

梁英等:《影响高校思想政治理论课精品课程网站利用的因素分析》,《学校党建与思想教育》2014 年第 6 期。

曹峰:《"正向话语"讲述与"逆向话语"诱辨:思想政治理论课的大学生政治认同》,《当代青年研究》2017 年第 5 期。

张丽:《高校思想政治理论课教师教学能力和教学艺术的提升》,《职业时空》2011 年第 12 期。

蔡如军:《高校思想政治理论课教学艺术研究》,《教育评论》2016 年第 7 期。

姜金栋等:《大学生政治认同的差异性比较研究》,《青年发展论坛》2018 年第 1 期。

董海军:《家庭因素对大学生政治制度认同的影响研究》,《思想教育研究》2015 年第 7 期。

申艳婷：《父母教养方式与自尊视域下大学生社交焦虑探究》，《社会科学家》2018 年第 12 期。

史琼：《大学生社会责任感与心理健康、应对方式及父母教养方式的关系研究》，《中国全科医学》2018 年第 13 期。

吴志斌等：《大学生自我价值感在父母教养方式与积极品质间的中介作用》，《中国学校卫生》2017 年第 1 期。

仇勇姜等：《"90 后"大学生的亲社会行为：现状、影响因素及辅导策略》，《现代教育管理》2015 年第 8 期。

张青等：《独生子女与非独生子女大学生批判性思维能力的差异性分析》，《复旦教育论坛》2018 年第 4 期。

娄淑华等：《大学生思想政治理论课和谐师生关系的影响因素探究》，《黑龙江高教研究》2016 年第 9 期。

黎世红：《论高校思想政治理论课网络教学的功能定位》，《学校党建与思想教育》2019 年第 19 期。

吴海江等：《新媒体环境下高校社会思潮传播机理及其对策探究》，《思想理论教育导刊》2017 年第 6 期。

侯再宣等：《新媒体语境下社会思潮传播对大学生的影响与引领研究》，《齐齐哈尔大学学报（哲学社会科学版）》2015 年第 7 期。

张昆等：《网络时代的政治认同：进径与危机》，《兰州大学学报（社会科学版）》2017 年第 6 期。

郑元景：《当代我国网络意识形态话语权的变迁与重构》，《社会科学辑刊》2015 年第 6 期。

李少斐：《意识形态教育的症结及破解之道》，《理论视野》2016 年第 7 期。

徐家林：《政治认同的经济学考量》，《南通大学学报（社会科学版）》2017 年第 4 期。

吴智文：《图式转换：高校思想政治理论课认同提升的现代考察》，《教育评论》2015 年第 11 期。

沈壮海：《2016 年度大学生思想政治教育状况调查分析》，《中国高等教育》2017 年第 11 期。

吴玉军：《政治认同视域中的意识形态建构》，《中国特色社会主义研究》2017 年第 3 期。

蒙象飞等：《政治社会化理论视域下的大学生政治认同教育》，《云南民族大学学报（哲学社会科学版）》2017 年第 2 期。

汪勇：《坚决反对和克服特权思想、特权现象——习近平关于反特权的重要论述》，《毛泽东邓小平理论研究》2017 年第 11 期。

张烁、鞠鹏：《习近平在全国高校思想政治工作会议上强调　把思想政治工作贯穿教育教学全过程　开创我国高等教育事业发展新局面》，《人民日报》2016 年 12 月 9 日。

习近平：《在网络安全和信息化工作座谈会上的讲话》，《人民日报》2016 年 4 月 26 日。

习近平：《在首都各界纪念现行宪法公布施行 30 周年大会上的讲话》，《人民日报》2012 年 12 月 5 日。

韩宪洲：《增强高校思想政治工作实效性必须遵循"三大规律"》，《学习时报》2018 年 3 月 30 日。

索　引

后　记

　　该书作为教育部示范优秀教学科研团队建设项目（重点选题）"大学生思想政治理论课认同的影响因素研究报告"（批准号：16JDSZK031）的研究成果即将出版，也算是几年来辛苦努力的一点收获。课题研究成果虽然于 2019 年 10 月份提交并于 12 月顺利通过结题，可总是由于各种各样的主客观因素导致本书稿的整理拖延至今才算完成，也是一大遗憾。

　　2016 年 9 月得知本课题有幸获批立项，既惊喜又深感压力重重。惊喜的是自己获批一个资助金额较大的课题，压力是如何保证如期按照"项目带动、全员参与、形成特色、重在建设、典型示范"的要求完成研究，始终是研究期间一直牵挂和挥之不去的心事。

　　为了调动研究团队成员的积极性，鼓励团队成员积极研究本课题相关内容并发表论文等而制定了有关资助办法，对做了本课题相关研究工作和挂了本课题项目编号发表的论文根据不同的层次等给予一定的经费资助，对学院教师和博士研究生一视同仁等，对推动课题的研究发挥了一定的积极促进作用。最后课题阶段性研究成果支出报销经费数万元。当然，也有部分老师发表的论文虽然挂了该课题项目编号等经告知后因其科研经费没有用完等而没有报支相关费用。另外，课题组成员之一的陈勇军博士以非常专业的水平完成了 1 万余字的调研报告，为本课题的研究提供了一定的实证数据支撑。

本书作为项目课题获批立项，带动了学院不少有一定科研基础和科研积极性的教师逐渐重视相关内容的研究并积极申报各种课题而获批了不少各级各类课题，发挥了非常重要的示范带动作用。课题团队成员在本课题研究的基础上共发表 CSSCI 来源期刊论文 5 篇、CSSCI 扩展版来源期刊论文 6 篇、北大核心期刊论文 2 篇等共计 30 篇期刊学术论文，出版课题团队成员研究成果论文集《新时期高校思想政治理论课教学方法探讨》（西南交通大学出版社 2017 年），本课题形成了 30 万字的研究书稿，获批各级各类与思想政治教育密切相关的国家和教育部及其他省部级、厅级项目 28 项，如 2017 年贵州省教育厅全国公开招标的十大课题"增强大学生道路自信的思想政治教育途径研究"（批准号：2017ZD009）等。课题的相关研究成果还被广泛运用于教育教学中去，推动教学改革和增强教学的实效性等。该课题的研究成果及其带动获批的系列项目等，对我校马克思主义理论学科的评估、研究生的培养和申报获批全国重点马克思主义学院等起到了应有的积极推动和支撑作用。同时，该课题的研究也对促进和影响带动本省部分高校马克思主义理论学科和学院及思想政治理论课的建设和发展等起到了积极推动和示范带动作用，很好地达到了教育部设立示范优秀教学科研团队建设项目的目的和课题研究的成效。

作为一个团队项目，尽管早期也曾找了几个课题组成员分解相关的研究工作任务并为子课题配套了一定的研究经费，但因各种原因始终难尽如人意。这就使得本课题研究成果书稿几乎是自己一人完成。当然，还好在此前自己已有心理准备并做了一些相关的调查和思考等，使得本课题研究最终能够按照立项要求顺利结题。

在本课题研究中，我负责指导的研究生谭天同学因为悟性较高并能够认真、积极、用心参与，其科研的能力和水平因此提升较快。如在我制定的问卷的基础上作试调查，同我讨论完善并把问卷题目转换为腾讯调查进行调查和统计，最后还按照既定的研究框架和要求完成了第三章，即"学校、家庭的影响分析"等的初稿等。其他则主要是自己独立完成。由于有行政工作和其他各种事务缠身，书稿的撰写只能在晚上、周末，尤其是长假才能够更好地集中时间和精力一点一点地去做，以至于各种公休假日陪伴家人放松身心时间不多而时常不被理解。书稿整理和修改不是一件轻松的活，其中的甘苦只有自己知道。

在此，对曾帮助或参与过本研究的学院师生表示衷心感谢。

本书是我出版的第五本专著，向所有参与拙著出版付出辛劳的人员深表谢意。

2022 年 8 月 6 日于宝山校区田家炳 11 楼

责任编辑:杨文霞
封面设计:徐　晖
封面校对:黎　冉

图书在版编目(CIP)数据

大学生思想政治理论课认同的影响因素研究/汪　勇 著.—北京:
　人民出版社,2023.9
ISBN 978－7－01－023006－1

I.①大… Ⅱ.①汪… Ⅲ.①大学生-思想政治教育-研究-中国
Ⅳ.①G641

中国版本图书馆 CIP 数据核字(2020)第 268589 号

大学生思想政治理论课认同的影响因素研究
DAXUESHENG SIXIANGZHENGZHI LILUNKE RENTONG DE YINGXIANGYINSU YANJIU

汪　勇　著

人民出版社 出版发行
(100706　北京市东城区隆福寺街 99 号)

中煤(北京)印务有限公司印刷　新华书店经销

2023 年 9 月第 1 版　2023 年 9 月北京第 1 次印刷
开本:710 毫米×1000 毫米 1/16　印张:22.5
字数:312 千字

ISBN 978－7－01－023006－1　定价:89.00 元

邮购地址 100706　北京市东城区隆福寺街 99 号
人民东方图书销售中心　电话 (010)65250042　65289539